KB091683

통암기 수능 영단어

문장편

통암기 수능 영단어 문장편

지은이 염종원
펴낸이 정규도
펴낸곳 (주)다락원
1판 1쇄 발행 2018년 11월 23일

책임편집 유나래, 장의연
디자인 kafieldesign [kafield@me.com]
전산편집 이현해

다락원 경기도 파주시 문발로 211
내용문의: (02)736-2031 내선 523
구입문의: (02)736-2031 내선 250~251
Fax: (02)732-2037
출판등록 1977년 9월 16일 제406-2008-000007호

값 12,000원

ISBN 978-89-277-0106-4 53740

darakwon.co.kr
• 다락원 홈페이지를 방문하시면 상세한 출판정보와 함께 동영상강좌, MP3자료 등 다양한 어학 정보를 얻으실 수 있습니다.

통째로 외우면서 정리하는

통암기 수능 영단어

염종원 지음

문장편

DARAKWON

영단어 암기, 통암기 방식이어야 오래 간다

통암기 방식의 기본 원리

단어의 가장 정확한 사용은 결국 문장을 통해 이루어진다. 또한 우리가 단어를 학습하는 궁극적인 목적은 단어를 조합해 의미 있는 문장을 구성하는 것이다. 또, 여러 개의 단어들을 뭉쳐 만든 문장으로 학습하면 머릿속에 문장이 하나의 이미지로 각인되면서 맥락을 통해 단어 뜻이 쉽게 외워지는 효과가 있다. 따라서 단순히 단어 하나를 떼어내어 따로따로 외우는 것보다 문장을 통해 외우면 암기의 효율성이 훨씬 높아지게 된다. 이는 학습 및 기억 관련 뇌인지이론에서도 이미 검증된 바 있다. 이것이 바로 통암기 방식의 기본 원리이다.

문장을 통해 효율성을 극대화

예를 들어 [단어+단어]의 짧은 어구를 중심으로 표현을 통째로 암기한다고 생각해 보라. 가령 erect(세우다)와 monument(기념비)라는 단어를 따로따로 외우지 않고, erect a monument(기념비를 세우다)를 통째로 암기하는 식이다. 이렇게 공부하면 문법에 대한 기본 지식이 부족해도 함께 자주 쓰이는 두 단어를 동시에 학습할 수 있으므로 암기 효과를 극대화할 수 있다. 이렇게 짧은 호흡으로 통암기 방식을 정리한 책이 필자의 첫 책 〈통암기 수능 영단어〉이다. 그러나 아무래도 단어를 2개씩만 결합하다 보니 3000개의 단어를 익히려면 1500개가 되는 어구를 학습해야만 했다. 반면 이 책 〈통암기 수능 영단어 문장편〉에서는 한 문장 안에 여러 단어가 들어가 있으므로 500개 정도의 문장만 외우면 3000개가 넘는 단어를 익힐 수 있다. 학습자들 중에는 간단한 것을 좋아해서 시간이 좀 더 걸려도 어구 중심으로 외우는 방식이 편한 경우가 있고, 긴 문장을 외우더라도 전체 항목 수를 줄여서 학습 시간을 줄이는 것을 선호하는 경우도 있다. 따라서 〈문장편〉은 그런 요구에 부응하기 위해 탄생한 것이다.

실제 학생들에게 적용한 검증된 방법

이 통암기 시리즈는 내가 영어공부를 할 당시의 경험과 현장에서 학생들을 가르치면서 축적된 노하우가 담긴 결과물이다. 솔직히 고백하면 나는 고1 때 영어 모의고사 성적이 계속 100점 만점에 60점대에 밑돌아 많은 고생을 했다. 안 되겠다 싶어 독해 지문에서 만났던 낯선 단어들을 [단어+단어] 형태인 최초의 통암기 컨셉으로 정리해서 암기노트를 만들었고 2-3번 반복해서 열심히 외웠다. 그 결과 반복해서 모의고사를 칠수록 모르는 단어들이 점차 줄어들었고 당연히 점수도 10점씩 꾸준히 상승했다. 대략 수능 필수 1000단어 정도를 그렇게 외운 뒤에는 조금 난이도가 있는 단어들을 문장 그대로 옮겨와 노트에 적었다. 즉, 통문장 형식으로 정리를 해서 나머지 1000단어 정도를 해결했다. 결국 고2 올라가서 치른 첫 모의고사에서 94점을 찍고, 이후에는 그 밑으로 점수가 내려가 본 적이 없었다.

이 강렬한 경험은 나만의 노하우가 되었고, 이후에 학교나 학원 현장에서 학생들의 영단어 암기를 지도할 때 통암기 방식을 활용하기 시작했다. 그 결과, 많은 학생들이 짧은 기간 안에 많은 단어를 외우게 됨으로써 영어 성적이 비약적으로 상승하는 것을 수없이 목격해왔다.

이 책에서는 504개의 문장을 통해 3천 개가 넘는 수능 필수어휘를 익힐 수 있게 구성되어 있다. 수능에 꼭 필요한 중요어휘를 엄선하고, 문법 지식이 다소 부족해도 단어 외우는 데는 무리가 없도록 세심한 주의를 기울여 예문을 만들었다. 하루에 12 문장씩 꾸준히 공부하다 보면 6주란 시간이 지난 후에는 단어 실력이 눈에 띄게 상승해 있을 것이다. 이 책을 통해 영어단어에 자신감을 붙이고 단어왕이 되기를 기원한다.

염종원

통으로 외우고 맥락 속에서 기억한다

언어적 연상 작용으로 암기 효과가 높습니다

문장을 먼저 읽고, 문장 속에 있는 3~8개 핵심어휘를 학습하는 새로운 암기 방식입니다. 단어 하나만 달랑 외우는 게 아니라 문장 안에서 맥락을 생각하며 외울 수 있으므로 단어를 훨씬 쉽고 효율적으로 암기할 수 있습니다. 문장 속에 들어간 핵심어휘 2,200여개에 더해 파생어까지, 3,000개가 넘는 어휘를 통암기 방식으로 쉽게 익히세요.

암기에 최적화한 단순 구조 문장을 제공합니다

대부분의 문장은 '주어+동사+목적어'의 단순한 문장 구조로 구성되어 있습니다. 문법을 잘 몰라도 누구나 쉽게 문장 구조를 파악할 수 있으므로 어휘 암기에 집중하기 좋습니다. 단어 외우기도 벅찬데 부정사, 관계사, 분사 등을 신경 쓰며 문장을 봐야 한다면 도중에 포기하기 쉬울 것입니다. 예문이 까다로워서 단어 공부가 어려웠다면 이제 걱정하지 않아도 됩니다.

단어는 기본, 독해까지 해결합니다

평가원 모의고사 및 수능 지문을 철저하게 분석하여 실제로 출제될 만한 핵심어휘를 엄선했습니다. 평가원 모의고사와 수능에 나왔던 기출표현도 함께 실어 실제로 출제됐던 중요 어휘도 심화 학습할 수 있습니다. 또한, 단순히 단어만 외우는 게 아니라 문장을 통해 학습하므로 단어 실력에 더해 독해 실력까지 저절로 향상됩니다.

하루에 12문장씩, 6주만 투자하면 시험 걱정이 사라집니다

하루에 12문장씩, 6주(42일) 동안 끝낼 수 있는 분량으로 부담이 없습니다. 꾸준히 6주만 공부해도 수능에 필요한 핵심어휘는 모두 익힐 수 있습니다. 딱 6주만 단단히 마음먹고 이 책을 통해 수능 단어 공부를 끝내세요. 앞으로 있을 각종 시험에서도 더 이상 단어 때문에 고민할 필요가 없습니다.

이 책 200% 활용하기

문장의 뜻을 생각하면서 단어를 외우세요

개별적인 단어를 따로따로 외우지 말고 문장에서 단어가 실제로 어떻게 사용되는지 생생한 맥락을 느끼면서 외우세요. 단어의 뜻이 훨씬 쉽게 다가옵니다.

단어를 소리 내서 발음하면서 외우세요

단어의 의미뿐 아니라 소리도 익혀야 단어를 제대로 아는 것입니다. MP3를 통해 원어민의 발음을 확인해보고 따라 말하면서 외워보세요. 단어를 소리 내서 발음하면서 외우면 지루한 어휘 학습도 훨씬 재미있게 할 수 있습니다.

외운 다음 날 반드시 복습하세요

단어는 복습하지 않으면 쉽게 잊어버릴 수 있습니다. 인터넷에 있는 부가 테스트를 다운받아 다음날 복습할 때 풀면서 단어를 제대로 외웠는지 확인해 보세요. 문장 빈칸에 영어단어 채우기, 영어단어의 뜻 써 보기, 한국어 뜻을 보고 영어단어 써보기를 통해 학습한 단어를 확실히 내 것으로 만들 수 있습니다.

별책부록 '통암기 핸드북'을 들고 다니며 외우세요

책에 나온 504개 영어 문장을 한국어 해석과 함께 정리한 별책부록 '통암기 핸드북'을 어디서나 들고 다니면서 문장을 통째로 외우세요. 뜻이 잘 생각 안 나는 단어에는 체크해뒀다가 책을 보면서 단어 뜻을 확인하면 됩니다.

통암기 쉽게 해주는 빵빵한 학습자료

1. **통암기 MP3 파일** | 원어민의 생생한 음성이 담긴 MP3 파일입니다. 영어 문장과 한국어 해석이 함께 들어 있어 듣기만 해도 저절로 공부가 됩니다. 영어 문장, 해석, 단어까지 읽어주는 '발음 확인용'과 영어 문장과 해석만 읽은 별책부록용 '암기용' 파일까지 두 가지 통암기 파일을 다락원 홈페이지(www.darakwon.co.kr)에서 내려받아 활용해보세요. QR코드를 찍으면 스마트폰으로도 바로 녹음을 들을 수 있어 편리합니다.

2. **통암기 테스트** | 책에 나오는 기본 단어 테스트 외에, 단어를 완벽하게 암기하도록 도와주는 세가지 버전의 부가 테스트 자료도 다락원 홈페이지(www.darakwon.co.kr)에서 내려받을 수 있습니다. 책을 공부한 뒤에 복습용으로 활용하세요.

3. **단어 색인** | 책에 나오는 모든 단어를 알파벳 순서대로 정리했습니다. 발음기호와 함께 정리했으니 읽는 법이 헷갈릴 때도 찾아서 발음을 확인해보세요.

입력과 이해를 위한 인풋 코너

문장을 통해 단어를 외우는 신개념 학습법

하루에 1 DAY 분량의 12개의 문장을 학습합니다. 하나의 문장 속에는 3~8개의 핵심어휘가 들어 있습니다. 회색 박스에 있는 핵심어휘가 문장 속에서 어떻게 쓰였는지 생각하면서 암기하세요. 관련된 파생어도 함께 정리되어 있어 단어를 더욱 확장할 수 있도록 도와줍니다.

문장

수능 핵심어휘를 담은 문장 504개입니다. 문장을 통해 맥락 속에서 단어를 익히세요.

기출표현

평가원 모의고사 및 수능에 실제로 출제된 어구를 정리했습니다.

038

The statesman fulfilled his ambition and earned honor.

그 정치가는 야망을 이루었고 명예도 얻었다.

- **statesman** 정치가
- **fulfill** 이루다
  - [기출표현] fulfil her lifelong dream 일생의 꿈을 이루다
- **ambition** 야망   ambitious 야망을 가진
- **earn** 얻다   earnings 소득
- **honor** 명예
  - dishonor 불명예   honorable 명예로운

핵심어휘

문장 속에 쓰인 3~8개의 핵심어휘가 정리되어 있습니다. 주요 뜻을 제시하고, 뜻이 여러 개인 단어는 다양한 뜻을 함께 제시했습니다.

파생어

핵심어휘와 관련된 파생어로, 관련된 단어를 함께 외울 수 있습니다.

이 책에 쓰인 기호

[기출문제]	평가원 모의고사 및 수능에 나왔던 표현
[참고단어]	함께 알아두면 좋은 단어
ex.	단어가 쓰인 예시(example)
←	암기에 도움이 되는 단어 설명 및 어원 분석
뜻 주의!	철자는 비슷하지만 뜻이 전혀 달라 주의해야 할 단어
발음 주의!	발음이 독특한 단어

복습과 확인을 위한 테스트 코너

연상을 통해 단어 뜻을 외우는 '연상 암기 테스트'

1단계 테스트인 '연상 암기 테스트'에서는 앞에서 배운 문장 내용을 떠올리는 연상암기법에 의해 문장 당 3-6개 단어를 효율적으로 암기합니다. 한 번 본 문장의 내용을 떠올리며 단어 뜻을 기억해내면 암기 효과가 증대됩니다. 품사에 따라 뜻이 달라지는 단어도 있으므로 주의하세요.

038	statesman	fulfill	ambition	earn	honor

중요한 단어는 철자까지 기억하는 '단어 집중 테스트'

단어가 100% 소화되었는지는 2단계 테스트인 '단어 집중 테스트'에서 한국어 해석을 보고 알맞은 영어단어를 쓰면서 확인해 보세요. 과거형(-ed)이나 복수형(-s, -es) 등의 문법 사항은 표시해뒀으니 단어 자체에만 집중하면 됩니다. 중요한 어휘에 포커스를 맞추기 위해 주어를 간략하게 바꾸거나 수식어를 생략한 경우도 있으니 주의하세요.

038	그 정치가는 야망을 이루었고 명예도 얻었다.
	The statesman f_____ed his a_____ and earned honor.

일주일 동안 공부한 단어를 복습하는 Weekly Test

일주일간의 학습을 끝내고 나면 Weekly Test를 통해 단어를 완벽하게 암기했는지 평가해 보세요. 영어단어를 보면 바로 뜻이 생각나도록 반복적으로 연습하는 것이 좋습니다. 틀린 단어는 앞으로 돌아가 다시 한 번 복습하세요.

CONTENTS 차례

week

Pre-Check! 다음 문장을 읽으며 단어의 뜻을 알고 있는지 체크해보세요.

001 ignorant한 사람들을 멸시하지 마라. 너는 그들의 dignity를 존중해야 한다.

002 owner는 그 빌딩 전체와 빈 주차장의 renovation을 요구했다.

003 그 senator는 정치가로서 desirable한 행동을 보여주었다.

004 rescue 대원들은 remote한 지역을 수색했지만 허사였다. 그들은 단지 여객선의 debris만 발견했다.

005 witness는 제인이 결백하다고 maintain했다.

006 이 프로그램을 쓰면 세로와 가로 layout을 둘 다 combine할 수 있습니다.

007 빈부의 gap이 지속적으로 벌어지고 있다. 가난한 사람들은 extravagance에 대해 상류층을 reproach하고 있다.

008 게릴라들은 humanitarian한 원조의 방해를 cease했다.

009 그 melancholy한 시인은 삶에 아주 skeptical한 태도를 지니고 있다.

010 그 난파된 vessel은 멀리 떠내려갔고 바다 밑바닥으로 sink했다.

011 한 홍보원이 attendee들에게 전단지와 책자를 distribute했다.

012 그 주지사는 탐욕스러운 heir에게 무거운 소득세를 impose했다.

Don't despise ignorant people. You should respect their dignity.

무지한 사람들을 멸시하지 마라. 너는 그들의 품위를 존중해야 한다.

- **despise** 멸시하다, 깔보다
- **ignorant** 무식한, 무지한
  ignore 무시하다

- **respect** 존중하다, 존경하다
  respectful 존중하는
  respective 각각의 ※주의
- **dignity** 품위, 존엄성

The owner requested the renovation of the entire building and the vacant parking lot.

주인은 그 빌딩 전체와 빈 주차장의 개조를 요구했다.

- **owner** 소유자, 주인
  own ¹자신의 ²소유하다
- **request** 요구(하다), 요청(하다)
- **renovation** 개조   renovate 개조하다

- **entire** 전체의   entirely 완전히
- **vacant** 빈
- **parking** 주차   park 주차하다
- **lot** (특정 용도의) 부지

The senator displayed desirable behavior as a politician.

그 상원의원은 정치가로서 바람직한 행동을 보여주었다.

- **senator** (미국) 상원의원
- **display** ¹보여주다, 내보이다 ²전시
- **desirable** 바람직한   desire 욕망

- **behavior** 행동, 행위   behave 행동하다
- **politician** 정치가
  politics 정치(학)   political 정치적인

Rescue workers searched remote areas, but in vain. They just found the debris of the ferry.

구조대원들은 외딴 지역을 수색했지만 허사였다. 그들은 단지 여객선의 잔해만 발견했다.

- **rescue** 구조(하다)
- **search** ¹찾다, 수색하다 ²탐색
- **remote** 외딴

- **vain** 헛된   ex. in vain 허사로, 헛되이
- **debris** 잔해 발음주의
- **ferry** 여객선

005

The witness maintained that Jane was innocent.

목격자는 제인이 결백하다고 주장했다.

- **witness** ¹목격자 ²목격하다
- **maintain** ¹주장하다 ²유지하다
  maintenance 유지, 관리

- **innocent** ¹순수한 ²결백한, 무죄인
  innocence 결백

006

Use this program, and you can combine both vertical and horizontal layouts.

이 프로그램을 쓰면 세로와 가로 도면을 둘 다 합칠 수 있습니다.

- **combine** 결합시키다
  combination 결합, 조합
- **vertical** 세로의

- **horizontal** 가로의
  horizon 수평선
- **layout** 도면

007

The gap between the rich and the poor is constantly widening. The poor reproach the upper class for their extravagance.

빈부의 격차가 지속적으로 벌어지고 있다. 가난한 사람들은 사치에 대해 상류층을 비난하고 있다.

- **gap** 격차, 간격
- **constantly** 지속적으로
- **widen** 넓히다, 넓어지다   width 넓이
- **reproach** 비난하다

- **upper** 상위의
- **class** ¹계층, 계급 ²학급
- **extravagance** 사치
  extravagant 사치스러운

008

The guerrillas ceased their obstruction of the humanitarian aid.

게릴라들은 인도주의적인 원조의 방해를 중단했다.

- **cease** 그치다, 중단하다
- **obstruction** 방해
  obstruct 방해하다, 막다

- **humanitarian** ¹인도주의적인, 박애하는
  ²인도주의자
  humane 인도적인
- **aid** ¹도움, 원조 ²돕다, 원조하다
  ex. first aid kit 구급상자

The melancholy poet retains a very skeptical attitude toward life.

그 우울한 시인은 삶에 아주 회의적인 태도를 지니고 있다.

- **melancholy** 우울한
- **poet** 시인
  poem (한 편의) 시   poetry (장르로서의) 시
- **retain** 지니다, 보유하다

- **skeptical** 회의적인
- **attitude** 태도
- **toward** ~에, ~쪽으로

The wrecked vessel drifted far away and sank to the bottom of the sea.

그 난파된 선박은 멀리 떠내려갔고 바다 밑바닥으로 가라앉았다.

- **wreck** ¹난파시키다 ²난파(선)
- **vessel** ¹선박, 배 ²관
  ex. blood vessel 혈관

- **drift** 떠다니다, 표류하다
- **sink** 가라앉다 (-sank-sunk)
- **bottom** 바닥

A publicity man distributed leaflets and brochures to the attendees.

한 홍보원이 참가자들에게 전단지와 책자를 나누어주었다.

- **publicity** 홍보   public 공공의, 대중(의)
- **distribute** 나누어주다, 분배하다
  distribution 분배
- **leaflet** 전단지 ← 잎사귀(leaf) 같은 것

- **brochure** (상품) 책자
- **attendee** 참가자, 참석자
  attend 참가하다, 참석하다
  attend to ~을 돌보다 ᵇᵉᵗ주의

The governor imposed a heavy income tax on the greedy heir.

그 주지사는 탐욕스러운 상속자에게 무거운 소득세를 부과했다.

- **governor** ¹통치자 ²(미국) 주지사
- **impose** 부과하다
- **income** 수입, 소득
- **tax** 세금

- **greedy** ¹탐욕스러운 ²갈망하는
  greed 탐욕
- **heir** 상속자

001

despise	ignorant	respect	dignity
멸시하다, 깔보다			

002

owner	request 동사	renovation	entire	vacant

003

senator	display 동사	desirable	behavior	politician

004

rescue	search 동사	remote	vain	debris	ferry

005

witness 명사	maintain	innocent

006

combine	vertical	horizontal	layout

007

gap	constantly	widen	reproach	extravagance

008

cease	obstruction	humanitarian 형용사	aid

009

melancholy	poet	retain	skeptical	attitude

010

wreck 동사	vessel	drift	sink	bottom

011

publicity	distribute	leaflet	brochure	attendee

012

governor	impose	income	greedy	heir

001 무지한 사람들을 멸시하지 마라. 너는 그들의 품위를 존중해야 한다.
Don't despise i_____ people. You should r_____ their dignity.

002 주인은 그 빌딩 전체와 빈 주차장의 개조를 요구했다.
The owner r_____ed the r_____ of the entire building and the vacant parking lot.

003 그 상원의원은 정치가로서 바람직한 행동을 보여주었다.
The senator d_____ed desirable b_____ as a politician.

004 구조대원들은 외딴 지역을 수색했지만 허사였다.
Rescue workers searched r_____ areas, but in v_____.

005 목격자는 제인이 결백하다고 주장했다.
The w_____ m_____ed that Jane was innocent.

006 이 프로그램을 쓰면 세로와 가로 도면을 둘 다 합칠 수 있습니다.
Use this program, and you can c_____ both vertical and h_____ layouts.

007 빈부의 격차가 지속적으로 벌어지고 있다. 가난한 사람들은 사치에 대해 상류층을 비난하고 있다.
The gap between the rich and the poor is c_____ widening. The poor reproach the upper class for their e_____.

008 게릴라들은 인도주의적인 원조의 방해를 중단했다.
The guerrillas c_____d their obstruction of the humanitarian a_____.

009 그 우울한 시인은 삶에 아주 회의적인 태도를 지니고 있다.
The m_____ poet retains a very skeptical a_____ toward life.

010 그 난파된 선박은 멀리 떠내려갔다.
The w_____ed v_____ drifted far away.

011 한 홍보원이 참가자들에게 전단지와 책자를 나누어주었다.
A publicity man d_____d leaflets and brochures to the a_____s.

012 그 주지사는 탐욕스러운 상속자에게 무거운 소득세를 부과했다.
The governor i_____d a heavy income tax on the g_____ heir.

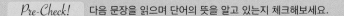

Pre-Check!　다음 문장을 읽으며 단어의 뜻을 알고 있는지 체크해보세요.

013　applicant들은 석사 학위와 뛰어난 communication 기술을 가지고 있어야 한다.

014　그 provision은 대법원의 권한을 define한다.

015　우리는 vulnerable한 외국인 노동자들의 right를 보호해야만 한다.

016　나의 predecessor는 긍정적인 perspective를 가지고 자신의 사업을 시작했다.

017　현대의 technology는 대량생산을 promote했다.

018　aircraft가 물속으로 추락한 후, 구조대원들이 추락 사고 survivor들을 구조했다.

019　벌써 exhausted하니?

020　응, 나 completely하게 지쳤어. 게다가 thirsty해.

021　최근에, Congress는 알코올 음료 판매에 대한 restriction을 없앴다.

022　나는 fragrant한 방에 묵으면서 공기청정기에서 나오는 refreshing한 공기를 breathe했다.

023　물이 방수 fabric에 soak했다.

024　colleague 중 한 명이 다가오는 회의에 대해 나를 remind했다.

Applicants should have a master's degree and excellent communication skills.

지원자들은 석사 학위와 뛰어난 의사소통 기술을 가지고 있어야 한다.

- **applicant** 지원자
- **master** ¹석사 ²숙달하다
- **degree** ¹학위 ²정도
  - 기출표현 earn a medical degree
    의학 학위를 받다
- **excellent** 뛰어난
  excel 뛰어나다
  (ex. excel in one area 한 분야에서 뛰어나다)
- **communication** 의사소통
  communicate 의사소통하다

The provision defines the powers of the Supreme Court.

그 조항은 대법원의 권한을 규정한다.

- **provision** ¹(법률) 조항 ²공급
  provide 공급하다
- **define** 정의하다, 규정하다
  definition 정의
  definite 명백한 ← 규정되어 있어
- **supreme** 최고의, 최상의
- **court** ¹법원, 법정 ²경기장 ³궁정
  ex. Supreme Court (미국) 최고 법원, 대법원
  기출표현 go to court 소송을 제기하다

We should protect the rights of vulnerable foreign workers.

우리는 취약한 외국인 노동자들의 권리를 보호해야만 한다.

- **protect** 보호하다
  protection 보호
- **right** ¹권리 ²옳은
- **vulnerable** 상처받기 쉬운, 취약한

My predecessor launched his own business with a positive perspective.

나의 전임자는 긍정적인 전망을 가지고 자신의 사업을 시작했다.

- **predecessor** 전임자
- **launch** ¹시작하다 ²발사하다
- **positive** ¹긍정적인 ²양성(+)의
- **perspective** 전망

017

Modern technology promoted mass production.

현대의 과학기술은 대량생산을 촉진했다.

- **modern** 현대의
- **technology** 과학기술　technique 기교
- **promote** ¹촉진하다 ²승진시키다
  promotion ¹촉진 ²승진
- **mass** ¹대량의 ²덩어리
  massive 육중한, 거대한
- **production** 생산
  product 생산품　productive 생산적인

018

After the aircraft plunged into the water, the rescuers saved the crash survivors.

비행기가 물속으로 추락한 후, 구조대원들이 추락 사고 생존자들을 구조했다.

- **aircraft** 항공기
- **plunge** 곤두박질치다, 추락하다
- **rescuer** 구조대원
- **crash** 충돌, 추락 사고
- **survivor** 생존자
  survive 생존하다　survival 생존

019

A: Are you already exhausted?

A: 벌써 지쳤니?

020

B: Yeah, I'm completely worn out. Besides, I'm thirsty.

B: 응, 나 완전히 지쳤어. 게다가 목말라.

- **exhausted** 지친
- **completely** 완전히
- **worn out** ¹지친 ²닳아빠진
  wear out 닳게 하다
- **besides** 게다가
- **thirsty** 목마른, 갈증 나는
  thirst 갈증

Recently, Congress did away with the restrictions on the sales of alcoholic beverages.

최근에, 의회는 알코올 음료 판매에 대한 제한을 없앴다.

- **recently** 최근에
  recent 최근의
- **Congress** (미국) 의회
- **do away with** ~을 없애다
- **restriction** 제한   restrict 제한하다
- **beverage** 음료

I stayed in a fragrant chamber and breathed the refreshing air from the air purifier.

나는 향기로운 방에 묵으면서 공기청정기에서 나오는 상쾌한 공기를 들이쉬었다.

- **fragrant** 향기로운   fragrance 향기
- **chamber** 방
- **breathe** 호흡하다, 숨을 쉬다
  breathe in 숨을 들이마시다
  breathe out 숨을 내쉬다
- **refreshing** 상쾌한
  refresh 상쾌하게 하다
- **purifier** 정화 장치   purify 깨끗하게 하다
  pure 순수한, 깨끗한
  impure 불결한

Water soaked into the waterproof fabric.

물이 방수 천에 스며들었다.

- **soak** 스며들다, 흡수되다
  [참고단어] suck 빨아들이다
- **waterproof** 방수의
  [참고단어] bulletproof 방탄의
- **fabric** 천

One of my colleagues reminded me about the upcoming meeting.

동료 중 한 명이 다가오는 회의에 대해 나를 상기시켰다.

- **colleague** 동료
- **remind** 상기시키다, 생각나게 하다
  remindful 생각나게 하는
- **upcoming** 다가오는
  [기출표현] upcoming events 다가오는 행사들

013	applicant	master 명사	degree	excellent	communication
	지원자				

014	provision	define	supreme	court

015	protect	right 명사	vulnerable

016	predecessor	launch	positive	perspective

017	modern	technology	promote	mass 형용사	production

018	aircraft	plunge	rescuer	crash	survivor

019	exhausted

020	completely	worn out	besides	thirsty

021	recently	Congress	do away with	restriction	beverage

022	fragrant	chamber	breathe	refreshing	purifier

023	soak	waterproof	fabric

024	colleague	remind	upcoming

013 지원자들은 석사 학위를 가지고 있어야 한다.

A_____s should have a master's d_____.

014 그 조항은 대법원의 권한을 규정한다.

The provision d_____s the powers of the S_____ Court.

015 우리는 취약한 외국인 노동자들의 권리를 보호해야만 한다.

We should p_____ the rights of v_____ foreign workers.

016 나의 전임자는 긍정적인 전망을 가지고 자신의 사업을 시작했다.

My predecessor l_____ed his own business with a positive p_____.

017 현대의 과학기술은 대량생산을 촉진했다.

Modern technology p_____d m_____ production.

018 비행기가 물속으로 추락한 후, 구조대원들이 추락 사고 생존자들을 구조했다.

After the aircraft p_____d into the water, the rescuers saved the c_____ survivors.

019 벌써 지쳤니?

Are you already e_____?

020 나 완전히 지쳤어. 게다가 목말라.

I'm completely w_____ out. Besides, I'm t_____.

021 최근에, 의회는 알코올 음료 판매에 대한 제한을 없앴다.

Recently, Congress d____ away with the r_____s on the sales of alcoholic beverages.

022 나는 향기로운 방에 묵으면서 공기청정기에서 나오는 상쾌한 공기를 들이쉬었다.

I stayed in a f_____ chamber and breathed the refreshing air from the air p_____.

023 물이 방수 천에 스며들었다.

Water s_____ed into the w_____ fabric.

024 동료 중 한 명이 다가오는 회의에 대해 나를 상기시켰다.

One of my c_____s r_____ed me about the upcoming meeting.

DAY 03

Pre-Check! 다음 문장을 읽으며 단어의 뜻을 알고 있는지 체크해보세요.

025 나는 그 disgusting한 냄새를 참을 수가 없었다. stomach가 경련을 일으켰고 나는 vomit했다.

026 나는 surveillance 카메라에 찍힌 영상 속 suspect를 알아보고서 경찰에 notify했다.

027 그 코미디언은 사람들을 아주 entertain한다. 그는 이전 대통령들의 제스처를 정확하게 imitate한다.

028 처음에 그들은 그 scheme에 반대했지만 결국 cooperate했다.

029 familiarity는 경멸을 breed한다.

030 이 유인원은 희귀한 포유류 species이다. 그것의 habitat은 열대우림이다.

031 이 method를 통해, 우리는 endangered한 동물들이 번식하도록 도울 수 있다.

032 그의 삼차원적인 작품들은 공개된 몇몇 masterpiece들을 포함하고 있다. 그중 몇 개는 매우 prominent하다.

033 suit를 제기하기 전에, 믿을 수 있는 attorney를 골라라.

034 햇빛이 pond의 표면에서 brilliantly하게 반사되었다.

035 나는 그를 내 opponent로 여기지 않는다. 그는 clumsy한 싸움꾼이다. 난 그를 쉽게 dispatch할 수 있다.

036 마이크는 경사면 위로 sled를 끌었다. 그는 심하게 pant하고 있었다.

025
☐☐

I couldn't stand the disgusting odors. My stomach cramped, and I vomited.

나는 그 역겨운 냄새를 참을 수가 없었다. 위가 경련을 일으켰고 나는 토했다.

- **stand** 참다(=bear)
- **disgusting** 역겨운, 구역질 나는
  disgust 1역겨움, 메스꺼움 2역겹게 하다
- **odor** 냄새

- **stomach** 위
- **cramp** 1경련을 일으키다 2경련
- **vomit** 토하다(=throw up)

026
☐☐

I recognized the suspect in the video taken by the surveillance camera and notified the police.

나는 감시카메라에 찍힌 영상 속 용의자를 알아보고서 경찰에 알렸다.

- **recognize** 1알아보다 2인정하다
  recognition 인식
  cognitive 인식의, 인지의
- **suspect** 1용의자 2의심하다

- **surveillance** 감시
- **notify** 알리다
  noted 유명한 ← 알려진
  notorious 악명 높은

027
☐☐

The comedian entertains people. He imitates former presidents' gestures exactly.

그 코미디언은 사람들을 아주 즐겁게 해준다. 그는 이전 대통령들의 제스처를 정확하게 흉내 낸다.

- **entertain** 즐겁게 하다
- **imitate** 흉내 내다, 모방하다
  imitation 모방, 흉내

- **former** 이전의
  the former 전자   the latter 후자
- **exactly** 정확하게
  exact 정확한   inexact 부정확한

028
☐☐

At first, they objected to the scheme but cooperated in the end.

처음에 그들은 그 계획에 반대했지만 결국 협력했다.

- **at first** 처음에는
- **object** 1반대하다 2물체
  objection 반대
  objective 1목적 2객관적인 ※주에
- **scheme** 계획
- **cooperate** 협력하다 ← co+operate
  cooperation 협동, 협력
- **in the end** 결국

029

Familiarity breeds contempt.

친숙함은 경멸을 키운다. 《격언》 (익숙해지면 무시한다는 뜻)

- **familiarity** 친숙함
  familiar 친숙한, 익숙한
- **breed** ¹키우다 ²(가축의) 품종
- **contempt** 경멸, 멸시

030

This ape is a rare species of mammal. Its habitat is a tropical rainforest.

이 유인원은 희귀한 포유류 종이다. 그것의 서식지는 열대우림이다.

- **ape** 유인원
- **rare** 드문, 희귀한
  rarely 드물게, 좀처럼 ~하지 않는(=seldom)
- **species** (생물학의) 종
- **mammal** 포유류
- **habitat** 서식지
- **tropical** 열대의
  [기출표현] tropical island 열대섬

031

Through this method, we can help endangered animals reproduce.

이 방법을 통해, 우리는 멸종 위기에 처한 동물들이 번식하도록 도울 수 있다.

- **through** ~을 통하여
  [참고단어] thorough 철저한 ˟주의
- **method** 방법
- **endangered** 멸종 위기에 처한
  endanger 위험에 빠뜨리다
- **reproduce** ¹번식하다 ²재생[재현]하다
  reproduction ¹번식 ²재생, 재현

032

His three-dimensional works include several unveiled masterpieces. Some of them are very prominent.

그의 삼차원적인 작품들은 공개된 몇몇 걸작들을 포함하고 있다. 그중 몇 개는 매우 유명하다.

- **-dimensional** ~차원의
  dimension 차원
- **work** ¹작품 ²일, 업무
- **include** 포함하다
- **several** 몇 개의, 몇몇의
- **unveil** 공개하다, 발표하다
- **masterpiece** 걸작
- **prominent** 유명한

Before you file a suit, select a trustworthy attorney.

소송을 제기하기 전에, 믿을 수 있는 변호사를 골라라.

- **file** ¹ 서류철 ² (고소 등을) 제기하다
- **suit** ¹ ~에 잘 맞다, 어울리다 ² 정장
  ³ 소송 (= lawsuit)
- **select** 고르다, 선택하다
  selection 선택

- **trustworthy** 믿을 수 있는
  trust 믿음, 신뢰 entrust 맡기다
  worthy ¹ ~할 만한 ² 가치 있는
- **attorney** 변호사

Sunlight reflected brilliantly off the surface of the pond.

햇빛이 연못의 표면에서 찬란하게 반사되었다.

- **reflect** ¹ 반사되다, 반사시키다 ² 반성하다
  reflection ¹ 반사 ² 반성
- **brilliantly** 반짝반짝하게, 찬란하게
  brilliant 빛나는, 찬란한

- **surface** 표면
  기출표현 the solar surface 태양의 표면
- **pond** 연못

I don't regard him as my opponent. He's a clumsy fighter. I can easily dispatch him.

나는 그를 내 적수로 여기지 않는다. 그는 서투른 싸움꾼이다. 난 그를 쉽게 처치할 수 있다.

- **regard** ¹ 여기다, 간주하다 ² (어떤 태도로) 보다
  ³ 점, 사항
  기출표현 in this regard 이런 측면에서
  regardless of ~에 상관없이
- **opponent** 적수, 상대
  oppose 반대하다 opposite 반대편의

- **clumsy** 서투른, 어설픈
  기출표현 considerably clumsier
  상당히 더 어설픈
- **dispatch** ¹ (군대 따위를) 급파하다 ² 신속히
  처리하다 ³ (사람, 동물을) 죽이다, 처치하다

Mike hauled his sled up the slope. He was panting hard.

마이크는 경사면 위로 썰매를 끌었다. 그는 심하게 숨을 헐떡이고 있었다.

- **haul** (무거운 것을) 끌다, 나르다
- **sled** 썰매 (= sleigh = sledge)

- **slope** 경사면
- **pant** (숨을) 헐떡이다

025	stand 참다	disgusting	odor	stomach	vomit

026	recognize	suspect 명사	surveillance	notify

027	entertain	imitate	former	exactly

028	at first	object 동사	scheme	cooperate	in the end

029	familiarity	breed 동사	contempt

030	ape	rare	species	habitat	tropical

031	through	method	endangered	reproduce

032	include	several	unveil	masterpiece	prominent

033	file 동사	suit 명사	select	trustworthy	attorney

034	reflect	brilliantly	surface	pond

035	regard 동사	opponent	clumsy	dispatch

036	haul	sled	slope	pant

025   나는 그 역겨운 냄새를 참을 수가 없었다. 위가 경련을 일으켰고 나는 토했다.

I couldn't s_____ the disgusting odors. My stomach cramped, and I

v_____ed.

026   나는 감시카메라에 찍힌 영상 속 용의자를 알아보고서 경찰에 알렸다.

I r_____d the suspect in the video taken by the surveillance camera and

n_____ed the police.

027   그 코미디언은 이전 대통령들의 제스처를 정확하게 흉내 낸다.

The comedian i_____s former presidents' gestures e_____.

028   처음에 그들은 그 계획에 반대했지만 결국 협력했다.

At first, they o_____ed to the scheme but c_____d in the end.

029   친숙함은 경멸을 키운다.

F_____ breeds c_____.

030   이 유인원은 희귀한 포유류 종이다.

This ape is a r_____ s_____ of mammal.

031   이 방법을 통해, 우리는 멸종 위기에 처한 동물들이 번식하도록 도울 수 있다.

Through this m_____, we can help endangered animals r_____.

032   그의 삼차원적인 작품들은 공개된 몇몇 걸작들을 포함하고 있다.

His three-dimensional works i_____ several u_____ed masterpieces.

033   소송을 제기하기 전에, 믿을 수 있는 변호사를 골라라.

Before you file a s_____, s_____ a trustworthy attorney.

034   햇빛이 연못의 표면에서 찬란하게 반사되었다.

Sunlight r_____ed brilliantly off the s_____ of the pond.

035   나는 그를 내 적수로 여기지 않는다.

I don't r_____ him as my o_____.

036   마이크는 경사면 위로 썰매를 끌었다. 그는 심하게 숨을 헐떡이고 있었다.

Mike hauled his s_____ up the slope. He was p_____ing hard.

Pre-Check! 다음 문장을 읽으며 단어의 뜻을 알고 있는지 체크해보세요.

037   정상 회담에 대한 **outlook**은 매우 **gloomy**하다.

038   그 정치가는 **ambition**을 이루었고 **honor**도 얻었다.

039   이 음성 인식 시스템은 **elaborate**한 입력 **device**이다.

040   그 **promising**한 과학자는 **microscope**를 통해 한 놀라운 **creature**를
         관찰했다.

041   그 채무국들은 경제 **crisis**를 **get over**하기 위해 몸부림치고 있다.

042   아이들은 어머니의 애정을 **crave**한다. 일부는 그것에 **obsess**되어 있다.

043   **fierce**한 논쟁이 **pause** 없이 계속되었다.

044   그건 단지 옛날 **superstition**이다. 하지만 **subconscious**한 영역에
         perpetually하게 남아 있을 것이다.

045   사람의 **appearance**는 타고난 성격을 **reveal**한다.

046   이 **embroider**된 이불은 솜털로 채워진 이 **pillow**와 어울린다. 그것들은
         완벽하게 **match**한다.

047   **landlord**의 무례한 태도가 **tenant**를 짜증나게 했다.

048   오직 **generous**한 사람만이 그런 모욕을 **tolerate**할 수 있다.

The outlook for the summit talks is very gloomy.

정상 회담에 대한 전망은 매우 어둡다.

- **outlook** 전망
- **summit** 정상, 수뇌부
- **gloomy** 어두운, 우울한

The statesman fulfilled his ambition and earned honor.

그 정치가는 야망을 이루었고 명예도 얻었다.

- **statesman** 정치가
- **fulfill** 이루다
  [기출표현] fulfil her lifelong dream
  일생의 꿈을 이루다
- **ambition** 야망   ambitious 야망을 가진
- **earn** 얻다   earnings 소득
- **honor** 명예
  dishonor 불명예   honorable 명예로운

This voice-perception system is an elaborate input device.

이 음성 인식 시스템은 정교한 입력 장치이다.

- **perception** 인식   perceive 인식하다
- **elaborate** 정교한
- **input** 입력   output 출력
- **device** 장치   devise 고안하다

The promising scientist observed an amazing creature through the microscope.

그 촉망받는 과학자는 현미경을 통해 한 놀라운 생명체를 관찰했다.

- **promising** 유망한, 장래가 촉망되는
- **observe** ¹관찰하다 ²(법규 등을) 준수하다
  observatory 관측소, 천문대
- **amazing** 놀라운   amaze 놀라게 하다
- **creature** 생명체   create 창조하다
- **microscope** 현미경   scope 시야, 범위

041

Those indebted nations are struggling to get over the economic crisis.

그 채무국들은 경제 위기를 극복하기 위해 몸부림치고 있다.

- **indebted** 빚진, 부채가 있는 debt 빚
- **struggle** 투쟁하다, 몸부림치다
- **get over** 극복하다(=overcome)
- **economic** 경제의
  economical 경제적인, 절약되는
- **crisis** 위기

042

Children crave maternal affection. Some are obsessed with it.

아이들은 어머니의 애정을 갈망한다. 일부는 그것에 사로잡혀 있다.

- **crave** 갈망하다
- **maternal** 어머니의
- **affection** 애정
  affectionate 애정이 깊은, 다정한
- **obsess** (생각 따위가) ~을 사로잡다
  ex. be obsessed with ~에 사로잡혀 있다
  obsession 집착
  obsessive 집착하는

043

The fierce controversy went on without pause.

격렬한 논쟁이 쉼 없이 계속되었다.

- **fierce** 격렬한
- **controversy** 논쟁
  controversial 논쟁의 여지가 있는
- **go on** 계속되다(=continue)
- **pause** ¹멈춤, 휴식 ²중단하다, 쉬다

044

It's simply an ancient superstition. However, it will linger in the subconscious realm perpetually.

그건 단지 옛날 미신이다. 하지만 잠재의식의 영역에 영원히 남아 있을 것이다.

- **simply** 단지, 그저
  simplification 단순화
  (ex. simplification of design 디자인의 단순화)
- **ancient** 옛날의, 고대의
- **superstition** 미신
- **linger** (오랫동안) 남아 있다
- **subconscious** 잠재의식적인
  conscious 의식적인
  unconscious 무의식적인
- **realm** 영역
- **perpetually** 영원히, 끊임없이
  perpetual 영원한, 끊임없는

A person's appearance reveals his or her inborn character.

사람의 외모는 타고난 성격을 드러낸다.

- **appearance** ¹외모 ²출현
  appear 나타나다 disappear 사라지다
- **reveal** 드러내다
- **inborn** 타고난, 선천적인
- **character** 성격

This embroidered blanket goes with this down-stuffed pillow. They match perfectly.

이 수놓은 이불은 솜털로 채워진 이 베개와 어울린다. 그것들은 완벽하게 어울린다.

- **embroider** 수를 놓다
- **blanket** 이불, 담요
- **go with** 어울리다(=match)
- **down-stuffed** (새의) 솜털로 채워진
  stuff ¹물건, 재료 ²채우다, 채워 넣다
- **pillow** 베개
- **match** ¹어울리다 ²경기, 시합 ³성냥

The landlord's rude manner annoyed his tenant.

집주인의 무례한 태도가 세입자를 짜증나게 했다.

- **landlord** 집주인
  lord ¹지배자, 군주 ²하느님
- **rude** 무례한
- **manner** ¹태도 ²방식
- **annoy** 짜증나게 하다
  annoyance 성가심, 골칫거리
- **tenant** 세입자

Only a generous man can tolerate such an insult.

오직 관대한 사람만이 그런 모욕을 참을 수 있다.

- **generous** 관대한 generosity 관대함
- **tolerate** 참다, 견디다 tolerance 관용
- **such** 그러한
- **insult** 모욕

037	outlook		summit		gloomy
	전망				

038	statesman	fulfill	ambition	earn	honor

039	perception	elaborate	input	device

040	promising	observe	amazing	creature	microscope

041	indebted	struggle	get over	economic	crisis

042	crave	maternal	affection	obsess

043	fierce	controversy	go on	pause 명사

044	superstition	linger	subconscious	realm	perpetually

045	appearance	reveal	inborn	character

046	embroider	blanket	go with	pillow	match 동사

047	landlord	rude	manner	annoy	tenant

048	generous	tolerate	such	insult

037 정상 회담에 대한 전망은 매우 어둡다.
The outlook for the s_____ talks is very g_____.

038 그 정치가는 야망을 이루었고 명예도 얻었다.
The statesman f_____ed his a_____ and earned honor.

039 이 음성 인식 시스템은 가장 정교한 입력 장치이다.
This voice-p_____ system is an elaborate input d_____.

040 그 촉망받는 과학자는 현미경을 통해 한 놀라운 생명체를 관찰했다.
The promising scientist o_____d an amazing c_____ through the microscope.

041 그 채무국들은 경제 위기를 극복하기 위해 몸부림치고 있다.
Those i_____ nations are struggling to get over the economic c_____.

042 아이들은 어머니의 애정을 갈망한다. 일부는 그것에 사로잡혀 있다.
Children crave maternal a_____. Some are o_____ed with it.

043 격렬한 논쟁이 쉼 없이 계속되었다
The f_____ controversy went on without p_____.

044 그건 단지 옛날 미신이다. 하지만 잠재의식의 영역에 영원히 남아 있을 것이다.
It's simply an ancient s_____. However, it will l_____ in the subconscious realm perpetually.

045 사람의 외모는 타고난 성격을 드러낸다.
A person's a_____ r_____s his or her inborn character.

046 이 수놓은 이불은 솜털로 채워진 이 베개와 어울린다.
This embroidered blanket goes w_____ this d_____ pillow.

047 집주인의 무례한 태도가 세입자를 짜증나게 했다.
The l_____'s rude manner a_____ed his tenant.

048 오직 관대한 사람만이 그런 모욕을 참을 수 있다.
Only a g_____ man can t_____ such an insult.

DAY 05

Pre-Check! 다음 문장을 읽으며 단어의 뜻을 알고 있는지 체크해보세요.

049 비판이 hostility나 hatred의 표현이 되어선 안 된다.

050 damp한 동굴은 사람의 habitation에 적합하지 않다.

051 어떤 chemical들은 정신 disorder를 일으킨다.

052 우리는 counterpart의 약점과 강점을 objectively하게 analyze했다.

053 밀가루를 다른 ingredient와 섞어라. 그리고 dough를 둥근 덩어리 모양으로 만들어라.

054 무엇보다도, 구매자들은 durability와 reasonable한 가격을 원합니다.

055 그녀의 stepfather는 말기 암으로 고통받았다. 그는 폐에 악성 lump를 가지고 있었기 때문에 숨을 쉬기 위해 gasp했다.

056 acute한 back 통증을 가지고 있습니까? 그렇다면 장거리 운전을 avoid하세요.

057 난 atheist가 아니다. religious한 활동은 내 주된 관심사 중 하나이다.

058 음악은 certainly하게 사람들의 emotion에 영향을 미친다.

059 그 novice는 groundless한 자신감에 가득 차 있었다.

060 원시인들과 그 offspring은 도구로 사냥했다. 예를 들면, 그들은 bow, 화살, 창, 그리고 trap을 사용했다.

Criticism should not be an expression of hostility or hatred.

비판이 적대감이나 증오의 표현이 되어선 안 된다.

- **criticism** 비판
  critic 비평가
  criticize 비판하다
  critical 비판적인
- **expression** 표현
  express ¹표현하다 ²고속의
- **hostility** 적대감   hostile 적대적인
- **hatred** 증오   hate ¹증오하다 ²증오

A damp cave is not fit for human habitation.

습한 동굴은 사람의 주거에 적합하지 않다.

- **damp** 습한   dampen (물에) 축이다
- **cave** 동굴   cavity 구멍
- **fit** ¹적합한 ²몸이 건강한 ³~에 맞다
- **habitation** 주거   inhabitant 거주자

Certain chemicals cause mental disorders.

어떤 화학물질들은 정신 이상을 일으킨다.

- **certain** ¹어떤 ²확실한
  certainty 확실성
- **chemical** ¹화학물질 ²화학적인
  chemistry 화학
- **cause** ¹일으키다, 야기하다 ²원인
- **mental** 정신적인   mentality 정신 상태
- **disorder** ¹무질서 ²(심신의) 이상, 장애
  order 질서
  out of order 고장 난
  기출표현 stress-related disorders
  스트레스와 관련된 장애

We objectively analyzed our counterpart's weaknesses and strengths.

우리는 상대편의 약점과 강점을 객관적으로 분석했다.

- **objectively** 객관적으로
  objective ¹객관적인 ²목적
- **analyze** 분석하다   analysis 분석
- **counterpart** 상대편
- **weakness** 약점   weaken 약화시키다
- **strength** 힘, 강점
  strengthen 강화시키다

Blend flour with the other ingredients. Then, mold the dough into a round loaf shape.

밀가루를 다른 재료와 섞어라. 그리고 반죽을 둥근 덩어리 모양으로 만들어라.

- **blend** 섞다
  blend A with B A와 B를 섞다
- **flour** 밀가루
- **ingredient** 재료, 성분

- **mold** ¹(틀에 넣어) 만들다 ²틀, 거푸집
- **dough** 반죽
- **loaf** 빵 한 덩어리

Above all, buyers want durability and reasonable prices.

무엇보다도, 구매자들은 내구성과 합리적인 가격을 원합니다.

- **above all** 무엇보다도
- **durability** 내구성
  durable 내구성이 있는, 오래 견디는

- **reasonable** 합리적인
  reason ¹이유 ²이성

Her stepfather suffered from terminal cancer. He gasped for breath because he had a malignant lump in his lungs.

그녀의 의붓아버지는 말기 암으로 고통받았다. 그는 폐에 악성 혹덩어리를 가지고 있었기 때문에 숨을 쉬기 위해 헐떡거렸다.

- **stepfather** 의붓아버지, 계부
- **suffer** 고통받다
- **terminal** ¹(질병이) 말기의 ²종착역
  terminate 없애다, 제거하다 ← 마지막 끝을 내다
  [기출표현] terminate the noise 소음을 없애다

- **cancer** 암
- **gasp** 헐떡이다
- **malignant** 악성의
- **lump** 혹, 덩어리
- **lung** 폐

Do you have acute back pain? Then avoid long-distance driving.

극심한 허리 통증을 가지고 있습니까? 그렇다면 장거리 운전을 피하세요.

- **acute** ¹극심한 ²날카로운
- **back** 등, 허리   lower back 허리
- **pain** 고통   pains 수고

- **avoid** 피하다
- **distance** 거리   distant 거리가 먼

I'm not an atheist. Religious activity is one of my primary concerns.

난 무신론자가 아니다. 종교 활동은 내 주된 관심사 중 하나이다.

- **atheist** 무신론자　atheism 무신론
  참고단어 theology 신학
- **religious** 종교상의　religion 종교
- **primary** 첫째의, 주된　prime 주된, 주요한
- **concern** ¹관심 ²우려, 걱정

Music certainly influences people's emotions.

음악은 확실히 사람들의 정서에 영향을 미친다.

- **certainly** 확실히　certain 확실한
  certificate 증명서
  (ex. gift certificate 상품권)
- **influence** ¹영향을 미치다 ²영향
- **emotion** 정서, 감정

The novice was full of groundless confidence.

그 초보자는 근거 없는 자신감에 가득 차 있었다.

- **novice** 초보자
- **groundless** 근거 없는
  ground ¹땅 ²근거, 이유
- **confidence** 자신감
  confidential ¹비밀의 ²믿음직한 뜻주의
  기출표현 a confidential friend
  　믿음직한 친구

Primitive men and their offspring hunted with tools. For example, they used bows, arrows, spears, and traps.

원시인들과 그 후손들은 도구로 사냥했다. 예를 들면, 그들은 활, 화살, 창, 그리고 덫을 사용했다.

- **primitive** 원시적인
- **offspring** 자손, 후손
- **tool** 도구
- **bow** ¹활 ²숙이다, 구부리다 ← 활처럼
- **arrow** 화살
- **spear** 창
- **trap** 덫
  entrap 덫으로 잡다

049	criticism	expression	hostility	hatred
	비판			

050	damp	cave	fit 형용사	habitation

051	certain	chemical 명사	cause 동사	mental	disorder

052	objectively	analyze	counterpart	weakness	strength

053	blend	flour	ingredient	mold 동사	dough

054	above all	durability	reasonable

055	suffer	terminal 형용사	malignant	lump	lung

056	acute	back	pain	avoid	distance

057	atheist	religious	primary	concern

058	certainly	influence 동사	emotion

059	novice	groundless	confidence

060	primitive	offspring	bow 명사	arrow	spear

049 비판이 적대감이나 증오의 표현이 되어선 안 된다.

C_____ should not be an expression of h_____ or hatred.

050 습한 동굴은 사람의 주거에 적합하지 않다.

A d_____ cave is not f____ for human habitation.

051 어떤 화학물질들은 정신 이상을 일으킨다.

Certain chemicals c_____ mental d_____s.

052 우리는 상대편의 약점과 강점을 객관적으로 분석했다.

We o_____ a_____d our counterpart's weaknesses and strengths.

053 밀가루를 다른 재료와 섞어라.

Blend f_____ with the other i_____s.

054 무엇보다도, 구매자들은 내구성과 합리적인 가격을 원합니다.

Above all, buyers want d_____ and r_____ prices.

055 그녀의 의붓아버지는 말기 암으로 고통받았다.

Her stepfather s_____ed from t_____ cancer.

056 극심한 허리 통증을 가지고 있습니까? 그렇다면 장거리 운전을 피하세요.

Do you have a_____ back pain? Then a_____ long-distance driving.

057 종교 활동은 내 주된 관심사 중 하나이다.

R_____ activity is one of my primary c_____s.

058 음악은 확실히 사람들의 정서에 영향을 미친다.

Music certainly i_____s people's e_____s.

059 그 초보자는 근거 없는 자신감에 가득 차 있었다.

The novice was full of g_____ c_____.

060 원시인들과 그 후손들은 도구로 사냥했다.

P_____ men and their offspring hunted with t_____s.

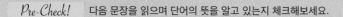

Pre-Check! 다음 문장을 읽으며 단어의 뜻을 알고 있는지 체크해보세요.

061 그 세공인은 ornament를 만들기 위해 귀한 보석들을 oyster 껍데기에 부착했다.

062 어떤 disturbance도 없이, 그 사업은 coherent한 계획에 따라 proceed하고 있다.

063 poverty는 강도와 절도 사건의 principal한 원인이다.

064 이 약초 요법은 만성 fatigue를 prevent하고 경감시킨다.

065 감사의 token으로, 나는 지역 공동체의 orphan들을 위해 음식을 prepare했다.

066 무술은 당신의 의지력과 concentration을 enhance한다.

067 이 나라는 엄청난 quantity의 커피콩을 export한다.

068 excessive한 운동은 근육을 damage하고 노화를 가속화한다.

069 그 classified한 정보는 FBI 요원들만 accessible하다.

070 이 organization은 이민자들의 welfare를 위해 일한다.

071 settler들은 토착민들과 concord 속에 살았다.

072 그 주방장의 cuisine은 은은하게 신 flavor를 가지고 있다. 그 recipe에 대해 궁금하다.

The craftsman attached precious jewels to the oyster shell to create an ornament.

그 세공인은 장식품을 만들기 위해 귀한 보석들을 굴 껍데기에 부착했다.

- **craftsman** 세공인
  craft ¹공예 ²기능, 기술
  crafty 간교한, 교활한 ← 기술을 부리는
- **attach** 부착하다(↔ detach 떼어내다)

- **precious** 귀중한
- **oyster** 굴
- **shell** ¹ (조개) 껍데기 ² (알, 씨앗의) 껍질
- **ornament** 장식, 장식품

Without any disturbances, the project is proceeding according to the coherent plan.

어떤 방해도 없이, 그 사업은 일관된 계획에 따라 진행되고 있다.

- **disturbance** 방해   disturb 방해하다
- **proceed** 진행하다, 진행되다
  process (진행) 과정   procedure 절차

- **according to** ~에 따라, ~에 따르면
- **coherent** 일관된, 논리 정연한

Poverty is a principal cause of robberies and thefts.

가난은 강도와 절도 사건의 주된 원인이다.

- **poverty** 가난
- **principal** ¹주된 ²교장

- **robbery** 강도   rob 빼앗다, 강탈하다
- **theft** 절도   thief 도둑

This herbal therapy prevents and relieves chronic fatigue.

이 약초 요법은 만성 피로를 예방하고 경감시킨다.

- **herbal** 약초의   herb 약초, 허브
- **therapy** 치료, 요법
- **prevent** 예방하다, 막다
  ex. prevent A from ~ing A가 ~하는 것을 막다

- **relieve** (고통, 불안을) 경감시키다
  relief 경감, 안도
  (ex. a sigh of relief 안도의 한숨)
- **chronic** 만성적인
- **fatigue** 피로

065

As a token of thanks, I prepared food for the orphans in the local community.

감사의 표시로, 나는 지역 공동체의 고아들을 위해 음식을 준비했다.

- **token** 표시, 증표
- **prepare** 준비하다
  preparation 준비 preparatory 준비하는
- **orphan** 고아 orphanage 고아원
- **local** 지역적인, 지방의
- **community** 공동체

066

Martial arts can enhance your willpower and concentration.

무술은 당신의 의지력과 집중력을 강화한다.

- **martial** 전투의, 무력의
- **art** 기술, 기능 artistry 기교
  기출표현 skill and artistry 기술과 기교
- **enhance** 강화하다
- **willpower** 의지력 will 의지
- **concentration** 집중력
  concentrate 집중하다

067

This country exports enormous quantities of coffee beans.

이 나라는 엄청난 양의 커피콩을 수출한다.

- **export** 수출(하다)
  import 수입(하다)
  port 항구
- **enormous** 엄청난
- **quantity** 양, 수량
- **bean** 콩

068

Excessive exercise damages your muscles and accelerates aging.

지나친 운동은 근육을 손상하고 노화를 가속화한다.

- **excessive** 지나친
  exceed 초과하다 excess 초과
- **damage** 손상을 주다
- **accelerate** 가속화하다, 촉진하다
- **aging** 노화
  age 나이를 들게 하다

The classified information is accessible only to FBI agents.

그 기밀 정보는 FBI 요원들만 접근 가능하다.

- **classified** (정보가) 기밀의
  classify ¹분류하다 ²기밀 취급하다
- **information** 정보
  informative 정보를 제공하는, 유익한

- **accessible** 접근 가능한
  inaccessible 접근할 수 없는
  access ¹접근 ²접근하다
- **agent** 요원   agency 기관

This organization works for the welfare of immigrants.

이 조직은 이민자들의 복지를 위해 일한다.

- **organization** 조직
  organize 조직하다
- **welfare** 복지

- **immigrant** 이민자
  immigrate 이민 오다
  emigrate 이민 가다
  migrate 이주하다

The settlers lived in concord with the natives.

정착민들은 토착민들과 조화 속에 살았다.

- **settler** 정착민
  settle ¹정착하다 ²문제를 해결하다

- **concord** 조화, 화합
- **native** ¹토착민 ²토착의

The chef's cuisine has a delicately sour flavor. I'm curious about the recipe.

그 주방장의 요리는 은은하게 신맛을 가지고 있다. 그 조리법에 대해 궁금하다.

- **chef** 주방장
- **cuisine** 요리
- **delicately** ¹ (색, 향, 냄새 등이) 은은하게
  ²미묘하게
  delicate ¹은은한 ²미묘한

- **sour** 신, 시큼한
- **flavor** 맛, 풍미
- **curious** 궁금한   curiosity 호기심
- **recipe** 조리법 발음주의

061

craftsman	attach	precious	oyster	ornament
세공인				

062

disturbance	proceed	according to	coherent

063

poverty	principal 형용사	robbery	theft

064

therapy	prevent	relieve	chronic	fatigue

065

token	prepare	orphan	local	community

066

martial	art	enhance	willpower	concentration

067

export 동사	enormous	quantity	bean

068

excessive	damage	accelerate	aging

069

classified	information	accessible	agent

070

organization	welfare	immigrant

071

settler	concord	native 명사

072

cuisine	delicately	sour	flavor	curious

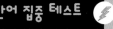 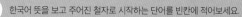

061 그 세공인은 장식품을 만들기 위해 귀한 보석들을 굴 껍데기에 부착했다.
The craftsman a_____ed p_____ jewels to the oyster shell to create an ornament.

062 어떤 방해도 없이, 그 사업은 일관된 계획에 따라 진행되고 있다.
Without any d_____s, the project is p_____ing according to the coherent plan.

063 가난은 강도와 절도 사건의 주된 원인이다.
P_____ is a p_____ cause of robberies and thefts.

064 이 약초 요법은 만성 피로를 예방하고 경감시킨다.
This herbal therapy p_____s and r_____s chronic fatigue.

065 나는 지역 공동체의 고아들을 위해 음식을 준비했다.
I p_____d food for the orphans in the l_____ community.

066 무술은 당신의 의지력과 집중력을 강화한다.
Martial arts can e_____ your w_____ and concentration.

067 이 나라는 엄청난 양의 커피콩을 수출한다.
This country e_____s e_____ quantities of coffee beans.

068 지나친 운동은 근육을 손상하고 노화를 가속화한다.
E_____ exercise damages your muscles and a_____s aging.

069 그 기밀 정보는 FBI 요원들만 접근 가능하다.
The c_____ information is a_____ only to FBI agents.

070 이 조직은 이민자들의 복지를 위해 일한다.
This o_____ works for the welfare of i_____s.

071 정착민들은 토착민들과 조화 속에 살았다.
The s_____s lived in concord with the n_____s.

072 그 주방장의 요리는 은은하게 신맛을 가지고 있다. 그 조리법에 대해 궁금하다.
The chef's cuisine has a delicately sour f_____. I'm c_____ about the recipe.

Pre-Check! 다음 문장을 읽으며 단어의 뜻을 알고 있는지 체크해보세요.

073   mayor는 노인들을 위해 지하철 fare를 낮추었다.

074   어느 정도는, 그의 argument가 make sense하다.

075   그 general은 전투에서의 그의 defeat를 기꺼이 받아들였다.

076   몇몇 보안 요원들이 그 구역에서 patrol하고 있다가 살인자를 capture했다.

077   새로 임명된 official은 그의 의무를 neglect했다. 그래서 해고당했다.

078   그 majestic한 궁전은 큰 대회를 accommodate할 수 있다.

079   교장 선생님이 corridor로 달려 나와 그 naughty한 소년을 꾸짖었다.

080   소수의 historian들이 그녀를 영웅으로 묘사하는 tendency를 가지고 있다.

081   난 geometry 숙제를 이미 submit했다.

082   그 소년의 부모들은 kidnapper의 제안을 unconditionally하게 받아들였다.

083   큰 포효 소리와 함께, dreadful한 짐승이 bush에서 나타났다.

084   chubby한 간호사가 그의 lame한 발 둘레에 붕대를 맸다. 그리고는 knot을 꽉 묶었다.

The mayor lowered the subway fares for the elderly.

시장은 노인들을 위해 지하철 요금을 낮추었다.

- **mayor** 시장
- **lower** ¹낮추다 ²아래쪽의 ³더 낮은
  기출표현 at lower rental rates
  더 낮은 임대료로
- **fare** (교통) 요금
- **elderly** 연로한, 나이 든
  ex. the elderly 노인층

To a certain extent, his argument makes sense.

어느 정도는, 그의 주장이 타당하다.

- **extent** 정도 ← 뻗어나간
  ex. to a certain extent 어느 정도까지, 다소
  extend 연장하다, 뻗어나가다
- **argument** 주장   argue 주장하다
- **make sense** 타당하다, 이치에 맞다

The general willingly admitted his defeat in the battle.

그 장군은 전투에서의 그의 패배를 기꺼이 받아들였다.

- **general** ¹장군 ²일반적인, 종합적인
  ex. general hospital 종합 병원
- **willingly** 기꺼이, 자진해서
  willing 기꺼이 하는   unwilling 내키지 않는
- **admit** 받아들이다
  admission 허용, 허가
- **defeat** ¹패배 ²패배시키다

Some security guards were patrolling in the district and captured the murderer.

몇몇 보안 요원들이 그 구역에서 순찰하고 있다가 살인자를 붙잡았다.

- **security** 안전, 보안
  secure ¹안전하게 하다 ²안전한
- **guard** 경비원, 감시인
- **patrol** 순찰하다
- **district** 구역
- **capture** 붙잡다
- **murderer** 살인자
  murder 살인하다

077

The newly appointed official neglected his duties. So he was fired.

새로 임명된 관리는 그의 의무를 소홀히 했다. 그래서 해고당했다.

- **appoint** 임명하다
- **official** ¹관리, 공무원 ²공식적인
- **neglect** ¹소홀히 하다 ²태만, 소홀

- **duty** ¹의무 ²관세
  ex. duty-free 면세의
- **fire** 해고하다 (↔ hire 고용하다)

078

The majestic palace can accommodate large conventions.

그 으리으리한 궁전은 큰 대회를 수용할 수 있다.

- **majestic** 장엄한, 으리으리한
  majesty 위엄, 장엄 (ex. My Majesty! 폐하!)
- **palace** 궁전

- **accommodate** 수용하다
  accommodations 숙박 시설, 수용 설비
- **convention** 대회, 총회, 집회

079

The principal rushed into the corridor and scolded the naughty boy.

교장 선생님이 복도로 달려 나와 그 못된 소년을 꾸짖었다.

- **principal** ¹교장 ²주된
  참고단어 principle 원리, 원칙 ※주의
- **rush** 빠르게 달리다, 급히 움직이다

- **corridor** 복도
- **scold** 야단치다, 꾸짖다
- **naughty** 심술궂은, 못된

080

A handful of historians have a tendency to depict her as a heroine.

소수의 역사학자들이 그녀를 영웅으로 묘사하는 경향을 가지고 있다.

- **handful** 소수, 적은 양
  ex. a handful of 소수의
- **historian** 역사학자

- **tendency** 경향
  tend to ~하는 경향이 있다
- **depict** 묘사하다, 그리다
- **heroine** 여자 영웅   hero 영웅

I already submitted my geometry assignment.

난 기하학 숙제를 이미 제출했다.

- **submit** 제출하다
- **geometry** 기하학
  ← 땅(geo)을 측량하는(metr=meter) 학문

- **assignment** 숙제, 과제
  assign 할당하다

The boy's parents accepted the kidnapper's proposal unconditionally.

그 소년의 부모들은 유괴범의 제안을 무조건적으로 받아들었다.

- **accept** 받아들이다
- **kidnapper** 유괴범, 납치범
  kidnap 유괴하다, 납치하다
- **proposal** 제안   propose 제안하다

- **unconditionally** 무조건적으로
  unconditional 무조건의
  conditional 조건부의

With a loud roar, a dreadful beast emerged from the bush.

큰 포효 소리와 함께, 무시무시한 짐승이 덤불에서 나타났다.

- **loud** 큰
- **roar** ¹포효, 으르렁거림 ²으르렁거리다
- **dreadful** 무시무시한, 무서운
- **beast** 짐승

- **emerge** 나타나다, 나오다
  emergency 비상사태, 응급 ← 갑자기 나타난
- **bush** 덤불

A chubby nurse wrapped a bandage around his lame foot. Then, she tied a knot tightly.

통통한 간호사가 그의 절뚝이는 발 둘레에 붕대를 맸다. 그리고는 매듭을 꽉 묶었다.

- **chubby** 통통한
- **wrap** ¹포장하다 ²(붕대를) 매다
- **bandage** 붕대

- **lame** 절뚝거리는
- **tie** 묶다
- **knot** 매듭   knit (옷 등을) 짜다, 뜨다

073

mayor	lower 동사	fare	elderly
시장			

074

extent	argument	make sense

075

general 명사	willingly	admit	defeat 명사

076

security	patrol	district	capture	murderer

077

appoint	official 명사	neglect 동사	duty	fire 동사

078

majestic	palace	accommodate	convention

079

principal 명사	rush	corridor	scold	naughty

080

handful	historian	tendency	depict	heroine

081

submit	geometry	assignment

082

accept	kidnapper	proposal	unconditionally

083

roar 명사	dreadful	beast	emerge	bush

084

wrap	bandage	lame	tie	knot

073   시장은 노인들을 위해 지하철 요금을 낮추었다.

The mayor l_____ed the subway f_____s for the elderly.

074   어느 정도는, 그의 주장이 타당하다.

To a certain e_____, his a_____ makes sense.

075   그 장군은 그의 패배를 기꺼이 받아들였다.

The general w_____ a_____ed his defeat.

076   몇몇 보안 요원들이 그 구역에서 순찰하고 있다가 살인자를 붙잡았다.

Some s_____ guards were patrolling in the district and c_____d the murderer.

077   새로 임명된 관리는 그의 의무를 소홀히 했다.

The newly a_____ed official n_____ed his duties.

078   그 으리으리한 궁전은 큰 대회를 수용할 수 있다.

The m_____ palace can a_____ large conventions.

079   교장 선생님이 그 못된 소년을 꾸짖었다.

The principal s_____ed the n_____ boy.

080   소수의 역사학자들이 그녀를 영웅으로 묘사하는 경향을 가지고 있다.

A handful of historians have a t_____ to d_____ her as a heroine.

081   난 기하학 숙제를 이미 제출했다.

I already s_____ed my geometry a_____.

082   그 소년의 부모들은 유괴범의 제안을 받아들였다.

The boy's parents a_____ed the kidnapper's p_____.

083   큰 포효 소리와 함께, 무시무시한 짐승이 덤불에서 나타났다.

With a loud r_____, a dreadful beast e_____d from the bush.

084   간호사가 그의 절뚝이는 발 둘레에 붕대를 맸다.

A nurse wrapped a b_____ around his l_____ foot.

Weekly Test : week 1

▶ 정답 P. 288

A 다음 영어단어의 뜻을 써보세요.

01	slope	11	crash
02	refreshing	12	imitate
03	malignant	13	unveil
04	bandage	14	statesman
05	controversy	15	tenant
06	predecessor	16	chronic
07	vacant	17	accommodate
08	admit	18	capture
09	habitation	19	proposal
10	debris	20	reveal

B 다음 단어를 영어로 써보세요.

01	전망	11	생산
02	그치다, 중단하다	12	용의자, 의심하다
03	포유류	13	믿을 수 있는
04	미신	14	정교한
05	집중력	15	조화, 화합
06	분석하다	16	내구성
07	지니다, 보유하다	17	지나친
08	제한	18	무신론자
09	결합시키다	19	이민자
10	상속자	20	경향

week 2

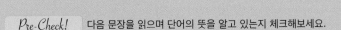
Pre-Check! 다음 문장을 읽으며 단어의 뜻을 알고 있는지 체크해보세요.

085   경찰은 suspicious한 모든 후보자들을 summon했다.

086   요즘에, 연인들은 traditional한 결혼 ceremony를 선호한다.

087   participant들은 승자가 되기 위해 contend했다. 그들은 모두 금메달을 갈망했다.

088   그 detective는 anonymous한 편지 한 통을 찾아냈다.

089   샐리는 extraordinary한 음악적 talent를 보였다. 나중에 그녀는 유명한 composer가 되었다.

090   수십 명의 scholar들은 헌법 amendment를 승인하는 것을 지지했다.

091   그 colonel은 내가 정부를 전복시키려는 conspiracy에 가담했다고 insist한다.

092   reconciliation 후에 그 연인들은 열정적으로 embrace했다.

093   다른 debate들과는 달리, 그의 논평은 모욕적이었으며 imprudent했다. 그는 중립적인 stance를 취하지 않았다.

094   insect들은 복잡한 ecological한 체계 속에 산다.

095   자판기를 rent하는 그의 사업은 처음부터 flourish했다.

096   꽤 많은 document들이 돋보기 없이는 illegible했다.

The police summoned all the suspicious candidates.

경찰은 의심스러운 모든 후보자들을 소환했다.

- **summon** 소환하다
- **suspicious** 의심스러운
  suspect ¹의심하다 ²용의자

- **candidate** 후보자
  기출표현 a presidential candidate
  대선 후보

These days, couples prefer traditional wedding ceremonies.

요즘에, 연인들은 전통적인 결혼 예식을 선호한다.

- **these days** 요즘에는
  참고단어 in those days 그 당시에는
- **prefer** 선호하다
  ex. prefer A to B B보다 A를 더 선호하다

- **traditional** 전통적인
  tradition 전통
- **ceremony** 예식, 의식

The participants contended to be the winner. They all longed for the gold medal.

참가자들은 승자가 되기 위해 겨루었다. 그들은 모두 금메달을 갈망했다.

- **participant** 참가자
  participate 참가하다

- **contend** 겨루다, 경쟁하다
- **long for** ~을 갈망하다

The detective located an anonymous letter.

그 탐정은 익명의 편지 한 통을 찾아냈다.

- **detective** 탐정   detect 간파하다
- **locate** ¹찾아내다, 알아내다 ²위치에 두다
  location 위치

- **anonymous** 익명의
  참고단어 unanimous 만장일치의 ⁿ ᵗ

089

Sally showed extraordinary musical talent. Later, she became a renowned composer.

샐리는 비범한 음악적 재능을 보였다. 나중에 그녀는 유명한 작곡가가 되었다.

- **extraordinary** 비범한
  ordinary 평범한, 보통의
- **talent** 재능

- **renowned** 유명한　renown 명성
- **composer** 작곡가
  compose ¹작곡하다　²구성하다

090

Dozens of scholars advocated ratifying an amendment to the Constitution.

수십 명의 학자들은 헌법 개정을 승인하는 것을 지지했다.

- **dozens of** 수십의, 많은　dozen 12개
  [기출표현] dozens of miles 수십 마일
- **scholar** 학자　scholarship 장학금
- **advocate** ¹지지하다, 옹호하다　²변호사

- **ratify** 승인하다, (국회에서) 비준하다
- **amendment** 개정　amend 개정하다
- **Constitution** 헌법　constitute 구성하다

091

The colonel insists that I joined the conspiracy to overthrow the government.

그 대령은 내가 정부를 전복시키려는 음모에 가담했다고 주장한다.

- **colonel** 대령 발음 주의
- **insist** 주장하다
  insistent 고집스런
  (ex. insistent about marrying him
  그와 결혼하는 것에 대해 고집스런)

- **conspiracy** 음모
  conspire 음모를 꾸미다
- **overthrow** 전복시키다
- **government** 정부

092

After their reconciliation, the couple embraced passionately.

화해 후에, 그 연인들은 열정적으로 포옹했다.

- **reconciliation** 화해
  reconcile 화해하다
- **embrace** 껴안다, 포옹하다

- **passionately** 열정적으로, 열렬히
  passionate 열정적인
  passion 열정

Unlike other debates, his comments were offensive and imprudent. He didn't take a neutral stance.

다른 토론들과는 달리, 그의 논평은 모욕적이었으며 신중하지 못했다. 그는 중립적인 입장을 취하지 않았다.

- **unlike** ~와 달리
- **debate** 토론
- **comment** 논평, 의견
- **offensive** ¹모욕적인, 불쾌한 ²공격적인
  offend 기분을 상하게 하다

- **imprudent** 신중하지 못한
  prudent 신중한
- **neutral** 중립적인
- **stance** 자세, 입장

Insects live in complicated ecological systems.

곤충들은 복잡한 생태적 체계 속에 산다.

- **insect** 곤충
- **complicated** 복잡한
  complicate 복잡하게 하다

- **ecological** 생태적인
  ecology 생태학
  ecosystem 생태계

His business of renting vending machines flourished from the beginning.

자판기를 임대하는 그의 사업은 처음부터 번창했다.

- **rent** ¹임대하다 ²임대(료)
  rental ¹임대의 ²임대료
  [기출표현] rental rate 임대료

- **vending machine** 자판기
  vend 팔다
  vendor 행상인 ← 판매하는
- **flourish** 번창하다

Quite a few documents were illegible without a magnifying glass.

꽤 많은 서류들이 돋보기 없이는 읽기 어려웠다.

- **quite a few** 꽤 많은
- **document** 기록, 서류
- **illegible** 읽기 어려운

- **magnify** 확대하다
  ex. magnifying glass 확대경, 돋보기

085

summon	suspicious	candidate
소환하다		

086

these days	prefer	traditional	ceremony

087

participant	contend	long for

088

detective	locate	anonymous

089

extraordinary	talent	renowned	composer

090

scholar	advocate 동사	ratify	amendment	Constitution

091

colonel	insist	conspiracy	overthrow	government

092

reconciliation	embrace	passionately

093

debate	comment	offensive	imprudent	neutral

094

insect	complicated	ecological

095

rent 동사	vending machine	flourish

096

quite a few	document	illegible	magnify

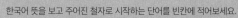

085 경찰은 의심스러운 모든 후보자들을 소환했다.

The police summoned all the s_____ c_____s.

086 요즘에, 연인들은 전통적인 결혼 예식을 선호한다.

These days, couples p_____ traditional wedding c_____es.

087 참가자들은 승자가 되기 위해 위해 겨루었다.

The p_____s c_____ed to be the winner.

088 그 탐정은 익명의 편지 한 통을 찾아냈다.

The detective l_____d an a_____ letter.

089 샐리는 비범한 음악적 재능을 보였다. 나중에 그녀는 유명한 작곡가가 되었다.

Sally showed e_____ musical talent. Later, she became a renowned c_____.

090 수십 명의 학자들은 헌법 개정을 승인하는 것을 지지했다.

Dozens of scholars a_____d ratifying an a_____ to the Constitution.

091 그 대령은 내가 음모에 가담했다고 주장한다.

The colonel i_____s that I joined the c_____.

092 화해 후에 그 연인들은 열정적으로 포옹했다.

After their r_____, the couple embraced p_____.

093 다른 토론들과는 달리, 그의 논평은 모욕적이었으며 신중하지 못했다.

Unlike other d_____s, his comments were o_____ and imprudent.

094 곤충들은 복잡한 생태적 체계 속에 산다.

Insects live in c_____ e_____ systems.

095 자판기를 임대하는 그의 사업은 처음부터 번창했다.

His business of renting v_____ machines f_____ed from the beginning.

096 꽤 많은 서류들이 돋보기 없이는 읽기 어려웠다.

Quite a f_____ documents were i_____ without a magnifying glass.

Pre-Check! 다음 문장을 읽으며 단어의 뜻을 알고 있는지 체크해보세요.

097 그 항공사는 minor한 고장을 이유로 서울행 비행을 delay했다.

098 국회 회기 동안 Parliament는 낡은 법률을 abolish했다.

099 이 regulation은 이전의 모든 규칙을 replace할 것입니다. 오늘부로,
여러분 모두 그것에 따라야만 합니다.

100 나는 attic에서 먼지투성이의 antique와 낡은 의상을 우연히 발견했다.

101 한 수다스런 janitor가 손님들과 정문까지 accompany했다.

102 내 반 친구는 스스로를 surroundings에 적응시키지 못했다. 그래서 다른
학교로 transfer했다.

103 그 inventor는 그의 significant한 발명품으로 인해 엄청난 reputation을
얻었다.

104 stimulation 없이, 유전자 activation은 일어나지 않을 것이다.

105 그 ex-convict는 새로운 환경에 자신을 adapt했다.

106 clinical한 연구는 상당한 advance를 보였다.

107 보건부 minister는 담배 commercial을 금지했다.

108 많은 graduate들이 광고 agency 자리에 지원했다.

097
☐☐

The airline delayed the flight bound for Seoul on account of a minor breakdown.

그 항공사는 사소한 고장을 이유로 서울행 비행을 지연시켰다.

- **delay** 지연시키다, 지연되다
- **bound for** ~행의
- **on account of** ~의 이유로, ~때문에
  account for ~의 이유이다, ~을 설명하다

- **minor** ¹사소한 ²미성년자
  minority 소수, 소수파
- **breakdown** 고장

098
☐☐

During the session, Parliament abolished the obsolete law.

국회 회기 동안 의회는 낡은 법률을 폐지했다.

- **session** (국회) 회기, 개회
- **Parliament** (영국) 의회

- **abolish** 폐지하다
  기출표현 abolish wars 전쟁을 없애다
- **obsolete** 낡은, 구식의

099
☐☐

This regulation will replace all previous rules. As of today, you all have to comply with it.

이 규정은 이전의 모든 규칙을 대신할 것입니다. 오늘부로, 여러분 모두 그것에 따라야만 합니다.

- **regulation** 규정
- **replace** 대신하다
- **previous** 이전의

- **as of** ~부터, ~이후로
- **comply with** ~에 따르다

100
☐☐

I came across a dusty antique and an old costume in the attic.

나는 다락에서 먼지투성이의 골동품과 낡은 의상을 우연히 발견했다.

- **come across** ~을 우연히 발견하다
- **dusty** 먼지투성이의 dust 먼지
- **antique** 골동품

- **costume** (특정 지역, 시대, 용도의) 의상
- **attic** 다락방

101 □□ **A talkative janitor accompanied the guests to the gate.**

한 수다스런 문지기가 손님들과 정문까지 동행했다.

- **talkative** 수다스런
- **janitor** 문지기, 수위
- **accompany** ~와 동행하다
- **gate** 대문

102 □□ **My classmate couldn't accustom herself to her surroundings. So she transferred to another school.**

내 반 친구는 스스로를 환경에 적응시키지 못했다. 그래서 다른 학교로 옮겼다.

- **classmate** 반 친구
  mate ¹짝 ²짝짓기하다
  (ex. mating season 짝짓기 계절)
- **accustom** 적응시키다
  accustom oneself to
  ~에 적응하다, ~에 익숙해지다
- **surroundings** 환경
  surrounding 주위의
  surround 둘러싸다
- **transfer** 옮기다, 전학 가다

103 □□ **The inventor acquired a fabulous reputation for his significant invention.**

그 발명가는 그의 중대한 발명품으로 인해 엄청난 명성을 얻었다.

- **inventor** 발명가
  invent 발명하다   invention 발명품
- **acquire** 얻다   acquisition 습득
- **fabulous** 엄청난, 굉장한
- **reputation** 명성
  기출표현 have an excellent reputation
  훌륭한 명성을 갖고 있다
- **significant** 중대한, 의미 있는
  insignificant 무의미한

104 □□ **Without stimulation, the activation of the gene will not occur.**

자극 없이, 유전자 활성화는 일어나지 않을 것이다.

- **stimulation** 자극   stimulate 자극하다
- **activation** 활성화
  activate 활성화하다
- **gene** 유전자   genetics 유전학
- **occur** 일어나다   occurrence 발생, 사건

105

The ex-convict adapted himself to his new environment.

그 전과자는 새로운 환경에 자신을 적응시켰다.

- **ex-convict** 전과자
  convict [1] 유죄를 선고하다
  [2] 죄수, 기결수 ← 유죄를 선고받은
- **adapt** 적응시키다
- **environment** 환경

106

Clinical research showed remarkable advances.

임상 연구는 상당한 진전을 보였다.

- **clinical** 임상의　clinic 진료소
- **research** 연구, 조사
- **remarkable** 상당한
- **advance** [1] 진전 [2] 전진하다
  in advance 미리

107

The Minister of Health Department banned cigarette commercials.

보건부 장관은 담배 광고를 금지했다.

- **minister** 장관
  ministry [1] 내각, (정부) 부서 [2] 목사직
- **department** (조직의) 부(部), 부서
- **ban** 금지하다
- **cigarette** 담배
- **commercial** [1] 광고 방송 [2] 상업의

108

A number of graduates applied for a position at an advertising agency.

많은 졸업생들이 광고 대행사 자리에 지원했다.

- **a number of** 많은(=many)
- **graduate** [1] 졸업자 [2] 졸업하다
- **apply for** ~에 지원하다
  apply to ~에 적용하다
  (ex. apply the formula to his experiment
  그 공식을 실험에 적용하다)
- **advertising** 광고, 광고업
  advertise 광고하다
  advertisement 광고
- **agency** 대행사　agent 대리인, 요원

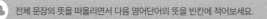
097	delay	bound for	on account of	minor 형용사	breakdown
	지연시키다, 지연되다				

098	session	Parliament	abolish	obsolete

099	regulation	replace	previous	as of	comply with

100	come across	dusty	antique	costume	attic

101	talkative	janitor	accompany	gate

102	classmate	accustom	surroundings	transfer

103	inventor	acquire	fabulous	reputation	significant

104	stimulation	activation	gene	occur

105	ex-convict	adapt	environment

106	clinical	research	remarkable	advance 명사

107	minister	department	ban	cigarette	commercial 명사

108	a number of	graduate 명사	apply for	advertising	agency

097 그 항공사는 사소한 고장을 이유로 서울행 비행을 지연시켰다.

The airline delayed the flight b_____ for Seoul on a_____ of a minor breakdown.

098 국회 회기 동안 의회는 낡은 법률을 폐지했다.

During the session, Parliament a_____ed the o_____ law.

099 이 규정은 이전의 모든 규칙을 대신할 것입니다.

This r_____ will r_____ all previous rules.

100 나는 다락에서 먼지투성이의 골동품과 낡은 의상을 우연히 발견했다.

I came a_____ a dusty a_____ and an old costume in the attic.

101 한 수다스런 문지기가 손님들과 정문까지 동행했다.

A t_____ janitor a_____ed the guests to the gate.

102 내 반 친구는 스스로를 환경에 적응시키지 못했다. 그래서 다른 학교로 옮겼다.

My classmate couldn't a_____ herself to her surroundings. So she t_____ed to another school.

103 그 발명가는 그의 중대한 발명품으로 인해 엄청난 명성을 얻었다.

The inventor a_____d a fabulous reputation for his s_____ invention.

104 자극 없이, 유전자 활성화는 일어나지 않을 것이다.

Without s_____, the activation of the gene will not o_____.

105 그 전과자는 새로운 환경에 자신을 적응시켰다.

The e_____ adapted himself to his new e_____.

106 임상 연구는 상당한 진전을 보였다.

Clinical r_____ showed r_____ advances.

107 보건부 장관은 담배 광고를 금지했다.

The Minister of Health Department b_____ed cigarette c_____s.

108 많은 졸업생들이 광고 대행사 자리에 지원했다.

A n_____ of graduates a_____ed for a position at an advertising agency.

DAY 10

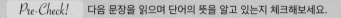

> **Pre-Check!** 다음 문장을 읽으며 단어의 뜻을 알고 있는지 체크해보세요.

109 **range** 안에서 사냥꾼은 **cautiously**하게 조준하고는 **trigger**를 당겼다.

110 **puberty**를 겪고 있는 그 소녀는 **sentiment**에 치우치며 불필요한 **anxiety**들로 스스로를 괴롭힌다.

111 그 장애인은 **obstacle**들을 **overcome**하기 위해 노력했다.

112 **transnational**한 범죄에 관한 한 **mutual**한 도움이 필수적이다.

113 나는 그와의 **status** 차이 때문에 **humiliation**과 수치심을 느꼈다.

114 핵무기는 **mankind**에게 심각한 **threat**이다.

115 결국, 연구 자금의 **lack**이 그의 실험을 **ruin**했다.

116 그 **retired**한 장교는 과거의 영광을 **recall**했다.

117 **spectator**들의 박수 갈채가 그를 **encourage**했다. 그는 우쭐해졌다.

118 그녀의 **vague**한 대답이 그 참을성 없는 **bachelor**를 짜증나게 했다.

119 **fertile**하고 물이 잘 빠지는 **soil**은 경작된 작물의 성장을 극대화한다. 따라서 비료는 농업에 **essential**하다.

120 그 **emigrant**들은 **gradually**하게 스스로를 새로운 환경에 **adjust**했다.

Within range, the hunter aimed cautiously and pulled the trigger.

사정거리 안에서 사냥꾼은 조심스럽게 조준하고는 방아쇠를 당겼다.

- **range** ¹범위, 사정거리 ²범위가 ~에 걸치다
- **aim** ¹(총을) 조준하다, 겨누다 ²목표, 목적
  기출표현 be aimed at children
  아이들을 대상으로 하다

- **cautiously** 조심스럽게
  cautious 조심스러운
  caution 조심, 주의
  precaution 예방 조치
- **trigger** ¹방아쇠 ²촉발시키다, 일으키다

The girl who is going through puberty is inclined to sentiment and plagues herself with unnecessary anxieties.

사춘기를 겪고 있는 그 소녀는 감성에 치우치며 불필요한 걱정들로 스스로를 괴롭힌다.

- **puberty** 사춘기
- **be inclined to** ~에 기울다
  inclination 경향
- **sentiment** 감성, 감정

- **plague** ¹괴롭히다 ²전염병
- **anxiety** 걱정
  be anxious about ~을 걱정하다
  be anxious for ~을 갈망하다

The disabled man strived to overcome the obstacles.

그 장애인은 장애물들을 극복하기 위해 노력했다.

- **disabled** 장애를 가진
  enable ~할 수 있게 하다, 가능하게 하다
- **strive to** ~하려고 노력하다

- **overcome** 극복하다
  기출표현 overcome her fear
  그녀의 두려움을 극복하다
- **obstacle** 장애물, 방해물

When it comes to transnational crimes, mutual assistance is indispensable.

국제 범죄에 관한 한 상호간의 도움이 필수적이다.

- **when it comes to** ~에 대해 말하자면
- **transnational** 국제적인, 다국적의
- **crime** 범죄   criminal ¹범죄의 ²범죄자

- **mutual** 상호간의
- **assistance** 도움   assist 돕다, 보조하다
- **indispensable** 없어서는 안될, 필수적인

113

I felt humiliation and shame because of the difference in status with him.

나는 그와의 지위 차이 때문에 굴욕과 수치심을 느꼈다.

- **humiliation** 굴욕
  humiliate ~에게 굴욕감을 주다
  기출표현 feel humiliated 굴욕을 느끼다

- **shame** 수치심
  shameful 수치스런
  be ashamed of ~을 부끄러워하다
- **status** 지위

114

Nuclear weapons are a serious threat to mankind.

핵무기는 인류에게 심각한 위협이다.

- **nuclear** 핵(의)
- **weapon** 무기
- **serious** 심각한

- **threat** 위협   threaten 위협하다
- **mankind** 인류

115

Consequently, a lack of research funds ruined his experiment.

결국, 연구 자금의 부족이 그의 실험을 망쳤다.

- **consequently** 결국
  consequence 결과
- **lack** ¹부족 ²~이 없다, ~이 부족하다

- **fund** 자금, 기금
- **ruin** 망치다
- **experiment** 실험(하다)

116

The retired officer recalled the glory of his past.

그 은퇴한 장교는 과거의 영광을 상기했다.

- **retired** 은퇴한
  retire 은퇴하다   retirement 은퇴
- **officer** (군대의) 장교

- **recall** 생각해 내다, 상기하다
- **glory** 영광

117

The applause of the spectators encouraged him. He was flattered.

관객들의 박수 갈채가 그를 격려해주었다. 그는 우쭐해졌다.

- **applause** 박수 (갈채)
  applaud 박수 치다
- **spectator** 관객
- **encourage** 격려하다
  discourage 낙담시키다
- **flattered** (칭찬 등을 받아) 우쭐한
  flatter (사람을) 기분 좋게 만들다, 아첨하다

118

Her vague reply irritated the impatient bachelor.

그녀의 모호한 대답이 그 참을성 없는 미혼남을 짜증나게 했다.

- **vague** 모호한
- **reply** 대답(하다)
- **irritate** 짜증나게 하다
- **impatient** 참을성 없는
  patient 참을성 있는
- **bachelor** 미혼남, 독신남

119

Fertile and well-drained soil maximizes the growth of cultivated plants. So fertilizer is essential to agriculture.

비옥하고 물이 잘 빠지는 토양은 경작된 작물의 성장을 극대화한다. 따라서 비료는 농업에 필수적이다.

- **fertile** 비옥한
  infertile 척박한
- **drain** 배수하다
- **soil** 토양
- **maximize** 극대화하다
- **cultivate** 경작하다, 재배하다
- **fertilizer** 비료
- **essential** 필수적인
  essence 본질, 핵심요소
- **agriculture** 농업

120

The emigrants gradually adjusted themselves to their new circumstances.

그 이주민들은 점차적으로 스스로를 새로운 환경에 적응시켰다.

- **emigrant** 이주민, 이민자
  emigrate 이민 가다
  기출표현 emigrate to the U.S.
  미국으로 이민 가다
- **gradually** 점차적으로
  gradual 점진적인
- **adjust** ¹적응시키다, 맞추다 ²조절하다
- **circumstance** (주로 복수로) 환경, 상황

109	range 명사	aim 동사	cautiously	trigger 명사
	범위, 사정거리			

110	puberty	be inclined to	sentiment	plague 동사	anxiety

111	disabled	strive to	overcome	obstacle

112	when it comes to	transnational	mutual	indispensable

113	humiliation	shame	status

114	nuclear	weapon	serious	threat	mankind

115	consequently	lack 명사	fund	ruin	experiment

116	retired	officer	recall	glory

117	applause	spectator	encourage	flattered

118	vague	reply	irritate	impatient	bachelor

119	fertile	drain	maximize	cultivate	agriculture

120	emigrant	gradually	adjust	circumstance

109 사냥꾼은 조심스럽게 조준하고는 방아쇠를 당겼다.
The hunter a_____ed c_____ and pulled the trigger.

110 사춘기를 겪고 있는 그 소녀는 감성에 치우치며 불필요한 걱정들로 스스로를 괴롭힌다.
The girl who is going through puberty is i_____ to sentiment and
p_____s herself with unnecessary anxieties.

111 그 장애인은 장애물들을 극복하기 위해 노력했다.
The disabled man strived to o_____ the o_____s.

112 국제 범죄에 관한한 상호간의 도움이 필수적이다.
When it c_____s to transnational crimes, mutual assistance is i_____.

113 나는 그와의 지위 차이 때문에 굴욕과 수치심을 느꼈다.
I felt h_____ and shame because of the difference in s_____ with him.

114 핵무기는 인류에게 심각한 위협이다.
N_____ weapons are a serious t_____ to mankind.

115 결국, 연구 자금의 부족이 그의 실험을 망쳤다.
C_____, a lack of research funds ruined his e_____.

116 그 은퇴한 장교는 과거의 영광을 상기했다.
The r_____ officer r_____ed the glory of his past.

117 관객들의 박수 갈채가 그를 격려해주었다.
The a_____ of the spectators e_____d him.

118 그녀의 모호한 대답이 그 참을성 없는 미혼남을 짜증나게 했다.
Her vague reply i_____d the i_____ bachelor.

119 비옥하고 물이 잘 빠지는 토양은 경작된 작물의 성장을 극대화한다.
F_____ and well-drained s_____ maximizes the growth of cultivated plants.

120 그 이주민들은 점차적으로 스스로를 새로운 환경에 적응시켰다.
The emigrants gradually a_____ed themselves to their new c_____s.

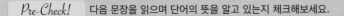

Pre-Check! 다음 문장을 읽으며 단어의 뜻을 알고 있는지 체크해보세요.

121 그 노숙자는 **stinking**한 가죽 재킷을 입고 추위에 **shiver**하고 있었다. 그는 **pale**해 보였다.

122 그 포악한 왕은 **privilege**를 남용하며 마치 자기가 **almighty**한 신인 것처럼 행동했다.

123 **lane**을 따라 있는 형광 불빛들이 그를 **fascinate**했다.

124 한국은 해외로부터 다양한 원료를 **import**한다. 그래서 **alternative**한 에너지 자원을 찾고 있다.

125 압도적인 **majority**가 성희롱에 대한 그 법안에 **assent**했다.

126 **supervisor**는 재정적인 손실을 나의 **carelessness** 탓으로 돌렸다.

127 그의 **perilous**한 공연이 관객들을 **astonish**했다.

128 야당은 **aggressive**한 무역 **policy**를 도입했다.

129 두 **organ**이 단단히 붙어 있어서 우리는 **separate**할 수 없었다.

130 그 비밀요원은 자신의 **identity**를 위장했고 뒤에 아무런 **trace**도 남기지 않았다.

131 나는 그녀의 이중인격과 **hypocrisy**에 화가 난다. 그녀는 **courteous**하게 보이지만, 사실은 **selfish**하다.

132 우리가 **sanction**을 철회하지 않으면 무역 **friction**이 일어날 것이다.

121
☐☐

The homeless man was wearing a stinking leather jacket and shivering from the cold. He looked pale.

그 노숙자는 냄새가 고약한 가죽 재킷을 입고 추위에 떨고 있었다. 그는 창백해 보였다.

- **stinking** 냄새가 고약한, 악취를 풍기는
  stink 냄새나다, 악취를 풍기다
- **leather** 가죽
- **shiver** (추위, 공포, 흥분 등으로) 떨다
- **pale** 창백한

122
☐☐

The brutal king abused his privileges and acted as if he was an almighty god.

그 포악한 왕은 특권을 남용하며 마치 자기가 전지전능한 신인 것처럼 행동했다.

- **brutal** 포악한, 난폭한
- **abuse** ¹남용(하다), 오용(하다)
  ²학대(하다)
- **privilege** 특권
- **as if** 마치 ~인 것처럼
- **almighty** 전능한   mighty 강력한, 힘센

123
☐☐

The fluorescent lights along the lane fascinated him.

길을 따라 있는 형광 불빛들이 그를 매료시켰다.

- **fluorescent** 형광의
- **lane** (좁은) 길
- **fascinate** 매료시키다
  [기출표현] be fascinated by ~에 매료되다

124
☐☐

Korea imports various raw materials from abroad. So it is looking for alternative energy resources.

한국은 해외로부터 다양한 원료를 수입한다. 그래서 대체 에너지 자원을 찾고 있다.

- **import** 수입(하다)
- **various** 다양한
- **raw** 가공하지 않은
- **material** 재료, 물질
- **abroad** 해외로, 해외에
  broad 넓은   broaden 넓히다
- **look for** ~을 찾다
- **alternative** ¹대체하는 ²대안
  alternatively 그 대신에
  alter 바꾸다, 변경하다
- **resource** 자원
  source 근원

125

An overwhelming majority assented to the bill on sexual harassment.

압도적인 다수가 성희롱에 대한 그 법안에 동의했다.

- **overwhelming** 압도적인
  overwhelm 압도하다
- **majority** 다수(↔ minority 소수)
  major in ~을 전공하다 ← ~을 주로 공부하다
- **assent** 동의하다
- **bill** ¹법안 ²지폐 ³영수증
- **harassment** 괴롭힘, 희롱
  harass 괴롭히다

126

My supervisor attributed the financial loss to my carelessness.

감독관은 재정적인 손실을 나의 부주의 탓으로 돌렸다.

- **supervisor** 감독관 supervise 감독하다
- **attribute** ¹~탓으로 돌리다 ²특성, 속성
  ex. attribute A to B A를 B의 탓이라고 보다
  기출표현 particular attribute 특별한 속성
- **financial** 재정적인 finance 재정
- **loss** 손실
- **carelessness** 부주의
  careless 부주의한
  care ¹주의 ²보살핌
  care for ¹~을 보살피다 ²~을 좋아하다

127

His perilous performance astonished the spectators.

그의 아슬아슬한 공연이 관객들을 놀라게 했다.

- **perilous** 위험한, 아슬아슬한
- **performance** 공연
  perform ¹공연하다 ²수행하다
- **astonish** 놀라게 하다
  astonished 놀란
  astonishment 깜짝 놀람

128

The opposition party introduced an aggressive trade policy.

야당은 공격적인 무역 정책을 도입했다.

- **opposition** 반대 oppose 반대하다
- **introduce** 도입하다 introduction 도입
- **aggressive** 공격적인 aggression 공격
- **trade** 무역
- **policy** 정책

129

The two organs adhered firmly, and we couldn't separate them.

두 장기가 단단히 붙어 있어서 우리는 분리할 수 없었다.

- **organ** 장기, 기관
  organism 유기체, 생명체
  organic 유기의 ← 기관이 있는
  [기출표현] organic food 유기농 음식
- **adhere** 들러붙다   adhesive 접착제
- **firmly** 단단히, 견고히
  firm ¹굳은, 단단한 ²회사
- **separate** ¹분리하다 ²따로따로의, 분리된

130

The secret agent disguised his identity and left no traces behind.

그 비밀요원은 자신의 정체를 위장했고 뒤에 아무런 흔적도 남기지 않았다.

- **agent** ¹(정부 기관의) 요원 ²대리인
  ³작용 요소
- **disguise** 위장(하다)
- **identity** 신원, 정체
- **trace** 흔적

131

I'm upset with her dual personality and hypocrisy. She appears to be courteous but is, in fact, selfish.

나는 그녀의 이중인격과 위선에 화가 난다. 그녀는 예의 바르게 보이지만, 사실은 이기적이다.

- **upset** 화난, 속상한
- **dual** 이중적인   duality 이중성
- **personality** 인격
  impersonal 비인격적인
- **hypocrisy** 위선   hypocrite 위선자
- **appear** ¹~처럼 보이다 ²나타나다
- **courteous** 예의 바른
- **selfish** 이기적인

132

Trade friction might arise if we don't lift the sanctions.

우리가 제재를 철회하지 않으면 무역 마찰이 일어날 것이다.

- **friction** 마찰
- **arise** 일어나다, 발생하다
  (-arose-arisen)
- **lift** ¹(제재를) 풀다 ²들어 올리다
  ³승강기(=elevator)
- **sanction** (주로 복수로) 제재

121

stinking	leather	shiver	pale
냄새가 고약한			

122

brutal	abuse ^{동사}	privilege	as if	almighty

123

fluorescent	lane	fascinate

124

import	raw	material	alternative	resource

125

overwhelming	majority	assent	bill	harassment

126

supervisor	attribute ^{동사}	financial	loss	carelessness

127

perilous	performance	astonish

128

opposition	introduce	aggressive	trade	policy

129

organ	adhere	firmly	separate ^{동사}

130

agent	disguise ^{동사}	identity	trace

131

upset	personality	hypocrisy	courteous	selfish

132

friction	arise	lift	sanction

121 그 노숙자는 냄새가 고약한 가죽 재킷을 입고 추위에 떨고 있었다.

The homeless man was wearing a s_____ leather jacket and s_____ing from the cold.

122 그 왕은 특권을 남용하며 마치 자기가 전지전능한 신인 것처럼 행동했다.

The king abused his p_____s and acted as if he was an a_____ god.

123 길을 따라 있는 형광 불빛들이 그를 매료시켰다.

The f_____ lights along the lane f_____d him.

124 한국은 해외로부터 다양한 원료를 수입한다. 그래서 대체 에너지 자원을 찾고 있다.

Korea imports v_____ raw materials from abroad. So it is looking for a_____ energy resources.

125 압도적인 다수가 성희롱에 대한 그 법안에 동의했다.

An o_____ majority a_____ed to the bill on sexual harrassment.

126 감독관은 재정적인 손실을 나의 부주의 탓으로 돌렸다.

My s_____ a_____d the financial loss to my carelessness.

127 그의 아슬아슬한 공연이 관객들을 놀라게 했다.

His perilous p_____ a_____ed the spectators.

128 야당은 공격적인 무역 정책을 도입했다.

The o_____ party introduced an a_____ trade policy.

129 두 장기가 단단히 붙어 있어서 우리는 분리할 수 없었다.

The two organs a_____d firmly, and we couldn't s_____ them.

130 그 비밀요원은 자신의 정체를 위장했고 뒤에 아무런 흔적도 남기지 않았다.

The secret agent d_____d his i_____ and left no traces behind.

131 나는 그녀의 위선에 화가 난다. 그녀는 예의 바르게 보이지만, 사실은 이기적이다.

I'm upset with her h_____. She appears to be c_____ but is, in fact, selfish.

132 우리가 제재를 철회하지 않으면 무역 마찰이 일어날 것이다.

Trade f_____ might arise if we don't lift the s_____s.

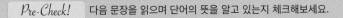

Pre-Check! 다음 문장을 읽으며 단어의 뜻을 알고 있는지 체크해보세요.

133   successful한 사람들은 adversity를 겪지만 포기하지 않는다.

134   그 employee들은 3년 동안 연속으로 이윤 목표를 attain했다.

135   unlicensed한 성형수술 후에, 그들은 심각한 side effect에 대해 보상받지 못했다.

136   그 뉴스 correspondent는 비상사태를 exclusively하게 보도했다.

137   나는 intentionally하게 그 약속을 cancel했다.

138   committee는 전시 시간을 extend했다.

139   실망스럽게도, 그들은 내 새 소설의 publication을 postpone했다.

140   그 작가는 세 가지 plot으로 하나의 fancy한 이야기를 엮었다.

141   난 그의 ridiculous한 제안을 단호하게 refuse했다.

142   어른들은 종종 adolescence의 추억을 떠올리고 그것을 cherish한다.

143   그 nun은 전 생애를 장애인을 위한 교육에 devote했다.

144   아이들이 계속 whine하거나 다른 사람을 괴롭힐 때 그들에게 소리 지르거나 spank하지 마세요.

Successful people undergo adversity, but do not give up.

성공하는 사람들은 시련을 겪지만 포기하지 않는다.

- **successful** 성공적인
  succeed [1]성공하다 [2]계승하다 ※주의
- **undergo** 겪다, 경험하다(=experience)

- **adversity** 시련, 역경
  기출표현 face real adversity
  진짜 역경에 직면하다
- **give up** 포기하다

The employees attained their profit goal for three years in a row.

그 직원들은 3년 동안 연속으로 이윤 목표를 달성했다.

- **employee** 직원   employ 고용하다
- **attain** 달성하다, 이루다
- **profit** 이윤

- **goal** [1]골, 득점 [2]목표
- **in a row** 잇따라, 연속적으로 ← 줄지어
  row [1]줄, 열 [2]노를 젓다

After the unlicensed cosmetic surgery, they weren't compensated for the severe side effects.

무면허 성형수술 후에, 그들은 심각한 부작용에 대해 보상받지 못했다.

- **unlicensed** 무면허의, 허가받지 않은
  license 면허증
- **cosmetic** 미용의, 성형의
- **surgery** (외과) 수술

- **compensate** 보상하다
  compensation 보상
- **severe** 극심한, 심각한
- **side effect** 부작용

The news correspondent reported the emergency exclusively.

그 뉴스 특파원은 비상사태를 단독으로 보도했다.

- **correspondent** 특파원
- **emergency** 비상사태
  emerge 출현하다, 나타나다

- **exclusively** 독점적으로, 단독으로
  exclusive 독점적인 ← 다른 사람들을 제외하는
  exclude 제외하다

137
☐☐

I canceled the appointment intentionally.

나는 일부러 그 약속을 취소했다.

- **cancel** 취소하다
  cancellation 취소
- **appointment** ¹약속 ²임명

- **intentionally** 고의로, 일부러
  intentional 고의적인
  intention 의도
  intend to ~하기로 작정하다, ~할 작정이다

138
☐☐

The committee extended the exhibition hours.

위원회는 전시 시간을 연장했다.

- **committee** 위원회
  commit ¹저지르다 ²맡기다, 위임하다
- **extend** 연장하다   extension 연장
- **exhibition** 전시   exhibit 전시하다

139
☐☐

To my dismay, they postponed the publication of my new novel.

실망스럽게도, 그들은 내 새 소설의 출판을 미뤘다.

- **dismay** 당황, 실망, 경악
- **postpone** 미루다, 연기하다

- **publication** 출판
  publish 출판하다

140
☐☐

The author wove a fancy tale from three plots.

그 작가는 세 가지 줄거리로 하나의 공상적인 이야기를 엮었다.

- **weave** 짜다, 엮다 (-wove-woven)
- **fancy** 공상적인, 상상의

- **tale** 이야기, 소설
- **plot** ¹줄거리 ²음모, 계략

I flatly refused his ridiculous suggestion.

난 그의 우스꽝스러운 제안을 단호하게 거절했다.

- **flatly** 단호하게, 딱 잘라   flat 평평한
- **refuse** 거절하다   refusal 거절
- **ridiculous** 우스꽝스러운

- **suggestion** 제안
  suggest ¹제안하다 ²암시하다

Grownups often recall memories of their adolescence and cherish them.

어른들은 종종 청소년기의 추억을 떠올리고 그것을 소중히 간직한다.

- **grownup** 어른
- **memory** 기억
  memorize 암기하다

- **adolescence** 청소년기
  adolescent 청소년
- **cherish** 소중히 여기다[간직하다]

The nun devoted her whole life to the education of the handicapped.

그 수녀는 전 생애를 장애인들의 교육에 바쳤다.

- **nun** 수녀
- **devote** 바치다   devotion 헌신
  ex. devote A to B A를 B에 바치다
- **whole** 전체의

- **handicapped** (신체·정신적) 장애가 있는
  ex. the handicapped 장애인
  handicap 불리한 조건, 장애

When your kids keep whining or teasing others, do not yell at them or spank them.

아이들이 계속 칭얼대거나 다른 사람을 괴롭힐 때 그들에게 소리 지르거나 엉덩이 때리지 마세요.

- **keep ~ing** 계속해서 ~하다
  기출표현 keep delaying things
  계속해서 일을 미루다
- **whine** 칭얼대다

- **tease** 짓궂게 괴롭히다
- **yell** 소리 지르다
- **spank** 엉덩이를 때리다

133

successful	undergo	adversity	give up
성공적인			

134

employee	attain	profit	goal	in a row

135

unlicensed	cosmetic	surgery	compensate	severe

136

correspondent	emergency	exclusively

137

cancel	appointment	intentionally

138

committee	extend	exhibition

139

dismay	postpone	publication

140

weave	fancy	tale	plot

141

flatly	refuse	ridiculous	suggestion

142

grownup	memory	adolescence	cherish

143

nun	devote	whole	handicapped

144

keep ~ing	whine	tease	yell	spank

133 성공하는 사람들은 시련을 겪지만 포기하지 않는다.
Successful people u_____ a_____, but do not give up.

134 그 직원들은 3년 동안 연속으로 이윤 목표를 달성했다.
The employees a_____ed their p_____ goal for three years in a row.

135 그들은 심각한 부작용에 대해 보상받지 못했다.
They weren't c_____d for the s_____ side effects.

136 그 뉴스 특파원은 비상사태를 독점적으로 보도했다.
The news c_____ reported the emergency e_____.

137 나는 일부러 그 약속을 취소했다.
I canceled the a_____ i_____.

138 위원회는 전시 시간을 연장했다.
The committee e_____ed the e_____ hours.

139 실망스럽게도, 그들은 내 새 소설의 출판을 미뤘다.
To my d_____, they p_____d the publication of my new novel.

140 그 작가는 세 가지 줄거리로 하나의 공상적인 이야기를 엮었다.
The author wove a f_____ tale from three p_____s.

141 난 그의 우스꽝스러운 제안을 단호하게 거절했다.
I flatly r_____d his r_____ suggestion.

142 어른들은 종종 청소년기의 추억을 떠올리고 그것을 소중히 간직한다.
Grownups often recall memories of their a_____ and c_____ them.

143 그 수녀는 전 생애를 장애인들의 교육에 바쳤다.
The nun d_____d her whole life to the education of the h_____.

144 아이들이 계속 칭얼대거나 다른 사람을 괴롭힐 때 그들에게 소리 지르거나 엉덩이 때리지 마세요.
When your kids keep whining or t_____ing others, do not y_____ at them or spank them.

$\mathcal{P}re\text{-}Check!$ 다음 문장을 읽으며 단어의 뜻을 알고 있는지 체크해보세요.

145   volunteer들은 생필품의 shortage를 걱정했다.

146   그 criminal은 자신의 죄를 진심으로 repent했다. 판사는 그에게 compassion을 느꼈다.

147   탐은 gravity의 기본적인 원리를 pupil들에게 설명했다.

148   그 사기꾼은 priest에게 자신의 죄를 confess했다.

149   mist 속에서 경찰은 missing한 여인의 신분증과 모피 코트를 발견했다.

150   내 아내는 진주 bracelet을 금고에 conceal했다.

151   농촌 지역의 인구 density가 급격히 decrease했다.

152   미국은 무역 barrier를 완전히 eliminate해야만 한다.

153   나는 고열 때문에 departure를 put off했다.

154   그녀의 남편은 sniff하고는 그녀의 향수의 subtle한 향기를 감지했다.

155   exotic한 풍경이 많은 관광객들을 attract한다.

156   overall한 assessment 결과는 아주 실망스러웠다.

145

The volunteers were worried about the shortage of commodities.

자원봉사자들은 생필품의 부족을 걱정했다.

- **volunteer** [1]자원봉사자 [2]자원하다
- **shortage** 부족, 결핍
- **commodity** 생필품, 필수품

146

The criminal repented of his sin sincerely. The judge felt compassion toward him.

그 범죄자는 자신의 죄를 진심으로 뉘우쳤다. 판사는 그에게 동정심을 느꼈다.

- **criminal** 범죄자
- **repent** 뉘우치다
- **sin** (도덕상의) 죄
- **sincerely** 진심으로
- **judge** [1]판사 [2]판단하다
  judgement 판결, 판단
- **compassion** 동정심
  compassionate 동정하는, 인정 많은

147

Tom explained the fundamental principle of gravity to his pupils.

탐은 중력의 기본적인 원리를 학생들에게 설명했다.

- **explain** 설명하다
  explanation 설명
- **fundamental** 근본적인, 기본적인
- **principle** 원리
  참고단어 principal [1]주된, 주요한 [2]교장 못주때
- **gravity** 중력
  grave [1](문제, 상황이) 중대한 ← 무게가 있는
  [2]무덤
  gravitate ~에 끌리다 ← 중력에 끌어당기듯
  기출표현 gravitate toward unreal things
  비현실적인 것들에 끌리다
- **pupil** 학생

148

The cheater confessed his guilt to a priest.

그 사기꾼은 신부에게 자신의 죄를 고백했다.

- **cheater** 사기꾼
  cheat 속이다, 사기 치다
- **confess** 고백하다, 자백하다
- **guilt** 죄, 죄가 있음
  guilty [1]죄책감이 드는 [2]유죄의
  기출표현 feel guilty 죄의식을 느끼다
- **priest** 신부, 사제

149

In the mist, the police found the missing lady's identification card and the fur coat.

안개 속에서 경찰은 실종된 여인의 신분증과 모피 코트를 발견했다.

- **mist** (옅은) 안개
- **missing** 실종된
  miss ¹놓치다 ²그리워하다
  기출표현 miss the point 요점을 놓치다

- **identification** 신분 증명
  identify (신원을) 확인하다
  identity 정체성
  참고단어 identical 동일한 뜻주목
  (ex. identical twins 일란성 쌍둥이)
- **fur** 모피

150

My wife concealed the pearl bracelet in the safe.

내 아내는 진주 팔찌를 금고에 숨겼다.

- **conceal** 숨기다, 은닉하다
- **pearl** 진주

- **bracelet** 팔찌
- **safe** ¹안전한 ²금고

151

The population density in the rural area decreased drastically.

농촌 지역의 인구 밀도가 급격히 감소했다.

- **population** 인구
- **density** 밀도   dense 밀집한
- **rural** 농촌의, 시골의
  참고단어 urban 도시의

- **decrease** 감소하다   increase 증가하다
- **drastically** 급격하게, 대폭적으로
  drastic 급진적인, 급격한

152

The U.S must thoroughly eliminate its trade barriers.

미국은 무역 장벽을 완전히 제거해야만 한다.

- **thoroughly** 완전히, 철저히
  thorough 철저한

- **eliminate** 제거하다
- **barrier** 장벽

153

I put off my departure because of a high fever.

나는 고열 때문에 출발을 연기했다.

- **put off** 연기하다(=postpone)
- **departure** 출발　depart 출발하다
- **fever** 열

154

Her husband sniffed and detected the subtle scent of her perfume.

그녀의 남편은 킁킁거리고는 그녀의 향수의 희미한 향기를 감지했다.

- **sniff** 킁킁거리며 냄새 맡다
- **detect** 감지하다
  - 기출표현 detect lies 거짓말을 감지하다
- **subtle** ¹미묘한 ²엷은, 희미한
- **scent** 향기
- **perfume** 향수

155

The exotic landscape attracts a lot of tourists.

이국적인 풍경이 많은 관광객들을 끌어들인다.

- **exotic** 이국적인
- **landscape** 풍경(=scenery)
- **attract** (사람을) 끌다, 끌어당기다
  - attractive 매력적인
- **tourist** 관광객
  - tourism 관광업
  - tour 관광
  - 참고단어 detour 우회로

156

The results of the overall assessment were quite disappointing.

전반적인 평가 결과는 아주 실망스러웠다.

- **overall** 전반적인, 종합적인
- **assessment** 평가　assess 평가하다
- **quite** 아주, 꽤
- **disappointing** 실망스러운
  - disappoint 실망시키다
  - disappointment 실망

145

volunteer 명사	shortage	commodity
자원봉사자		

146

repent	sin	sincerely	judge 명사	compassion

147

explain	fundamental	principle	gravity	pupil

148

cheater	confess	guilt	priest

149

mist	missing	identification	fur

150

conceal	pearl	bracelet	safe 명사

151

population	density	rural	decrease	drastically

152

thoroughly	eliminate	barrier

153

put off	departure	fever

154

sniff	detect	subtle	scent	perfume

155

exotic	landscape	attract	tourist

156

overall	assessment	quite	disappointing

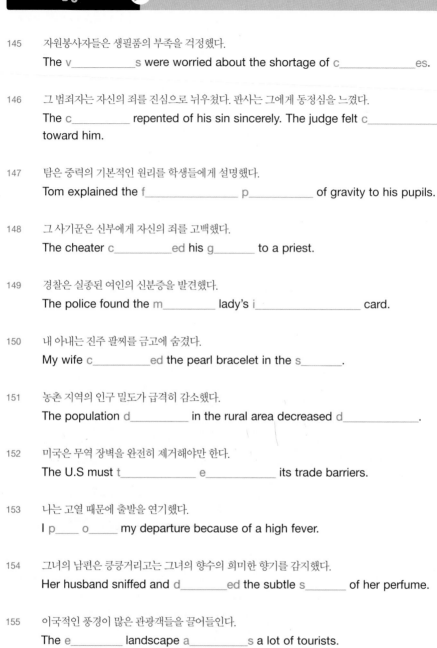
145   자원봉사자들은 생필품의 부족을 걱정했다.
The v_____s were worried about the shortage of c_____es.

146   그 범죄자는 자신의 죄를 진심으로 뉘우쳤다. 판사는 그에게 동정심을 느꼈다.
The c_____ repented of his sin sincerely. The judge felt c_____
toward him.

147   탐은 중력의 기본적인 원리를 학생들에게 설명했다.
Tom explained the f_____ p_____ of gravity to his pupils.

148   그 사기꾼은 신부에게 자신의 죄를 고백했다.
The cheater c_____ed his g_____ to a priest.

149   경찰은 실종된 여인의 신분증을 발견했다.
The police found the m_____ lady's i_____ card.

150   내 아내는 진주 팔찌를 금고에 숨겼다.
My wife c_____ed the pearl bracelet in the s_____.

151   농촌 지역의 인구 밀도가 급격히 감소했다.
The population d_____ in the rural area decreased d_____.

152   미국은 무역 장벽을 완전히 제거해야만 한다.
The U.S must t_____ e_____ its trade barriers.

153   나는 고열 때문에 출발을 연기했다.
I p_____ o_____ my departure because of a high fever.

154   그녀의 남편은 킁킁거리고는 그녀의 향수의 희미한 향기를 감지했다.
Her husband sniffed and d_____ed the subtle s_____ of her perfume.

155   이국적인 풍경이 많은 관광객들을 끌어들인다.
The e_____ landscape a_____s a lot of tourists.

156   전반적인 평가 결과는 아주 실망스러웠다.
The results of the overall a_____ were quite d_____.

Pre-Check! 다음 문장을 읽으며 단어의 뜻을 알고 있는지 체크해보세요.

157 국장이 그 reform을 책임지고 있었다. 그는 몇몇 irrational하고 낡은 custom들을 제거했다.

158 나는 shade 속의 희미한 형체를 알아보았다. 그것은 부패한 corpse였다.

159 사람들은 그 eminent한 물리학자를 위해 monument를 세웠다.

160 그 gadget은 다섯 개의 주요 부품들로 구성되어 있어서 disassemble 하기 쉽다.

161 그 mediator는 사교적이어서 awkward한 상황에 잘 대처한다.

162 경매 회사는 그의 property 가치를 자체 기준에 의해 estimate했다.

163 산업혁명 epoch 동안 그는 막대한 양의 부를 accumulate했다.

164 우리 선생님은 proverb 책에서 한 문장을 인용했다. "sow한 대로 거두리라."

165 innovation에도 불구하고 그 공장의 output은 감소했다.

166 길들인 호랑이가 timid한 소년을 frighten했다. 호랑이가 growl하자 소년은 공포에 떨었다.

167 우리는 impulse 구매를 abstain해야 한다.

168 상담자들은 internal한 갈등을 다룬다. 그래서 그들은 깊이 있는 psychology 지식을 가지고 있어야 한다.

The bureau chief was in charge of the reforms. He got rid of some irrational and outdated customs.

국장이 그 개혁을 책임지고 있었다. 그는 몇몇 불합리하고 낡은 관습들을 제거했다.

- **bureau** (관청의) 국
  bureaucracy 관료정치
- **chief** 우두머리, 최고위자
- **be in charge of** ~을 책임지다
  (=take charge of)
  charge ¹책임 ²청구하다
- **reform** 개혁(하다)

- **get rid of** ~을 제거하다　rid 제거하다
  rid A of B A에서 B를 제거하다
- **irrational** 불합리한
  rational 합리적인, 이성적인
  기출표현 rational intelligence 이성적 지능
- **outdated** 낡은, 구식의
- **custom** 관습

I noticed a dim shape in the shade. It was a decayed corpse.

나는 그늘 속의 희미한 형체를 알아보았다. 그것은 부패한 시체였다.

- **notice** ¹알아채다 ²공고, 게시
- **dim** 희미한
- **shade** 그늘　shadow 그림자

- **decayed** 부패한, 썩은
  decay 부패하다
- **corpse** 시체

People erected a monument for the eminent physicist.

사람들은 그 저명한 물리학자를 위해 기념비를 세웠다.

- **erect** 세우다, 건립하다
- **monument** 기념비
- **eminent** 저명한, 유명한(=famous)

- **physicist** 물리학자
  physics 물리학
  참고단어 physician 의사, 내과의사

This gadget consists of five main parts, so it is easy to disassemble.

그 기기는 다섯 개의 주요 부품들로 구성되어 있어서 분해하기 쉽다.

- **gadget** 기기, 기계
- **consist of** ~으로 구성되다

- **disassemble** 분해하다
  assemble 조립하다

161

The mediator is sociable and copes with awkward situations well.

그 중재인은 사교적이어서 어색한 상황에 잘 대처한다.

- **mediator** 중재인, 매개자
  mediate 중개하다
- **sociable** 사교적인
- **cope with** ~에 대처하다
- **awkward** 어색한

162

The auction company estimated the value of his property by its own criterion.

경매 회사는 그의 재산 가치를 자체 기준에 의해 평가했다.

- **auction** 경매
- **estimate** 평가(하다)
- **value** 가치   valuable 가치 있는
  invaluable 귀중한
  evaluate (가치를) 평가하다
- **property** ¹재산 ²특성
  기출표현 property of cultural behavior
  문화적 행동의 특성
- **criterion** 기준

163

During the epoch of the Industrial Revolution, he accumulated a tremendous amount of wealth.

산업혁명 시대 동안 그는 막대한 양의 부를 축적했다.

- **epoch** 시대
- **industrial** 산업의
  industry 산업   industrious 근면한
- **revolution** 혁명
  revolve 회전하다
- **accumulate** 축적하다
  기출표현 accumulate knowledge
  지식을 축적하다
- **tremendous** 거대한, 엄청난
- **wealth** 부   wealthy 부유한

164

Our teacher quoted a sentence from the book of proverbs. "You'll reap as you sow."

우리 선생님은 속담 책에서 한 문장을 인용했다. "뿌린 대로 거두리라."

- **quote** 인용하다   quotation 인용
- **sentence** ¹문장 ²(형의) 선고
  ³선고를 내리다
- **proverb** 속담
- **reap** 거두다, 수확하다
- **sow** (씨를) 뿌리다

165

Despite the innovation, the output of the factory declined.

혁신에도 불구하고 그 공장의 생산량은 감소했다.

- **despite** ~에도 불구하고
- **innovation** 혁신 innovate 혁신하다
- **output** 생산, 결과물
- **decline** ¹감소하다 ²거절하다 ³감소, 하락

166

The tamed tiger frightened the timid boy. When it growled, he shuddered with horror.

길들인 호랑이가 소심한 소년을 겁나게 했다. 호랑이가 으르렁거리자 소년은 공포에 떨었다.

- **tame** 길들이다
- **frighten** 겁먹게 만들다
  frightened 겁이 난
- **timid** 소심한
- **growl** 으르렁거리다
- **shudder** (공포, 추위로) 벌벌 떨다
- **horror** 공포, 전율

167

We should abstain from impulse purchases.

우리는 충동 구매를 삼가야 한다.

- **abstain** 삼가다, 절제하다
- **impulse** 충동 impulsive 충동적인
  참고단어 pulse ¹맥박 ²파동
  (ex. pulse of light 빛의 파장)
- **purchase** ¹구매 ²구매하다
  기출표현 early purchase discount
  조기 구매 할인

168

Counselors deal with internal conflicts. So they must have a profound knowledge of psychology.

상담자들은 내적인 갈등을 다룬다. 그래서 그들은 깊이 있는 심리학 지식을 가지고 있어야 한다.

- **counselor** 상담자
- **deal with** ~을 다루다, ~을 처리하다
  deal 거래
  a great deal of 많은
- **internal** 내부의 external 외부의
- **conflict** 갈등
- **profound** 심오한, 깊이 있는
- **knowledge** 지식
  knowledgeable 식견이 있는
  기출표현 knowledgeable workers
  식견 있는 근로자들
- **psychology** 심리학
  psychologist 심리학자

157

bureau	reform ^{명사}	get rid of	irrational	custom
(관청의) 국				

158

notice ^{동사}	dim	shade	decayed	corpse

159

erect	monument	eminent	physicist

160

gadget	consist of	disassemble

161

mediator	sociable	cope with	awkward

162

auction	estimate	value	property	criterion

163

epoch	industrial	revolution	accumulate	tremendous

164

quote	sentence ^{명사}	proverb	reap	sow

165

despite	innovation	output	decline

166

tame	frighten	timid	growl	shudder

167

abstain	impulse	purchase ^{명사}

168

deal with	internal	conflict	profound	psychology

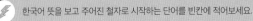
157 국장이 그 개혁을 책임지고 있었다.
The bureau chief was in c_____ of the r_____s.

158 나는 그늘 속의 희미한 형체를 알아보았다. 그것은 부패한 시체였다.
I n_____d a dim shape in the shade. It was a d_____ corpse.

159 사람들은 그 저명한 물리학자를 위해 기념비를 세웠다.
People erected a m_____ for the e_____ physicist.

160 그 기기는 다섯 개의 주요 부품들로 구성되어 있다.
This g_____ c_____s of five main parts.

161 그는 사교적이어서 어색한 상황에 잘 대처한다.
He is sociable and c_____s with a_____ situations well.

162 경매 회사는 그의 재산 가치를 자체 기준에 의해 평가했다.
The auction company e_____d the value of his p_____ by its own criterion.

163 산업혁명 시대 동안 그는 막대한 양의 부를 축적했다.
During the epoch of the Industrial R_____, he accumulated a t_____ amount of wealth.

164 우리 선생님은 속담 책에서 한 문장을 인용했다.
Our teacher q_____ed a sentence from the book of p_____s.

165 혁신에도 불구하고 그 공장의 생산량은 감소했다.
D_____ the innovation, the output of the factory d_____d.

166 호랑이가 소심한 소년을 겁나게 했다.
The tiger f_____ed the t_____ boy.

167 우리는 충동 구매를 삼가야 한다.
We should a_____ from impulse p_____s.

168 상담자들은 내적인 갈등을 다룬다. 그래서 그들은 깊이 있는 심리학 지식을 가지고 있어야 한다.
Counselors deal with internal c_____s. So they must have a p_____ knowledge of psychology.

Weekly Test : week 2

▶ 정답 P. 288

A 다음 영어단어의 뜻을 써보세요.

01 long for _____

02 puberty _____

03 overwhelming _____

04 breakdown _____

05 postpone _____

06 profound _____

07 confess _____

08 alternative _____

09 remarkable _____

10 ecological _____

11 anonymous _____

12 opposition _____

13 gradually _____

14 hypocrisy _____

15 exclusively _____

16 adversity _____

17 thoroughly _____

18 overall _____

19 disassemble _____

20 fertilizer _____

B 다음 단어를 영어로 써보세요.

01 어색한 _____

02 고의로, 일부러 _____

03 혁명 _____

04 이국적인 _____

05 대신하다 _____

06 인류 _____

07 예식, 의식 _____

08 실험(하다) _____

09 특권 _____

10 화해 _____

11 읽기 어려운 _____

12 골동품 _____

13 중대한, 의미 있는 _____

14 유전자 _____

15 장애물, 방해물 _____

16 단단히, 견고히 _____

17 보상하다 _____

18 뉘우치다 _____

19 숨기다, 은닉하다 _____

20 불합리한 _____

week

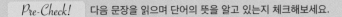

Pre-Check! 다음 문장을 읽으며 단어의 뜻을 알고 있는지 체크해보세요.

169 한 billionaire가 자선 단체에 큰 금액을 donate했다.

170 월간 잡지 '내셔널 트레져(국보)'의 subscriber 수가 10만 명에 amount to한다.

171 canal은 편리한 transportation 체계이다.

172 나는 solitary하고 명상적인 atmosphere 때문에 절을 좋아한다.

173 그 vehicle은 모든 측면에서 다소 incomplete했다.

174 자외선에의 regular한 노출은 특히 여성들에게 harmful할 수 있다.

175 그 hostess는 응접실을 luxurious한 물품들로 장식했다.

176 이사회는 그 resolution을 만장일치로 adopt했다.

177 그 mischievous한 소년은 irreversible한 실수를 저질렀다. 그는 양부모를 let down했다.

178 존은 그의 fault를 인정했으나 마지못해 apologize했다.

179 소프트웨어 도용은 illegal하다. 그러나 단속 후에도 그것은 여전히 prevail하다.

180 동맹국들은 결국 invader를 repel했다.

A billionaire donated a large sum of money to charity.

한 억만장자가 자선 단체에 큰 금액을 기부했다.

- **billionaire** 억만장자 billion 10억
- **donate** 기부하다 donation 기부
- **sum** ¹금액, 액수 ²합계
  참고단어 summary 요약
- **charity** ¹자선 ²자선 단체

The number of subscribers to the monthly magazine *National Treasure* amounts to 100,000 people.

월간 잡지 '내셔널 트레져(국보)'의 구독자 수가 10만 명에 이른다.

- **subscriber** 구독자
  subscribe 정기 구독하다
  subscription 구독
- **monthly** 매월의
- **treasure** ¹보물 ²소중히 간직하다
  기출표현 treasure it all his life
  그것을 일생 동안 소중히 간직하다
- **amount to** (액수, 양이) ~에 이르다

A canal is a convenient system of transportation.

운하는 편리한 운송 체계이다.

- **canal** 운하
- **convenient** 편리한
  inconvenient 불편한
- **transportation** 수송, 운송
  transport 운반하다

I like the temple for its solitary and contemplative atmosphere.

나는 고독하고 명상적인 분위기 때문에 절을 좋아한다.

- **temple** 절, 사찰
- **solitary** 고독한, 외로운(=lonely)
  solitude 고독
- **contemplative** 깊이 생각하는, 명상적인
  contemplate 숙고하다
- **atmosphere** ¹분위기 ²(지구의) 대기

173

The vehicle was somewhat incomplete in every respect.

그 차량은 모든 측면에서 다소 불완전했다.

- **vehicle** 차량
- **somewhat** 다소, 얼마간
- **incomplete** 불완전한

- **respect** ^{1}측면 ^{2}존경하다
  irrespective of ~에 상관없이(=regardless of)
  ← ~의 측면을 보지 않으니까

174

Regular exposure to ultraviolet rays can be harmful, especially to women.

자외선에의 규칙적인 노출은 특히 여성들에게 해로울 수 있다.

- **regular** 규칙적인   irregular 불규칙적인
- **exposure** 노출   expose 노출시키다
  exposition 전시회, 박람회 (줄여서 expo)

- **ultraviolet** 자외선의 ← 보라색 바깥쪽의
- **ray** 광선
- **harmful** 해로운, 유해한

175

The hostess decorated the reception room with luxurious items.

그 여주인은 응접실을 사치스런 물품들로 장식했다.

- **hostess** 여주인
  host ^{1}주인 ^{2}주최하다
  기출표현 host a camp 캠프를 주최하다
- **decorate** 장식하다

- **reception** 응접, 대접
  receive 받다   receipt 영수증
- **luxurious** 사치스러운   luxury 사치품
- **item** 물품, 항목

176

The board unanimously adopted the resolution.

이사회는 그 결의안을 만장일치로 채택했다.

- **board** ^{1}판자 ^{2}이사회 ^{3}탑승하다
  ex. boarding ticket 탑승권
- **unanimously** 만장일치로
  unanimous 만장일치의

- **adopt** ^{1}채택하다 ^{2}입양하다
  adoptee 입양아
- **resolution** 결의(안)
  resolve ^{1}결심하다 ^{2}해결하다

177

The mischievous boy committed an irreversible error. He let down his foster parents.

그 말썽 많은 소년은 돌이킬 수 없는 실수를 저질렀다. 그는 양부모를 실망시켰다.

- **mischievous** 말썽 많은, 짓궂은
- **commit** (죄, 과실 따위를) 범하다
- **irreversible** 되돌릴 수 없는
  reverse ¹역방향의 ²뒤집다
- **error** 실수, 잘못
  err 잘못을 저지르다

- **let down** 실망시키다
  let in 받아들이다
  기출표현 let in light 빛을 들어오게 하다
  let out (밖으로) 내다
  기출표현 let out a scream 비명을 지르다
- **foster** ¹ (양자 등을) 기르다 ²수양~, 양~
  ex. foster son 양자

178

John acknowledged his fault but apologized reluctantly.

존은 그의 잘못을 인정했으나 마지못해 사과했다.

- **acknowledge** 인정하다
- **fault** 잘못, 결점
- **apologize** 사과하다   apology 사과

- **reluctantly** 마지못해
  reluctant 마지못한, 마음 내키지 않는

179

Software piracy is illegal. But it still prevails even after the crackdown.

소프트웨어 도용은 불법이다. 그러나 단속 후에도 그것은 여전히 널리 퍼져 있다.

- **piracy** ¹해적질 ²저작권 침해, 도용
- **illegal** 불법의
  legal 합법적인(=lawful)

- **prevail** 널리 퍼져 있다, 만연하다
  prevalent 만연한, 널리 퍼진
- **crackdown** 단속, 탄압

180

The allies eventually repelled the invader.

동맹국들은 결국 침략자를 물리쳤다.

- **ally** ¹동맹국 ²동맹을 맺다
  alliance 동맹, 연합
- **eventually** 결국, 마침내(=at last)

- **repel** 물리치다
- **invader** 침략자   invade 침략하다

169

billionaire	donate	sum	charity
억만장자			

170

subscriber	monthly	treasure ^{명사}	amount to

171

canal	convenient	transportation

172

temple	solitary	contemplative	atmosphere

173

vehicle	somewhat	incomplete	respect ^{명사}

174

regular	exposure	ultraviolet	ray	harmful

175

hostess	decorate	reception	luxurious	item

176

board	unanimously	adopt	resolution

177

commit	irreversible	error	let down	foster

178

acknowledge	fault	apologize	reluctantly

179

piracy	illegal	prevail	crackdown

180

ally ^{명사}	eventually	repel	invader

169 한 억만장자가 자선단체에 큰 금액을 기부했다.
A b_____ donated a large s_____ of money to charity.

170 월간 잡지 '내셔널 트레져(국보)'의 구독자 수가 10만 명에 이른다.
The number of s_____s to the monthly magazine *National Treasure*
a_____s to 100,000 people.

171 운하는 편리한 운송 체계이다.
A canal is a c_____ system of t_____.

172 나는 고독하고 명상적인 분위기 때문에 절을 좋아한다.
I like the temple for its s_____ and contemplative a_____.

173 그 차량은 모든 측면에서 다소 불완전했다.
The v_____ was somewhat incomplete in every r_____.

174 자외선에의 규칙적인 노출은 특히 여성들에게 해로울 수 있다.
R_____ e_____ to ultraviolet rays can be harmful, especially to
women.

175 그 여주인은 응접실을 사치스런 물품들로 장식했다.
The hostess d_____d the reception room with l_____ items.

176 이사회는 그 결의안을 만장일치로 채택했다.
The board u_____ a_____ed the resolution.

177 그 소년은 돌이킬 수 없는 실수를 저질렀다. 그는 양부모를 실망시켰다.
The boy c_____ed an irreversible error. He let d_____ his foster
parents.

178 존은 그의 잘못을 인정했으나 마지못해 사과했다.
John a_____d his fault but a_____d reluctantly.

179 소프트웨어 도용은 불법이다. 그러나 단속 후에도 그것은 여전히 널리 퍼져 있다.
Software piracy is i_____. But it still p_____s even after the crackdown.

180 동맹국들은 결국 침략자를 물리쳤다.
The allies e_____ repelled the i_____.

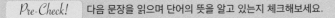

Pre-Check! 다음 문장을 읽으며 단어의 뜻을 알고 있는지 체크해보세요.

181 품질보증 expiration 날짜를 확인하고 manufacturer에 직접 수리를 접수하세요.

182 콜레라 epidemic이 약 100명을 infect했다.

183 rebel들은 그 통치자의 부패와 tyranny를 참을 수 없었다.

184 나사(미 항공 우주국)는 인공 satellite을 궤도에 launch했다.

185 흠뻑 젖은 그 wanderer는 지쳤고 버려진 오두막에서 shelter를 발견했다.

186 TV 시청자들은 한 토론자의 arrogant한 발언에 antipathy를 느꼈다.

187 지점장은 그 업무를 fluent한 영어를 구사하는 직원에게 assign했다.

188 협상이 deadlock되어 대표가 resign했다.

189 그 천재는 calculator 없이도 complex한 셈을 하는 능력을 가지고 있다.

190 책임자로서, 그는 affirmative한 결과를 기대했고 실패의 가능성을 rule out했다.

191 한 astronomer가 그 혜성과 몇몇 행성들의 diameter를 어렵사리 계산해냈다.

192 그 변호사는 undeniable한, 설득력 있는 evidence를 제시했다.

Check the warranty expiration date and arrange the repairs directly with the manufacturer.

품질보증 만료 날짜를 확인하고 제조사에 직접 수리를 접수하세요.

- **warranty** 보장, 보증(=guarantee)
- **expiration** (기간) 만료
  expire 만료되다
- **arrange** ¹배열하다 ²(스케줄 등을) 정하다

- **repair** 수리(하다)
- **directly** 직접적으로
  direct 직접적인   indirect 간접적인
- **manufacturer** 제조업자, 제조사
  manufacture 제조하다

A cholera epidemic infected approximately 100 people.

콜레라 전염병이 약 100명을 감염시켰다.

- **epidemic** 전염병
- **infect** 감염시키다   infection 감염

- **approximately** 대략, 약
  approximation 근삿값, 추정치

The rebels couldn't put up with the corruption and tyranny of the ruler.

반란자들은 그 통치자의 부패와 폭정을 참을 수 없었다.

- **rebel** 반역자
  rebellion 반역   rebellious 반항하는
- **put up with** ~을 참다

- **corruption** 부패, 타락   corrupt 부패한
- **tyranny** 폭정, 횡포   tyrant 폭군
- **ruler** 통치자, 지배자   rule 다스리다

NASA launched an artificial satellite into orbit.

나사(미 항공 우주국)는 인공위성을 궤도에 쏘아 올렸다.

- **launch** ¹발사하다 ²시작하다, 착수하다
- **artificial** 인공의   artifact 인공물, 공예품
  [기출표현] artificial intelligence 인공지능

- **satellite** 위성
- **orbit** 궤도

The drenched wanderer became weary and found shelter in a deserted hut.

흠뻑 젖은 그 떠돌이는 지쳤고 버려진 오두막에서 은신처를 발견했다.

- **drenched** 흠뻑 젖은
  drench 흠뻑 물에 적시다
- **wanderer** 떠돌이　wander 떠돌다
- **weary** ¹몹시 지친, 피곤한(=tired)
  ²싫증이 난

- **shelter** 은신처, 피난처
- **deserted** 버려진, 사람이 살지 않는
  desert (장소를) 버리다
- **hut** 오두막

TV viewers felt antipathy about a panelist's arrogant remarks.

TV 시청자들은 한 토론자의 오만한 발언에 반감을 느꼈다.

- **viewer** 보는 사람, 시청자
- **antipathy** 반감, 혐오
  참고단어 sympathy ¹동정 ²공감

- **panelist** 패널, 토론자
- **arrogant** 오만한
- **remark** ¹발언 ²말하다

The branch office manager assigned the task to a staff member who speaks fluent English.

지점장은 그 업무를 유창한 영어를 구사하는 직원에게 할당했다.

- **branch** ¹나뭇가지 ²지점
- **assign** (일 등을) 할당하다
  assignment 과제

- **task** 과제, 업무
- **fluent** (말, 글이) 유창한
  fluency 유창함

The negotiations were deadlocked. So the representative resigned.

협상이 교착 상태가 되어 대표가 사임했다.

- **negotiation** 협상, 교섭
  negotiate 협상하다
- **deadlock** ¹교착 상태가 되게 하다, 교착
  상태에 빠지다 ²교착 상태

- **representative** 대표자
  represent ¹대표하다 ²나타내다
- **resign** 사임하다, 사직하다
  resignation 사임

189
The genius has the ability to do complex arithmetic without a calculator.
그 천재는 계산기 없이도 복잡한 셈을 하는 능력을 가지고 있다.

- **genius** 천재
  ingenious 영리한, 독창적인 ← 천재적인
- **complex** 복잡한

- **arithmetic** 산수, 셈
- **calculator** 계산기
  calculate 계산하다

190
As a coordinator, he anticipated an affirmative outcome and ruled out the possibility of failure.
책임자로서, 그는 긍정적인 결과를 기대했고 실패의 가능성을 배제했다.

- **coordinator** (기획, 진행의) 책임자, 조정자
  coordinate 조정하다
- **anticipate** 기대하다, 예상하다
  anticipation 기대, 예상

- **affirmative** 긍정적인
- **outcome** 결과(=result)
- **rule out** 배제하다

191
An astronomer managed to calculate the diameters of the comet and some planets.
한 천문학자가 그 혜성과 몇몇 행성들의 직경을 어렵사리 계산해냈다.

- **astronomer** 천문학자
  astronomy 천문학
- **manage to** 가까스로 ~하다, 어렵게 ~하다

- **diameter** 직경, 지름
- **comet** 혜성

192
The barrister presented undeniable, convincing evidence.
그 변호사는 부인할 수 없는, 설득력 있는 증거를 제시했다.

- **barrister** 변호사
- **present** ¹제출[제시]하다 ²현재 ³선물
  presentation 제시, 발표
- **undeniable** 부인할 수 없는, 명백한
  deny 부인하다

- **convincing** 설득력 있는
  convince 납득시키다, 확신시키다
- **evidence** 증거
  evident 명백한

181

warranty	expiration	arrange	repair	directly
보장, 보증				

182

epidemic		infect		approximately

183

rebel	put up with	corruption	tyranny	ruler

184

launch	artificial	satellite	orbit

185

drenched	wanderer	weary	shelter	deserted

186

viewer	antipathy	panelist	arrogant	remark 명사

187

branch	assign	task	fluent

188

negotiation	deadlock 동사	representative	resign

189

genius	complex	arithmetic	calculator

190

coordinator	anticipate	affirmative	outcome	rule out

191

astronomer	manage to	diameter	comet

192

barrister	present 동사	undeniable	convincing	evidence

181 품질보증 만료 날짜를 확인하고 제조사에 직접 수리를 접수하세요.
Check the warranty e_____ date and a_____ the repairs directly
with the manufacturer.

182 콜레라 전염병이 약 100명을 감염시켰다.
A cholera epidemic i_____ed a_____ 100 people.

183 반란자들은 그 통치자의 부패와 폭정을 참을 수 없었다.
The rebels couldn't p_____ up with the c_____ and tyranny of the ruler.

184 나사(미 항공 우주국)는 인공위성을 궤도에 쏘아 올렸다.
NASA l_____ed an a_____ satellite into orbit.

185 그 떠돌이는 지쳤고 버려진 오두막에서 은신처를 발견했다.
The w_____ became weary and found s_____ in a deserted hut.

186 TV 시청자들은 한 토론자의 오만한 발언에 반감을 느꼈다.
TV viewers felt antipathy about a panelist's a_____ r_____s.

187 지점장은 그 업무를 유창한 영어를 구사하는 직원에게 할당했다.
The branch office manager a_____ed the t_____ to a staff member who
speaks fluent English.

188 협상이 교착 상태가 되어 대표가 사임했다.
The n_____s were deadlocked. So the representative r_____ed.

189 그 천재는 계산기 없이도 복잡한 셈을 하는 능력을 가지고 있다.
The g_____ has the ability to do complex arithmetic without a c_____.

190 그는 긍정적인 결과를 기대했다.
He a_____d an affirmative o_____.

191 한 천문학자가 그 혜성과 몇몇 행성들의 직경을 어렵사리 계산해냈다.
An astronomer managed to c_____ the d_____s of the comet
and some planets.

192 그 변호사는 부인할 수 없는, 설득력 있는 증거를 제시했다.
The barrister p_____ed u_____, convincing evidence.

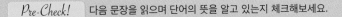

Pre-Check! 다음 문장을 읽으며 단어의 뜻을 알고 있는지 체크해보세요.

193 **slight**한 실수가 치명적인 **disaster**로 이어질 수도 있다.

194 우리는 연료 **injection** 시스템 구조를 **improve**했다. 따라서 우리 소형차는 운전 **capability**에서 경쟁 상대들을 능가한다.

195 **dictatorship**의 붕괴는 **inevitable**하다.

196 그의 **eloquence**가 모든 **audience**를 감동시켰다.

197 **chaos**는 사회 불안의 첫 번째 **symptom**이다.

198 이 **breed**의 양은 독특한 양모를 **yield**한다.

199 그의 조수가 그 **specimen**을 실험실에 **preserve**했다.

200 총 **expense**가 그 회사의 연간 **revenue**를 초과했다.

201 그 **wholesaler**는 거래에 **indifferent**한 척했다.

202 그 **architect**는 중세의 건물을 **splendid**한 박물관으로 바꿨다.

203 이 **deadly**한 세균들은 맨눈에 **invisible**하다.

204 **funeral**에서, 슬픔에 잠긴 **widow**는 흐느껴 울고 있었다. 먼 친척들이 그녀를 **comfort**했다.

193

A slight mistake could lead to a fatal disaster.

가벼운 실수가 치명적인 재앙으로 이어질 수도 있다.

- **slight** 가벼운, 근소한
- **lead to** ~으로 이어지다, ~에 이르다
- **fatal** 치명적인　fate 운명
- **disaster** 재앙, 대참사
  disastrous 재앙의

194

We improved the structure of the fuel injection system. Hence our compact car surpasses its competitors in driving capability.

우리는 연료 주입 시스템 구조를 개선했다. 따라서 우리 소형차는 운전 성능에서 경쟁 상대들을 능가한다.

- **improve** 개선하다, 개선되다, 향상되다
  improvement 향상
- **injection** 주입　inject 주입하다, 주사하다
- **hence** 따라서
- **compact** ¹소형의 ²빽빽한, 촘촘한
- **surpass** 능가하다
- **competitor** 경쟁자, 경쟁 상대
  compete 경쟁하다
  competitive 경쟁적인
  competent 경쟁력 있는, 유능한
  competence 능력, 역량
  기출표현 social competence 사교 능력
- **capability** 성능　capable 능력 있는

195

The collapse of the dictatorship is inevitable.

독재 정치의 붕괴는 피할 수 없다.

- **collapse** ¹붕괴 ²무너지다, 붕괴하다
  기출표현 subsequent financial collapse
  차후의 경제 붕괴
- **dictatorship** 독재 (정치)
  dictator 독재자
  dictate ¹지시하다, 명령하다 ²받아쓰게 하다
- **inevitable** 불가피한, 필연적인

196

His eloquence impressed the whole audience.

그의 웅변이 모든 청중을 감동시켰다.

- **eloquence** 웅변
  eloquent 웅변을 잘하는
- **impress** 감동시키다
  impression 인상, 감동
- **whole** 전체의
- **audience** 청중, 관객
  auditorium 강당

197

Chaos is an initial symptom of social unrest.

혼란은 사회 불안의 첫 번째 징후이다.

- **chaos** 혼돈, 무질서   chaotic 혼돈의
- **initial** 처음의
  initiate 시작하다
  initiative [1]주도권 [2]솔선수범
  [기출표현] take the initiative
      적극적으로 나서다

- **symptom** 징후, 징조
- **social** 사회의, 사회적인
  socialization 사회화   society 사회
- **unrest** (사회적, 정치적) 불안
  restless 불안한

198

This breed of sheep yields unique wool.

이 품종의 양은 독특한 양모를 생산해낸다.

- **breed** 품종
- **yield** [1]산출하다, 생산하다 [2]양보하다
  ex. yield a seat 자리를 양보하다

- **unique** 독특한, 유일한
  [기출표현] unique to humans
      인간에게만 고유한

199

His assistant preserved the specimen in the laboratory.

그의 조수가 그 표본을 실험실에 보존했다.

- **assistant** 조수   assist 보조하다, 돕다
- **preserve** [1]보존하다 [2]지키다, 보호하다
  preservation 보존   preservative 방부제

- **specimen** 견본, 표본
- **laboratory** 실험실

200

The total expenses exceeded the company's annual revenues.

총 지출이 그 회사의 연간 수입을 초과했다.

- **expense** 지출, 비용   expensive 비싼
- **exceed** 초과하다, 넘다

- **annual** 연간의, 해마다의
- **revenue** 수입, 세입

201

The wholesaler pretended to be indifferent to the transaction.

그 도매업자는 거래에 무관심한 척했다.

- **wholesaler** 도매업자
- **pretend to** ~인 체하다
- **indifferent** 무관심한

- **transaction** 거래, 매매
  transact 거래하다

202

The architect converted a medieval building into a splendid museum.

그 건축가는 중세의 건물을 멋진 박물관으로 바꿨다.

- **architect** 건축가   architecture 건축
- **convert** ¹바꾸다 ²개종하다

- **medieval** 중세의
- **splendid** 멋진, 화려한

203

These deadly germs are invisible to the naked eye.

이 치명적인 세균들은 맨눈에 보이지 않는다.

- **deadly** 치명적인   dead 죽은
- **germ** 세균

- **invisible** 눈에 안 보이는
- **naked** 나체의, 벌거벗은

204

At the funeral, the sorrowful widow was sobbing. Her distant relatives comforted her.

장례식에서, 슬픔에 잠긴 미망인은 흐느껴 울고 있었다. 먼 친척들이 그녀를 위로했다.

- **funeral** 장례식
- **sorrowful** 슬픔에 잠긴   sorrow 슬픔
- **widow** 미망인, 과부   widower 홀아비
- **sob** 흐느껴 울다

- **relative** ¹친척 ²상대적인
- **comfort** ¹위로하다(=console) ²위로 ³편안, 안락
  comfortable 편안한, 편한
  discomfort 불편

193	slight	lead to	fatal	disaster
	가벼운, 근소한			

194	improve	injection	hence	surpass	competitor	capability

195	collapse 명사		dictatorship		inevitable	

196	eloquence	impress	whole	audience

197	chaos	initial	symptom	social	unrest

198	breed		yield		unique	

199	assistant	preserve	specimen	laboratory

200	expense	exceed	annual	revenue

201	wholesaler	pretend to	indifferent	transaction

202	architect	convert	medieval	splendid

203	deadly	germ	invisible	naked

204	funeral	sorrowful	widow	sob	relative 명사	comfort 동사

193   가벼운 실수가 치명적인 재앙으로 이어질 수도 있다.
A slight mistake could lead to a f_____ d_____.

194   우리는 연료 주입 시스템 구조를 개선했다. 따라서 우리 차는 경쟁 상대들을 능가한다.
We i_____d the structure of the fuel injection system. Hence our car
surpasses its c_____s.

195   독재 정치의 붕괴는 피할 수 없다.
The c_____ of the dictatorship is i_____.

196   그의 웅변이 모든 청중을 감동시켰다.
His e_____ i_____ed the whole audience.

197   혼란은 사회 불안의 첫 번째 징후이다.
Chaos is an i_____ s_____ of social unrest.

198   이 품종의 양은 독특한 양모를 생산해낸다.
This b_____ of sheep y_____s unique wool.

199   그의 조수가 그 표본을 실험실에 보존했다.
His assistant p_____d the s_____ in the laboratory.

200   총 지출이 그 회사의 연간 수입을 초과했다.
The total expenses e_____ed the company's a_____ revenues.

201   그 도매업자는 거래에 무관심한 척했다.
The wholesaler p_____ed to be i_____ to the transaction.

202   그 건축가는 중세의 건물을 멋진 박물관으로 바꿨다.
The a_____ c_____ed a medieval building into a splendid museum.

203   이 치명적인 세균들은 맨눈에 보이지 않는다.
These d_____ g_____s are invisible to the naked eye.

204   장례식에서, 먼 친척들이 그녀를 위로했다.
At the f_____, her distant relatives c_____ed her.

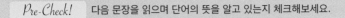

Pre-Check! 다음 문장을 읽으며 단어의 뜻을 알고 있는지 체크해보세요.

205 그 통역사는 그들의 peculiar한 사투리를 comprehend하지 못했다.

206 그 시대의 outfit은 지극히 commonplace했다.

207 그 expedition 대원들은 셀 수 없이 많은 고난을 encounter했다.

208 무역 deficit가 지난 분기에 5에서 10퍼센트로 swell했다.

209 이 substance의 분자는 수소와 탄소의 compound이다.

210 bother해서 죄송합니다만, 저를 위해 몇 분만 spare해주시겠어요?

211 저는 그런 trifling한 문제를 discuss할 시간이 없습니다.

212 그 기사는 wicked한 마녀에 대한 복수를 swear했다.

213 진리를 위한 philosophical한 탐구는 삶의 ultimate한 목적을 포함한다.

214 기자들은 trivial한 소문을 exaggerate한다.

215 그 shrewd한 낚시꾼은 bait인 오징어로 상어를 유인했다.

216 전문가들은 antibiotic 사용에 대한 restraint를 촉구했다.

The interpreter couldn't comprehend the peculiar dialect.

그 통역사는 그들의 독특한 사투리를 이해하지 못했다.

- **interpreter** 통역사 interpret 통역하다
- **comprehend** 이해하다
  comprehension 이해
  comprehensive 포괄적인, 종합적인

- **peculiar** 독특한
  기출표현 the peculiar sounds of laughter
  웃음의 독특한 소리
- **dialect** 사투리, 방언

The outfits of that era were extremely commonplace.

그 시대의 의상은 지극히 평범했다.

- **outfit** 의상, 복장
- **era** 시대, 연대
- **extremely** 지극히, 매우
  extreme 극심한, 극단적인

- **commonplace** 평범한(=ordinary)
  common 흔한, 공통의
  commonly 흔히, 보통

The expedition crew encountered innumerable hardships.

그 탐험 대원들은 셀 수 없이 많은 고난을 만났다.

- **expedition** 탐험, 원정
- **crew** ¹대원, 팀 ²패거리
- **encounter** 마주치다, 맞닥뜨리다

- **innumerable** 셀 수 없이 많은, 무수한
- **hardship** 고난, 곤란
  기출표현 endure hardship 고난을 견디다

The trade deficit swelled from 5 to 10% in the last quarter.

무역 적자가 지난 분기에 5에서 10퍼센트로 불어났다.

- **deficit** 적자
- **swell** ¹(수량이) 불어나다 ²부풀어 오르다
  (-swelled-swelled/swollen)

- **quarter** ¹4분의 1 ²1분기, 3개월
  ³25센트 동전

209
☐☐

The molecule of this substance is a compound of hydrogen and carbon.

이 물질의 분자는 수소와 탄소의 화합물이다.

- **molecule** 분자
- **substance** 물질
- **compound** 화합물

- **hydrogen** 수소
- **carbon** 탄소

210
☐☐

A: Sorry to bother you, but can you spare a few minutes for me?

A: 귀찮게 해서 죄송합니다만, 저를 위해 몇 분만 할애해주시겠어요?

211
☐☐

B: I have no time to discuss such trifling matters.

B: 저는 그런 사소한 문제를 논의할 시간이 없습니다.

- **bother** 괴롭히다, 성가시게 하다
  bother to 애써 ~하려 하다 ^{뜻주의}
  (ex. Don't bother to fix lunch for me.
  나 때문에 애써 점심 준비 할 것 없다.)
- **spare** ¹할애하다 ²아끼다 ³예비의
  ex. a spare tire 예비 타이어

- **discuss** 논의하다
  discussion 논의, 토의
- **trifling** 사소한
  trifle 사소한 일
- **matter** ¹문제 ²문제가 되다, 중요하다
  (=be important)

212
☐☐

The knight swore revenge on the wicked witch.

그 기사는 사악한 마녀에 대한 복수를 맹세했다.

- **swear** 맹세하다 (-swore-sworn)
- **revenge** 복수
  revengeful 복수심에 불타는

- **wicked** 사악한
- **witch** 마녀

A philosophical quest for truth involves the ultimate purpose of life.

진리를 위한 철학적 탐구는 삶의 궁극적인 목적을 포함한다.

- **philosophical** 철학의
  philosopher 철학자
  philosophy 철학
- **quest** ¹탐구, 추구 ²탐구하다

- **involve** ¹포함하다 ²관련시키다
  ex. be involved in ~에 관계되다
  involvement 포함, 연관
- **ultimate** 궁극의, 최종의
- **purpose** 목적

Journalists exaggerate trivial gossip.

기자들은 사소한 소문을 과장한다.

- **journalist** 기자
- **exaggerate** 과장하다
  exaggeration 과장

- **trivial** 사소한, 하찮은
- **gossip** 잡담, 뜬소문

The shrewd fisherman lured the sharks with squid as bait.

그 영리한 낚시꾼은 미끼인 오징어로 상어를 유인했다.

- **shrewd** 영리한, 통찰력 있는
- **lure** 유혹하다, 꾀어내다

- **squid** 오징어
- **bait** 미끼

Experts urged restraint on the use of antibiotics.

전문가들은 항생제 사용에 대한 제한을 촉구했다.

- **expert** 전문가
  expertise 전문 지식, 전문 기술
  기출표현 expertise in multiple areas
      다양한 분야의 전문 지식
- **urge** ¹촉구하다 ²주장하다
  urgent 급박한 ← 촉구하는

- **restraint** 제한, 억제
  restrict 제한하다
  참고단어 constrain ¹강요하다 ²제한하다
- **antibiotic** 항생제

205	interpreter	comprehend	peculiar	dialect
	통역사			

206	outfit	era	extremely	commonplace

207	expedition	crew	encounter	innumerable	hardship

208	deficit	swell	quarter

209	molecule	substance	compound	hydrogen	carbon

210	bother	spare 동사

211	discuss	trifling	matter 명사

212	swear	revenge	wicked	witch

213	philosophical	quest 명사	involve	ultimate	purpose

214	journalist	exaggerate	trivial	gossip

215	shrewd	lure	squid	bait

216	expert	urge	restraint	antibiotic

205 그 통역사는 그들의 독특한 사투리를 이해하지 못했다.
The i_____ couldn't c_____ the peculiar dialect.

206 그 시대의 의상은 지극히 평범했다.
The outfits of that era were e_____ c_____.

207 그 탐험 대원들은 셀 수 없이 많은 고난을 만났다.
The expedition crew e_____ed i_____ hardships.

208 무역 적자가 지난 분기에 5에서 10퍼센트로 불어났다.
The trade d_____ s_____ed from 5 to 10% in the last quarter.

209 이 물질의 분자는 수소와 탄소의 화합물이다.
The molecule of this s_____ is a c_____ of hydrogen and carbon.

210 귀찮게 해서 죄송합니다만, 저를 위해 몇 분만 할애해주시겠어요?
Sorry to b_____ you, but can you s_____ a few minutes for me?

211 저는 그런 사소한 문제를 논의할 시간이 없습니다.
I have no time to d_____ such t_____ matters.

212 그 기사는 사악한 마녀에 대한 복수를 맹세했다.
The knight swore r_____ on the w_____ witch.

213 진리를 위한 철학적 탐구는 삶의 궁극적인 목적을 포함한다.
A philosophical quest for truth i_____s the u_____ purpose of life.

214 기자들은 사소한 소문을 과장한다.
Journalists e_____ t_____ gossip.

215 그 영리한 낚시꾼은 미끼인 오징어로 상어를 유인했다.
The shrewd fisherman l_____d the sharks with squid as b_____.

216 전문가들은 항생제 사용에 대한 제한을 촉구했다.
Experts u_____d r_____ on the use of antibiotics.

DAY 19

Pre-Check! 다음 문장을 읽으며 단어의 뜻을 알고 있는지 체크해보세요.

217 그의 firm은 막대한 양의 돈을 invest했다.

218 몇몇 나라들이 유정(油井)을 뚫어서 the Arctic을 exploit하고 있다.

219 한글은 14개의 consonant와 10개의 vowel로 구성된다.

220 그의 sermon은 간결하고 precise하며 때론 재치 있다. 그가 preach하는 동안 누구도 졸거나 하품하지 않는다.

221 administration은 많은 수의 공무원들을 lay off했다.

222 tolerance는 인종 집단 내의 구성원들에게 crucial하다.

223 한 무리의 소떼가 pasture에서 graze하고 있다.

224 ethics의 관점에서 우리는 인간 복제를 prohibit해야 한다.

225 한 생물학자가 불치병을 연구하면서 fermentation을 통해 breakthrough를 마련했다.

226 turbulent한 해류와 회오리 바람 속에서, 나는 공황 상태에 빠져 보트를 steer할 수가 없었다.

227 굶주리는 refugee들은 그들의 고국을 yearn했다.

228 trial에서, 법정은 그 죄수의 선고 집행을 suspend했다.

217

His firm invested immense amounts of money.

그의 회사는 막대한 양의 돈을 투자했다.

- **firm** [1] 회사 [2] 견고한
- **invest** 투자하다   investment 투자
- **immense** 막대한, 거대한

- **amount** 양, 액수
- [기출표현] an enormous amount of
  막대한 양의

218

Some countries are exploiting the Arctic by drilling oil wells.

몇몇 나라들이 유정(油井)을 뚫어서 북극을 개발하고 있다.

- **exploit** 이용하다, 개발하다
- **the Arctic** 북극   Arctic 북극의
- [참고단어] the Antarctic 남극

- **drill** (드릴로) 구멍을 뚫다
- **well** [1] 우물 [2] (유전 등의) 정(井) [3] 잘, 좋게

219

The Korean alphabet is comprised of 14 consonants and 10 vowels.

한글은 14개의 자음과 10개의 모음으로 구성된다.

- **be comprised of** ~으로 구성되다
  (=consist of)

- **consonant** 자음
- **vowel** 모음

220

His sermons are concise, precise, and sometimes witty. Nobody nods off or yawns while he is preaching.

그의 설교는 간결하고 정확하며 때론 재치 있다. 그가 설교하는 동안 누구도 졸거나 하품하지 않는다.

- **sermon** 설교, 훈계
- **concise** 간결한
- **precise** 정밀한, 정확한
  [기출표현] the most precise assessment
  가장 정확한 평가

- **witty** 재치 있는
- **nod off** 졸다   nod 고개를 끄덕이다
- **yawn** 하품하다
- **preach** 설교(하다)

221
☐☐

The administration laid off a large number of public servants.

행정부는 많은 수의 공무원들을 해고했다.

- **administration** [1] 행정, 관리
  [2] (미국) 행정부
- **lay off** (정리) 해고하다, 감원하다
- **public** 공공의
- **servant** 하인, 고용인

222
☐☐

Tolerance is crucial for members of ethnic groups.

관용은 인종 집단 내의 구성원들에게 중요하다.

- **tolerance** 관용
  tolerate 참다, 용인하다
- **crucial** 중대한, 결정적인
- **ethnic** 인종의

223
☐☐

A herd of cattle is grazing in the pasture.

한 무리의 소떼가 목장에서 풀을 뜯고 있다.

- **herd** (짐승의) 무리, 떼
- **cattle** 소
- **graze** (가축이) 풀을 뜯어먹다
- **pasture** 목장

224
☐☐

In terms of ethics, we should prohibit human cloning.

윤리의 관점에서 우리는 인간 복제를 금지해야 한다.

- **in terms of** ~의 관점에서
- **ethics** 윤리, 윤리학
  ethical 윤리적인
- **prohibit** 금지하다
  inhibit 막다, 금하다
  [참고단어] inhabit 살다, 거주하다 ᴴᴼᵀ주의
- **cloning** 복제   clone 복제하다

225

Through fermentation, a biologist made a breakthrough while researching the incurable disease.

한 생물학자가 불치병을 연구하면서 발효를 통해 돌파구를 마련했다.

- **fermentation** 발효
  ferment 발효시키다, 발효하다
- **biologist** 생물학자   biology 생물학
- **breakthrough** 돌파구
- **incurable** 불치의   cure 치료하다
- **disease** 질병

226

In the turbulent current and whirling wind, I panicked and couldn't steer the boat.

거친 해류와 회오리 바람 속에서, 나는 공황 상태에 빠져 보트를 조종할 수가 없었다.

- **turbulent** 격렬한, 휘몰아치는
- **current** ¹흐름, 해류, 기류 ²현재의
  currency 화폐, 통화 ^{빈출어휘}
- **whirl** 빙빙 돌다, 소용돌이치다
- **panic** ¹공황 상태에 빠지다 ²공황
  (-panicked -panicked)
- **steer** 조종하다

227

The starving refugees yearned for their homeland.

굶주리는 난민들은 그들의 고국을 그리워했다.

- **starve** 굶주리다
  starvation 굶주림, 기아
- **refugee** 난민
- **yearn** 동경하다, 그리워하다

228

At the trial, the court suspended the execution of the prisoner's sentence.

재판에서, 법정은 그 죄수의 선고 집행을 유예했다.

- **trial** ¹재판 ²시도
- **court** ¹법정 ²(테니스 등의) 경기장 ³궁정
  [기출표현] law court 법정
- **suspend** 보류하다, 유예하다
  suspension 보류
- **execution** 집행, 실시

217	firm 명사	invest	immense	amount
	회사			

218	exploit	the Arctic	drill	well 명사

219	be comprised of		consonant	vowel

220	sermon	concise	precise	nod off	preach 동사

221	administration	lay off	public	servant

222	tolerance		crucial	ethnic

223	herd	cattle	graze	pasture

224	in terms of	ethics	prohibit	cloning

225	fermentation	biologist	breakthrough	incurable	disease

226	turbulent	current 명사	whirl	panic	steer

227	starve		refugee	yearn

228	trial	court	suspend	execution

217 그의 회사는 막대한 양의 돈을 투자했다.
His firm i_____ed i_____ amounts of money.

218 몇몇 나라들이 유정(油井)을 뚫어서 북극을 개발하고 있다.
Some countries are e_____ing the A_____ by drilling oil wells.

219 한글은 14개의 자음과 10개의 모음으로 구성된다.
The Korean alphabet is c_____ of 14 consonants and 10 v_____s.

220 그의 설교는 간결하고 정확하며 때론 재치 있다.
His sermons are c_____, p_____, and sometimes witty.

221 행정부는 많은 수의 공무원들을 해고했다.
The a_____ l_____ off a large number of public servants.

222 관용은 인종 집단 내의 구성원들에게 중요하다.
Tolerance is c_____ for members of e_____ groups.

223 한 무리의 소떼가 목장에서 풀을 뜯고 있다.
A herd of c_____ is g_____ing in the pasture.

224 윤리의 관점에서 우리는 인간 복제를 금지해야 한다.
In t_____ of ethics, we should p_____ human cloning.

225 한 생물학자가 불치병을 연구하면서 발효를 통해 돌파구를 마련했다.
Through fermentation, a biologist made a b_____ while researching
the i_____ disease.

226 거친 해류와 회오리 바람 속에서, 나는 공황 상태에 빠져 보트를 조종할 수가 없었다.
In the turbulent c_____ and whirling wind, I p_____ed and couldn't
steer the boat.

227 굶주리는 난민들은 그들의 고국을 그리워했다.
The s_____ing r_____s yearned for their homeland.

228 재판에서, 법정은 그 죄수의 선고 집행을 유예했다.
At the trial, the court s_____ed the execution of the prisoner's
s_____.

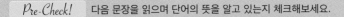

Pre-Check! 다음 문장을 읽으며 단어의 뜻을 알고 있는지 체크해보세요.

229   우리 선배들은 democracy를 위한 투쟁에 삶을 dedicate했다.

230   다윈은 진화 theory를 생각해냈다. 그는 가장 적합한 organism이 살아남는다고 주장했다.

231   우리의 expectation과는 반대로, 고객들의 response는 상당히 negative했다.

232   sensitive한 피부는 충분한 moisture를 필요로 한다.

233   labor union은 보수당을 지지했다.

234   우리는 유전자 modification의 잠재적 risk에 대해 의식하고 있다.

235   아인슈타인은 logical한 추론을 통해 그의 hypothesis를 증명했다.

236   liberal들은 인종 prejudice에 맞서 시위를 했다.

237   그 ambassador는 engagement에 대해 항상 제시간을 지킨다.

238   대기 pollution은 특히 이 지역에서 호흡기 질환을 aggravate한다.

239   나는 bundle들을 줄로 묶고 짐을 garage에 쌓아두었다.

240   그 stingy한 구두쇠는 조상으로부터 estate를 상속받았다.

229

Our seniors dedicated their lives to the struggle for democracy.

우리 선배들은 민주주의를 위한 투쟁에 삶을 바쳤다.

- **senior** 연장자, 선배
- **dedicate** 바치다, 헌신하다
  ex. dedicate A to B A를 B에 바치다
- **struggle** 투쟁(하다)
- **democracy** 민주주의

230

Darwin came up with the theory of evolution. He contended that the fittest organisms survive.

다윈은 진화 이론을 생각해냈다. 그는 가장 적합한 생물체가 살아남는다고 주장했다.

- **come up with** ~을 생각해내다
- **theory** 이론   theoretical 이론적인
- **evolution** 진화
  evolve ¹진화하다 ²(점진적으로) 발달하다
- **contend** ¹겨루다 ²주장하다
- **fit** 잘 맞는, 적합한
- **organism** 생물체, 유기체

231

Contrary to our expectations, the customers' responses were fairly negative.

우리의 예상과는 반대로, 고객들의 반응은 상당히 부정적이었다.

- **contrary** 반대의, 반대되는
- **expectation** 예상, 기대
  expect 예상하다, 기대하다
- **customer** 고객
- **response** 반응   respond 반응하다
  기출표현 respond in different ways
  다양한 방식으로 반응하다
- **fairly** 상당히
  fair ¹공정한, 공평한 ²피부가 흰, 아름다운
  ³상당한, 꽤 많은 ⁴박람회
- **negative** 부정적인
  negatively 부정적으로

232

Sensitive skin needs sufficient moisture.

민감한 피부는 충분한 수분을 필요로 한다.

- **sensitive** 민감한
  sensitivity 민감성
- **sufficient** 충분한
  insufficient 부족한(=deficient)
- **moisture** 수분   moist 촉촉한

233 The labor union supported the conservative party.
노동조합은 보수당을 지지했다.

- **labor** 노동
  laborer 노동자
  collaborate 협력하다, 공동으로 일하다
- **union** 조합
- **conservative** 보수적인
  conserve 보존하다   conservation 보존

234 We are aware of the potential risks of genetic modification.
우리는 유전자 변형의 잠재적 위험에 대해 의식하고 있다.

- **aware** 의식하고 있는
  ex. be aware of ~을 알다, ~을 의식하다
- **potential** ¹잠재하는 ²잠재력
  기출표현 potential problems
  잠재적인 문제들
- **risk** ¹위험 ²(위험을) 감수하다
  risky 위험한
- **genetic** 유전자의
- **modification** 변형, 변이
  modify 수정하다, 변경시키다

235 Einstein proved his hypothesis through logical inference.
아인슈타인은 논리적 추론을 통해 그의 가설을 증명했다.

- **prove** 증명하다
  proof 증거, 증명
- **hypothesis** 가설, 가정
- **logical** 논리적인
  logic 논리   illogical 비논리적인
- **inference** 추론   infer 추론하다

236 Liberals demonstrated against racial prejudice.
자유주의자들은 인종 편견에 맞서 시위를 했다.

- **liberal** ¹자유주의자 ²자유주의의
- **demonstrate** ¹보여주다, 표시하다
  ²시위에 참여하다
  demonstration ¹시연, 시범 ²시위
- **racial** 인종의
  race ¹경주 ²인종
  racist 인종 차별주의자
- **prejudice** 편견

The ambassador is always punctual for engagements.

그 대사는 약속에 대해 항상 제시간을 지킨다.

- **ambassador** 대사 embassy 대사관
- **punctual** 시간을 잘 지키는
- **engagement** ¹약속 ²참여, 관여
  be engaged in ~에 관여하다

Air pollution aggravates respiratory diseases, especially in this region.

대기 오염은 특히 이 지역에서 호흡기 질환을 심화시킨다.

- **pollution** 오염
  pollute 오염시키다 pollutant 오염 물질
- **aggravate** 심화시키다, 악화시키다
- **respiratory** 호흡기의
- **especially** 특히
- **region** 지역

I bound the bundles with cords and stacked the load in the garage.

나는 꾸러미들을 줄로 묶고 짐을 차고에 쌓아두었다.

- **bind** 묶다 (-bound-bound)
  bond 유대 ← 서로 묶여있는
- **bundle** 꾸러미, 다발
- **cord** 줄, 끈
- **stack** 쌓다, 쌓아 올리다
  stock ¹재고 ← 쌓아둔 것 ²주식
- **load** ¹짐 ²싣다, 적재하다
- **garage** 차고

The stingy miser inherited the estate from his ancestor.

그 인색한 구두쇠는 조상으로부터 토지를 상속받았다.

- **stingy** 인색한
- **miser** 구두쇠
- **inherit** 상속받다, 물려받다
  heritage 유산
  inherent 고유의, 본래부터 있는
- **estate** 토지
  ex. real estate 부동산
- **ancestor** 조상, 선조

229

senior	dedicate	struggle ^{명사}	democracy
연장자, 선배			

230

come up with	theory	evolution	contend	organism

231

contrary	expectation	customer	response	fairly	negative

232

sensitive	sufficient	moisture

233

labor	union	conservative

234

aware	potential ^{형용사}	risk ^{명사}	genetic	modification

235

prove	hypothesis	logical	inference

236

liberal ^{명사}	demonstrate	racial	prejudice

237

ambassador	punctual	engagement

238

pollution	aggravate	respiratory	region

239

bind	bundle	stack	load ^{명사}	garage

240

stingy	miser	inherit	estate	ancestor

229 우리 선배들은 민주주의를 위한 투쟁에 삶을 바쳤다.
Our seniors d_____d their lives to the s_____ for democracy.

230 다윈은 진화 이론을 생각해냈다.
Darwin c_____ u_____ with the theory of e_____.

231 우리의 예상과는 반대로, 고객들의 반응은 상당히 부정적이었다.
C_____ to our expectations, the customers' r_____s were fairly negative.

232 민감한 피부는 충분한 수분을 필요로 한다.
Sensitive skin needs s_____ m_____.

233 노동조합은 보수당을 지지했다.
The l_____ union supported the c_____ party.

234 우리는 유전자 변형의 잠재적 위험에 대해 의식하고 있다.
We are a_____ of the p_____ risks of genetic modification.

235 아인슈타인은 논리적 추론을 통해 그의 가설을 증명했다.
Einstein p_____d his h_____ through logical inference.

236 자유주의자들은 인종 편견에 맞서 시위를 했다.
Liberals d_____d against racial p_____.

237 그 대사는 약속에 대해 항상 제시간을 지킨다.
The ambassador is always p_____ for e_____s.

238 대기 오염은 특히 이 지역에서 호흡기 질환을 심화시킨다.
Air pollution a_____s respiratory diseases, especially in this r_____.

239 나는 꾸러미들을 줄로 묶고 짐을 차고에 쌓아두었다.
I bound the b_____s with cords and s_____ed the load in the garage.

240 그 인색한 구두쇠는 조상으로부터 토지를 상속받았다.
The stingy miser i_____ed the e_____ from his ancestor.

Pre-Check! 다음 문장을 읽으며 단어의 뜻을 알고 있는지 체크해보세요.

241 한 유명한 novelist가 그 소설 작품을 그의 모국어로 translate했다.

242 우리는 현재 experienced한 직원을 모집하고 있습니다. 우리는 성공적인 career를 가진 배관 기사를 고용하길 원합니다.

243 나는 결혼 anniversary를 위해서 내 월급의 portion을 떼어두었다.

244 그녀를 persuade하려는 그의 attempt가 소용없었던 것으로 판명되었다.

245 그 화산의 eruption은 유례없는 catastrophe가 될 것이다.

246 그 pedestrian은 운전자의 반복된 경고를 ignore했다.

247 staff들을 대신해서 당신의 genuine한 노력에 감사 드립니다.

248 pessimistic의 반대말은 optimistic이다.

249 그 dish들은 맛이 없었다. 그것들은 awful한 맛이 났다.

250 operation 후 그는 인대 부상에서 recover했다.

251 patriotism에 관한 그의 연설은 독립기념일 행사에 appropriate했다.

252 그 수의사가 prescribe한 약은 독성 마취제를 contain했다.

A famous novelist translated the work of fiction into his mother tongue.

한 유명한 소설가가 그 소설 작품을 그의 모국어로 번역했다.

- **novelist** 소설가　novel 소설
- **translate** 번역하다　translation 번역
- **fiction** ¹소설 ²허구
- **tongue** ¹혀 ²언어
  ex. mother tongue 모국어

We are recruiting experienced personnel at present. We want to hire plumbers with successful careers.

우리는 현재 경험이 있는 직원을 모집하고 있습니다. 우리는 성공적인 경력을 가진 배관 기사를 고용하길 원합니다.

- **recruit** (신입사원 등을) 모집하다
- **experienced** 경험 있는, 노련한
  [기출표현] well-experienced tutors
  매우 경험이 풍부한 교사들
- **personnel** 직원, 사원
- **hire** 고용하다
- **plumber** 배관 기사
- **career** 경력, 이력

I reserved a portion of my salary for my wedding anniversary.

나는 결혼기념일을 위해서 내 월급의 일부를 떼어두었다.

- **reserve** 남겨두다, 떼어두다
  reservation 비축, 예약
- **portion** 일부
- **salary** 봉급, 월급
- **anniversary** 기념일

His attempt to persuade her turned out to be useless.

그녀를 설득하려는 그의 시도가 소용없었던 것으로 판명되었다.

- **attempt** 시도(하다)
  [기출표현] attempt tasks or goals
  일이나 목표를 시도하다
- **persuade** 설득하다
  persuasive 설득력 있는
- **turn out** ~인 것으로 판명되다[드러나다]

245

The eruption of the volcano would be an unprecedented catastrophe.

그 화산의 폭발은 유례없는 재앙이 될 것이다.

- **eruption** (화산의) 폭발, 분화
  erupt 분출하다
- **volcano** 화산
- **unprecedented** 유례없는
- **catastrophe** 재앙, 대참사

246

The pedestrian ignored the driver's repeated warnings.

그 행인은 운전자의 반복된 경고를 무시했다.

- **pedestrian** 보행자
- **ignore** 무시하다
  기출표현 deliberately ignore
  고의적으로 무시하다
- **repeated** 반복되는, 되풀이되는
  repeat 반복하다
  repetition 반복
  repetitive 반복적인
- **warning** 경고   warn 경고하다

247

On behalf of the staff, I appreciate your genuine effort.

직원들을 대신해서 당신의 진정한 노력에 감사 드립니다.

- **on behalf of** ~을 대신해서, ~을 대표해서
- **staff** 직원
- **appreciate** ¹감사하다 ²감상하다
  ³인식하다
- **genuine** 진심의, 참된
- **effort** 노력

248

The antonym of pessimistic is optimistic.

'비관적인'의 반대말은 '낙관적인'이다.

- **antonym** 반의어, 반대말
- **pessimistic** 비관적인
- **optimistic** 낙관적인

The dishes were not delicious. They tasted awful.

그 요리들은 맛이 없었다. 그것들은 끔찍한 맛이 났다.

- **dish** ¹접시 ²요리
- **delicious** 맛있는
- **taste** ¹~맛이 나다 ²맛 ³취향, 기호
  tasteful 고상한   distasteful 싫은, 불쾌한

- **awful** 끔찍한, 지독한
  awfully 매우, 몹시(=badly)

After the operation, he recovered from the ligament injury.

수술 후 그는 인대 부상에서 회복했다.

- **operation** 수술
- **recover** 회복하다   recovery 회복

- **ligament** 인대
- **injury** 부상   injure 부상을 입히다

His speech on patriotism was appropriate for the Independence Day celebration.

애국심에 관한 그의 연설은 독립기념일 행사에 적절했다.

- **patriotism** 애국심   patriot 애국자
- **appropriate** 적절한, 알맞은
  inappropriate 부적절한

- **independence** 독립
- **celebration** 축하 행사, 기념 행사
  celebrate 축하하다, 기념하다

The medicine the veterinarian prescribed contained a toxic narcotic.

그 수의사가 처방한 약은 독성 마취제를 포함했다.

- **veterinarian** 수의사 (줄여서 vet)
- **prescribe** 처방하다   prescription 처방
- **contain** 포함하다   content 내용물

- **toxic** 유독성의
- **narcotic** 마취제, 진통제

241	novelist	translate	fiction	tongue
	소설가			

242	recruit	experienced	hire	plumber	career

243	reserve	portion	salary	anniversary

244	attempt 명사	persuade	turn out

245	eruption	volcano	unprecedented	catastrophe

246	pedestrian	ignore	repeated	warning

247	on behalf of	staff	appreciate	genuine	effort

248	antonym	pessimistic	optimistic

249	dish	delicious	taste 동사	awful

250	operation	recover	ligament	injury

251	patriotism	appropriate	independence	celebration

252	veterinarian	prescribe	contain	toxic	narcotic

241   한 유명한 소설가가 그 소설 작품을 그의 모국어로 번역했다.
       A famous novelist t_____d the work of fiction into his mother t_____.

242   우리는 현재 경험이 있는 직원을 모집하고 있습니다.
       We are r_____ing e_____ personnel at present.

243   나는 결혼기념일을 위해서 내 월급의 일부를 떼어두었다.
       I r_____d a portion of my salary for my wedding a_____.

244   그녀를 설득하려는 그의 시도가 소용없었던 것으로 판명되었다.
       His a_____ to persuade her t_____ed out to be useless.

245   그 화산의 폭발은 유례없는 재앙이 될 것이다.
       The e_____ of the volcano would be an unprecedented c_____.

246   그 행인은 운전자의 반복된 경고를 무시했다.
       The p_____ i_____d the driver's repeated warnings.

247   직원들을 대신해서 당신의 진정한 노력에 감사 드립니다.
       On b_____ of the staff, I a_____ your genuine effort.

248   '비관적인'의 반대말은 '낙관적인'이다.
       The antonym of p_____ is o_____.

249   그 요리들은 맛이 없었다. 그것들은 끔찍한 맛이 났다.
       The d_____es were not delicious. They tasted a_____.

250   수술 후 그는 인대 부상에서 회복했다.
       After the o_____, he recovered from the ligament i_____.

251   그의 연설은 독립기념일 행사에 적절했다.
       His speech was a_____ for the Independence Day c_____.

252   그 수의사가 처방한 약은 독성 마취제를 포함했다.
       The medicine the veterinarian p_____d contained a t_____ narcotic.

▶ 정답 P. 288

A 다음 영어단어의 뜻을 써보세요.

01 somewhat _____
02 punctual _____
03 exploit _____
04 evolution _____
05 corruption _____
06 transaction _____
07 affirmative _____
08 compound _____
09 optimistic _____
10 canal _____

11 acknowledge _____
12 arrogant _____
13 commonplace _____
14 dictatorship _____
15 revenue _____
16 expedition _____
17 restraint _____
18 tolerance _____
19 suspend _____
20 logical _____

B 다음 단어를 영어로 써보세요.

01 위성 _____
02 눈에 안 보이는 _____
03 불치의 _____
04 경쟁자, 경쟁 상대 _____
05 자선, 자선 단체 _____
06 정밀한, 정확한 _____
07 상속받다, 물려받다 _____
08 진심의, 참된 _____
09 과장하다 _____
10 장식하다 _____

11 불법의 _____
12 대표자 _____
13 설득력 있는 _____
14 보존하다, 지키다 _____
15 사소한 _____
16 번역하다 _____
17 윤리, 윤리학 _____
18 편견 _____
19 설득하다 _____
20 애국심 _____

week

DAY 22

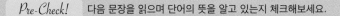

Pre-Check!   다음 문장을 읽으며 단어의 뜻을 알고 있는지 체크해보세요.

253   그 의사는 diabetes와 관절염에 대한 적절한 treatment를 찾고 있다.

254   그 군대는 적의 assault에 당황해서 전략상 후퇴를 consider했다.

255   지난 semester에 등록 비용이 soar했다.

256   몇몇 관리들은 gigantic한 기업들과 solid한 연줄을 유지하고 있었다.

257   그 legend는 거의 100년 동안 persist했다.

258   CEO는 chief executive officer의 머리글자어이다.

259   사장은 내 접근법이 unsuitable하고 impractical하다고 여겼다.

260   그 병사는 빗나간 bullet에 의해 가슴에 관통상을 sustain했다.

261   두 civilization을 비교하면 너는 유사한 aspect를 발견할 것이다.

262   나는 temporary한 연단을 회의실에 install했다.

263   그 medicine은 나의 아픈 목을 soothe했다.

264   나무 몸통에서 bark 한 조각을 벗겨내서 끄트머리를 trim하세요. 그걸 정사각형이나 rectangle로 자르세요.

253

The doctor is seeking proper treatment for diabetes and arthritis.

그 의사는 당뇨병과 관절염에 대한 적절한 치료법을 찾고 있다.

- **seek** ¹찾다 ²추구하다
  (-sought-sought)
- **proper** 적절한
  improper 부적절한

- **treatment** 치료법
  treat ¹다루다, 취급하다 ²치료하다
- **diabetes** 당뇨병
- **arthritis** 관절염

254

The army was bewildered by the enemy's assault and considered a strategic retreat.

그 군대는 적의 공격에 당황해서 전략상 후퇴를 고려했다.

- **bewildered** 당황한, 당혹한
  bewilder 당황하게 하다
  bewilderment 당황
- **assault** 공격, 급습

- **consider** 고려하다
  consideration 고려, 숙고
- **strategic** 전략상의   strategy 전략
- **retreat** 후퇴, 퇴각

255

The cost of enrollment soared last semester.

지난 학기에 등록 비용이 치솟았다.

- **cost** 비용   costly 비싼, 비용이 많이 드는
- **enrollment** 등록   enroll 등록하다

- **soar** 높이 치솟다, 급상승하다
- **semester** 학기

256

Some officials maintained solid ties with gigantic corporations.

몇몇 관리들은 거대 기업들과 군건한 연줄을 유지하고 있었다.

- **solid** 군건한, 견고한   solidity 견고성
- **tie** ¹연줄 ²묶다
- **gigantic** 거대한

- **corporation** 기업, 법인
  corporate 법인회사의
  incorporate 통합시키다
  (ex. incorporate functions 기능들을 통합시키다)

The legend persisted for nearly 100 years.

그 전설은 거의 100년 동안 지속되었다.

- **legend** 전설
  기출표현 become a legend 전설이 되다
- **persist** [1] 지속되다 [2] 고집하다
  persistent [1] 지속성의 [2] 고집 센, 집요한
- **nearly** 거의

CEO is an acronym for chief executive officer.

CEO는 chief(최고) executive(경영) officer(임원)의 머리글자어이다.

- **acronym** 머리글자어, 약어
- **chief** [1] 주된 [2] (직급상) 최고의 [3] 우두머리
- **executive** [1] 경영진 [2] 경영[운영]의
- **officer** (회사의) 간부, 임원

The boss deemed my approach unsuitable and impractical.

사장은 내 접근법이 부적절하고 비실용적이라고 여겼다.

- **deem** 생각하다, 여기다(=consider)
- **approach** [1] 접근법 [2] 접근, 다가옴 [3] 접근하다
- **unsuitable** 부적절한
  suitable 알맞은, 적절한   suit 알맞다
- **impractical** 비실용적인

The soldier sustained a penetrating wound in his chest by a stray bullet.

그 병사는 빗나간 총알에 의해 가슴에 관통상을 입었다.

- **sustain** (피해, 손실을) 받다, 입다
- **penetrate** 관통하다
- **wound** 부상
- **chest** 가슴, 흉곽
- **stray** [1] 빗나간 [2] (동물이) 길 잃은
- **bullet** 총알

261
☐☐

If you compare the two civilizations, you'll find similar aspects.

두 문명을 비교하면 너는 유사한 측면을 발견할 것이다.

- **compare** 비교하다   comparison 비교
- **civilization** 문명
  civilize 문명화하다, 개화하다
- **similar** 유사한, 비슷한
  assimilation 동화, 융합 ← 유사하게 만들기
- **aspect** 측면, 양상

262
☐☐

I installed a temporary platform in the conference room.

나는 임시 연단을 회의실에 설치했다.

- **install** 설치하다
  installation 설치
  참고단어 installment 할부금 ﾟ주의
- **temporary** 임시의
- **platform** ¹연단 ² (기차역의) 승강장
- **conference** 회의

263
☐☐

The medicine soothed my sore throat.

그 약은 나의 아픈 목을 가라앉혀 주었다.

- **medicine** 약
- **soothe** ¹ (마음을) 진정시키다, 달래다
  ² (통증을) 누그러뜨리다
- **sore** 아픈, 쓰라린
- **throat** 목구멍

264
☐☐

Strip a piece of bark from the trunk and trim the edges. Cut it into a square or a rectangle.

나무 몸통에서 껍질 한 조각을 벗겨내서 끄트머리를 다듬으세요. 그걸 정사각형이나 직사각형으로 자르세요.

- **strip** (껍질 등을) 벗기다
- **bark** ¹나무껍질 ² (개가) 짖다
- **trunk** ¹나무 몸통 ²트렁크 가방
  ³자동차 짐칸
- **trim** 다듬다, 손질하다
- **edge** 가장자리
- **square** 정사각형
- **rectangle** 직사각형

253

seek	proper	treatment	diabetes	arthritis
찾다, 추구하다				

254

bewildered	assault	consider	strategic	retreat

255

cost	enrollment	soar	semester

256

solid	tie 명사	gigantic	corporation

257

legend	persist	nearly

258

acronym	chief 형용사	executive 형용사	officer

259

deem	approach 명사	unsuitable	impractical

260

sustain	penetrate	wound	chest	stray	bullet

261

compare	civilization	similar	aspect

262

install	temporary	platform	conference

263

medicine	soothe	sore	throat

264

strip	bark 명사	trunk	trim	edge	rectangle

253 그 의사는 당뇨병에 대한 적절한 치료법을 찾고 있다.

The doctor is s_____ing p_____ treatment for diabetes.

254 그는 적의 공격에 당황해서 전략상 후퇴를 고려했다.

He was b_____ by the enemy's assault and considered a s_____ retreat.

255 지난 학기에 등록 비용이 치솟았다.

The cost of e_____ s_____ed last semester.

256 몇몇 관리들은 거대 기업들과 굳건한 연줄을 유지하고 있었다.

Some officials maintained s_____ ties with gigantic c_____s.

257 그 전설은 거의 100년 동안 지속되었다.

The legend p_____ed for n_____ 100 years.

258 CEO는 chief(최고) executive(경영) officer(임원)의 머리글자어이다.

CEO is an a_____ for chief executive officer.

259 사장은 내 접근법이 부적절하고 비실용적이라고 여겼다.

The boss deemed my a_____ unsuitable and i_____.

260 그 병사는 가슴에 관통상을 입었다.

The soldier s_____ed a penetrating w_____ in his chest.

261 두 문명을 비교하면 너는 유사한 측면을 발견할 것이다.

If you c_____ the two c_____s, you'll find similar aspects.

262 나는 임시 연단을 회의실에 설치했다.

I installed a t_____ platform in the c_____ room.

263 그 약은 나의 아픈 목을 가라앉혀 주었다.

The medicine soothed my s_____ t_____.

264 나무 몸통에서 껍질 한 조각을 벗겨내서 끄트머리를 다듬으세요.

Strip a piece of b_____ from the t_____ and trim the edges.

Pre-Check! 다음 문장을 읽으며 단어의 뜻을 알고 있는지 체크해보세요.

265 그 trainee는 매일의 routine에 대해 불평하지 않는다. 그는 diligent하며 투덜대는 법이 없다.

266 경기 depression이 꽤 오랫동안 last하고 있다.

267 식사 후의 운동은 digestion을 interfere할 수 있다.

268 새로 선출된 대통령은 장기적인 일자리 creation 계획을 announce했다.

269 self-esteem은 mature한 인격의 발달에 기여한다.

270 heredity는 식물학 분야에서 가장 distinctive한 특징이다.

271 desertification과 같은 비정상적인 phenomenon이 일어날 수 있다.

272 rust는 가전제품의 lifespan을 단축할 수 있다.

273 사령관은 그 nobleman의 영토를 occupy했다.

274 그 당황스런 순간의 vivid한 기억이 끊임없이 나를 haunt했다.

275 갇혀 있던 rogue들이 가까스로 dawn에 탈출했다

276 우리는 종종 violent한 수단에 의지한다. 하지만 목적이 수단을 justify할 수는 없다.

The trainee doesn't complain about his daily routine. He is diligent and never grumbles.

그 훈련생은 매일의 일과에 대해 불평하지 않는다. 그는 부지런하며 투덜대는 법이 없다.

- **trainee** 훈련생
- **complain** 불평하다
  complaint 불평, 불만
- **routine** 일과, 일상
- **diligent** 성실한, 근면한
- **grumble** 투덜거리다

The economic depression has lasted for quite a long time.

경기침체가 꽤 오랫동안 지속되고 있다.

- **depression** ¹우울증 ²불경기, 불황
  depress ¹우울하게 만들다, 낙담시키다
  ²(기계를) 아래로 누르다
  (ex. depress a lever 레버를 누르다)
- **last** 지속되다
  everlasting 지속적인, 영원한
- **quite** 꽤, 상당히

Exercising after a meal can interfere with digestion.

식사 후의 운동은 소화를 방해할 수 있다.

- **meal** 식사
- **interfere** 방해하다   interference 방해
- **digestion** 소화
  digest 소화하다, 소화되다

The newly elected president announced a long-term job creation plan.

새로 선출된 대통령은 장기적인 일자리 창출 계획을 발표했다.

- **elect** 선출하다   election 선거
- **announce** 알리다, 발표하다
  announcement 발표
  denounce 비난하다
  ←좋지 않게(de: 부정) 말하다
- **long-term** 장기적인
  term ¹기간 ²용어 ³(복수형으로) 조건
- **creation** 창출, 창조
  create 창출[창조]하다

269

Self-esteem contributes to the development of a mature personality.

자존감은 성숙한 인격의 발달에 기여한다.

- **self-esteem** 자존감, 자부심
  esteem 존중(하다)
- **contribute to** ~에 기여하다
  contribution 기여, 공헌

- **mature** 성숙한, 완전히 발달한
  immature 미성숙한
  maturity ¹성숙 ²만기
  기출표현 reach maturity 성숙한 상태가 되다
- **personality** 인격, 성격

270

Heredity is the most distinctive feature in the field of botany.

유전은 식물학 분야에서 가장 두드러진 특징이다.

- **heredity** 유전
- **distinctive** 구분되는, 뚜렷한
  distinguish 구분하다   distinction 구분

- **feature** 특징
- **field** ¹들판 ²분야
- **botany** 식물학

271

An abnormal phenomenon like desertification can take place.

사막화와 같은 비정상적인 현상이 일어날 수 있다.

- **abnormal** 비정상적인
  normal 정상적인
- **phenomenon** 현상

- **desertification** 사막화
  desert 사막
- **take place** 일어나다(=happen)

272

Rust can shorten the lifespan of household appliances.

녹은 가전제품의 수명을 단축할 수 있다.

- **rust** 녹   rusty 녹슨
- **shorten** 짧게 하다, 단축하다
- **lifespan** 수명   span (특정 길이의) 시간
  참고단어 wingspan 날개의 폭

- **household** 가정
- **appliance** 가전기기, 전기제품

The commander occupied the nobleman's territory.

사령관은 그 귀족의 영토를 차지했다.

- **commander** 사령관, 지휘관
  command 명령(하다)
- **occupy** (장소를) 차지하다, 점유하다
  occupation 직업 ← 차지하고 있는 자리
  preoccupied 몰두한, 정신 팔린
  ← 정신이 ~에 점령되어 있는

- **nobleman** 귀족
  noble ¹귀족의 ²고결한
- **territory** ¹영토 ²영역, 분야
  기출표현 explore new territory
  새로운 영역을 탐험하다

The vivid memory of that embarrassing moment haunted me incessantly.

그 당황스런 순간의 생생한 기억이 끊임없이 나를 따라다녔다.

- **vivid** ¹(기억, 묘사가) 생생한
  ²(색깔이) 선명한
- **embarrassing** 당황스러운, 난처한
  embarrass 당황스럽게 하다

- **haunt** ¹늘 따라다니다 ²자주 나타나다
- **incessantly** 끊임없이
  incessant 끊임없는

The imprisoned rogues barely escaped at dawn.

갇혀 있던 깡패들이 가까스로 새벽에 탈출했다.

- **imprison** 가두다, 투옥하다
- **rogue** 깡패, 건달
- **barely** 가까스로, 간신히
  bare 벌거벗은 (ex. bare feet 맨발)

- **escape** ¹탈출하다, 달아나다
  ²(나쁜 상황에서) 벗어나다
- **dawn** 새벽

We occasionally resort to violent measures. But the end cannot justify the means.

우리는 종종 폭력적인 수단에 의지한다. 하지만 목적이 수단을 정당화할 수는 없다.

- **occasionally** 종종, 때때로
- **resort to** ~에 의지하다
  (=rely on=depend on)
- **violent** 폭력적인   violence 폭력
- **measures** (복수형으로) 수단
  measure 측정하다

- **end** ¹끝 ²목적, 목표
- **justify** 정당화하다
  justification 정당화
- **means** 수단, 방법

265

trainee	complain	routine	diligent	grumble
훈련생				

266

depression	last 동사	quite

267

meal	interfere	digestion

268

elect	announce	long-term	creation

269

self-esteem	contribute to	mature	personality

270

heredity	distinctive	feature	field	botany

271

abnormal	phenomenon	desertification	take place

272

rust	shorten	lifespan	household	appliance

273

commander	occupy	nobleman	territory

274

vivid	embarrassing	haunt	incessantly

275

imprison	rogue	barely	escape	dawn

276

occasionally	resort to	violent	measures	justify

265 　그 훈련생은 매일의 일과에 대해 불평하지 않는다. 그는 부지런하다.

The trainee doesn't c＿＿＿＿＿ about his daily routine. He is d＿＿＿＿＿.

266 　경기침체가 꽤 오랫동안 지속되고 있다.

The economic d＿＿＿＿＿ has l＿＿＿ed for a long time.

267 　식사 후의 운동은 소화를 방해할 수 있다.

Exercising after a meal can i＿＿＿＿＿ with d＿＿＿＿＿.

268 　새로 선출된 대통령은 장기적인 일자리 창출 계획을 발표했다.

The newly e＿＿＿ed president a＿＿＿＿＿d a long-term job creation plan.

269 　자존감은 성숙한 인격의 발달에 기여한다.

S＿＿＿＿＿ c＿＿＿＿＿s to the development of a mature personality.

270 　유전은 식물학 분야에서 가장 두드러진 특징이다.

H＿＿＿＿＿ is the most d＿＿＿＿＿ feature in the field of botany.

271 　사막화 같은 비정상적인 현상이 일어날 수 있다.

An abnormal p＿＿＿＿＿ like desertification can take p＿＿＿＿.

272 　녹은 가전제품의 수명을 단축할 수 있다.

Rust can shorten the l＿＿＿＿＿ of household a＿＿＿＿＿s.

273 　사령관은 그 귀족의 영토를 차지했다.

The commander o＿＿＿ed the nobleman's t＿＿＿＿＿.

274 　그 당황스런 순간의 생생한 기억이 나를 따라다녔다.

The vivid memory of that e＿＿＿＿＿ moment h＿＿＿ed me.

275 　갇혀 있던 깡패들이 가까스로 새벽에 탈출했다.

The imprisoned rogues b＿＿＿＿ escaped at d＿＿＿＿.

276 　우리는 종종 폭력적인 수단에 의지한다. 하지만 목적이 수단을 정당화할 수는 없다.

We occasionally resort to violent m＿＿＿＿＿. But the end cannot j＿＿＿＿ the means.

Pre-Check! 다음 문장을 읽으며 단어의 뜻을 알고 있는지 체크해보세요.

277 대통령은 recession을 막겠다는 commitment를 지켰다.

278 기술자가 width, 높이, 그리고 부피를 정확하게 measure했다.

279 테러범들이 억류된 hostage들을 release했다.

280 태양열과 조력 발전이 화석 fuel을 supplement할 수 있다.

281 전쟁은 그 continent의 광활한 지역을 devastate했다.

282 양호한 날씨와 좋은 irrigation 덕분에, 농부들은 abundant한 양의 작물을 수확했다.

283 journey는 어땠어?

284 terrific했지. 대평원은 picturesque하더라.

285 그들은 모든 사람이 permission 없이 border를 넘어가는 것을 금지했다.

286 계속된 가뭄이 barren한 사막을 expand했다.

287 행복 pursuit는 영원하고 universal한 가치이다.

288 그녀의 거짓말이 이혼하려는 그의 determination을 reinforce했다.

277
□□

The president abode by his commitment to halt the economic recession.

대통령은 경기 후퇴를 막겠다는 공약을 지켰다.

- **abide by** (법률, 합의 등을) 지키다
  (-abided-abided / abode-abode)
- **commitment** 공약, 약속

- **halt** [1] 멈추다, 정지시키다 [2] 정지
- **recession** 경기 후퇴, 불황
  recess [1] 휴식 [2] 움푹 들어간 곳

278
□□

The engineer accurately measured the width, height, and volume.

기술자가 너비, 높이, 그리고 부피를 정확하게 쟀다.

- **accurately** 정확하게   accurate 정확한
- **measure** 재다, 측정하다
- **width** 너비, 폭

- **height** 높이
  heighten [1] 높이다, 고조시키다 [2] 높아지다
- **volume** [1] 부피 [2] (책의) 권 수

279
□□

The terrorists released the detained hostages.

테러범들이 억류된 인질들을 풀어주었다.

- **release** 풀어주다, 석방하다
- **detain** 억류하다

- **hostage** 인질

280
□□

Solar and tidal power generation can supplement fossil fuels.

태양열과 조력 발전이 화석 연료를 보완할 수 있다.

- **solar** 태양의
  참고단어 lunar 달의
- **tidal** 조류의, 조수의   tide 조수(潮水)
- **generation** (전기, 열 등의) 발생
  ex. power generation 발전(發電)

- **supplement** 보완(하다), 보충(하다)
  참고단어 complement 보충(하다)
- **fossil** 화석
- **fuel** 연료

281

The war devastated a vast area on the continent.

전쟁은 그 대륙의 광활한 지역을 황폐화했다.

- **war** 전쟁　warrior 전사, 투사
- **devastate** 황폐시키다
- **vast** 광활한, 막대한
- **area** 지역
- **continent** 대륙

282

Thanks to favorable weather and good irrigation, the farmers harvested an abundant amount of crops.

양호한 날씨와 좋은 관개수로 덕분에, 농부들은 풍부한 양의 작물을 수확했다.

- **favorable** ¹유리한, 양호한 ²호의적인
- **irrigation** 관개수로
- **harvest** ¹수확하다 ²수확
- **abundant** 풍부한
  abound in ~이 풍부하다
- **crop** 농작물, 수확물

283

A: How was your journey?

A: 여행은 어땠어?

284

B: It was terrific. The Great Plains was picturesque.

B: 아주 끝내줬지. 대평원은 그림 같더라.

- **journey** (장거리) 여행
- **terrific** 굉장한, 아주 좋은
- **plain** ¹평원 ²단순한, 쉬운 ³(얼굴이) 평범한
- **picturesque** 그림 같은

They forbade everyone from crossing the border without permission.

그들은 모든 사람이 허가 없이 국경을 넘어가는 것을 금지했다.

- **forbid** 금지하다 (-forbade-forbidden)
- **border** ¹국경 ²변두리, 가장자리
- **permission** 허가, 승인
  permit 허락하다

The continuing drought expanded the barren desert.

계속된 가뭄이 황폐한 사막을 확장시켰다.

- **continue** 계속되다, 계속하다
  continuous 계속되는, 지속적인
  continually 계속해서, 줄곧
- **drought** 가뭄
- **expand** 확장하다, 확대하다
  expanse 넓게 트인 공간
  기출표현 a wide expanse of forest and field 넓게 펼쳐진 숲과 들판
- **barren** 황폐한, 불모의

The pursuit of happiness is an eternal and universal value.

행복 추구는 영원하고 보편적인 가치이다.

- **pursuit** 추구　pursue 추구하다
- **eternal** 영원한(=everlasting)
- **universal** 보편적인
  universe 우주, 전세계

Her lie reinforced his determination to get a divorce.

그녀의 거짓말이 이혼하려는 그의 결심을 더욱 강하게 만들었다.

- **lie** 거짓말(하다) (-lied-lied)
  liar 거짓말쟁이
- **reinforce** 강화하다
  reinforcement 강화
- **determination** 결심, 결의
  determine 결심하다
- **divorce** 이혼(하다)

277

abide by	commitment	halt 동사	recession
(법률, 합의 등을) 지키다			

278

accurately	measure 동사	width	height	volume

279

release	detain	hostage

280

solar	tidal	generation	fossil	fuel

281

war	devastate	vast	area	continent

282

favorable	irrigation	harvest 동사	abundant	crop

283

journey

284

terrific	plain 명사	picturesque

285

forbid	border	permission

286

continue	drought	expand	barren

287

pursuit	eternal	universal

288

lie 명사	reinforce	determination	divorce 명사

277 대통령은 경기 후퇴를 막겠다는 공약을 지켰다.
The president abode by his c_____ to h_____ the economic recession.

278 기술자가 부피를 정확하게 쟀다.
The engineer a_____ m_____d the volume.

279 테러범들이 억류된 인질들을 풀어주었다.
The terrorists r_____d the detained h_____s.

280 태양열과 조력 발전이 화석 연료를 보완할 수 있다.
Solar and t_____ power generation can s_____ fossil fuels.

281 전쟁은 그 대륙의 광활한 지역을 황폐화했다.
The war d_____d a v_____ area on the continent.

282 좋은 관개수로 덕분에, 농부들은 풍부한 양의 작물을 수확했다.
Thanks to good i_____, the farmers harvested an a_____
amount of crops.

283 여행은 어땠어?
How was your j_____?

284 아주 끝내줬지. 대평원은 그림 같더라.
It was t_____. The Great Plains was p_____.

285 그들은 모든 사람이 허가 없이 국경을 넘어가는 것을 금지했다.
They f_____ everyone from crossing the border without p_____.

286 계속된 가뭄이 황폐한 사막을 확장시켰다.
The continuing d_____ e_____ed the barren desert.

287 행복 추구는 영원한 가치이다.
The p_____ of happiness is an e_____ value.

288 그녀의 거짓말이 이혼하려는 그의 결심을 더욱 강하게 만들었다.
Her lie r_____d his d_____ to get a divorce.

Pre-Check! 다음 문장을 읽으며 단어의 뜻을 알고 있는지 체크해보세요.

289 그 지도자는 resentful한 군중 앞에서 betrayer를 목매달았다.

290 사람들은 gorgeous한 꽃들에 marvel했다.

291 이 물질은 partially하게 전기 흐름을 interrupt한다.

292 그 신문사는 아동 abuse에 대한 전국적인 survey를 실시했다.

293 statistics는 그 약이 생산성에 영향을 미친다는 것을 indicate한다.

294 그의 detailed한 묘사가 수사관들에게 구체적인 clue들을 제공했다.

295 그 ritual에서 염소의 피는 sacred한 희생을 상징했다.

296 의사들은 infant들이 균형 잡힌 식사를 하고 충분한 nutrition을 섭취해야 한다고 recommend한다.

297 아이들을 키우는 것이 어려운데도 불구하고 child-rearing은 여전히 부모의 obligation으로 남아 있다.

298 희망을 abandon하지 마라. frustration을 기회로 바꿔라.

299 qualified한 강사들이 그 exploration 프로그램을 이끕니다.

300 nerve 세포는 특정한 접촉 site를 거쳐서 정보를 store하고 전송한다.

The leader hanged the betrayer in front of a resentful crowd.

그 지도자는 분개한 군중 앞에서 배반자를 목매달았다.

- **hang** ¹목매달다 (-hanged-hanged)
  ²걸다 (-hung-hung)
- **betrayer** 배반자(=traitor)
  betray 배반하다   betrayal 배반
- **resentful** 분개한, 화난   resent 분개하다
- **crowd** 군중
  crowded (군중으로) 붐비는

People marveled at the gorgeous blooms.

사람들은 멋진 꽃들에 경탄했다.

- **marvel** 경탄하다, 놀라다
  marvelous 놀라운
- **gorgeous** 아주 멋진
- **bloom** ¹(관상용) 꽃 ²꽃을 피우다, 꽃이 피다
  참고단어 blossom ¹(과수의) 꽃 ²꽃이 피다

This material partially interrupts an electric current.

이 물질은 부분적으로 전기 흐름을 방해한다.

- **material** 물질
- **partially** 부분적으로
  partial 부분적인, 편파적인
  impartial 편파적이지 않은, 공평한
- **interrupt** 방해하다   interruption 방해
- **current** (물이나 전류의) 흐름
  currency 통화, 화폐

The newspaper conducted a nationwide survey on child abuse.

그 신문사는 아동 학대에 대한 전국적인 조사를 실시했다.

- **conduct** ¹(활동을) 실시하다 ²지휘하다
  ³이끌다, 안내하다
  conductor 지휘자
- **nationwide** 전국적인
- **survey** 조사(하다)
- **abuse** ¹학대(하다) ²남용(하다)

293
☐☐

Statistics indicate that the drugs have an impact on productivity.

통계는 그 약이 생산성에 영향을 미친다는 것을 나타낸다.

- **statistics** 통계
- **indicate** 나타내다, 가리키다
  indication 표시, 징후

- **impact** 영향, 충격
  기출표현 have a positive impact
  긍정적인 영향을 미치다
- **productivity** 생산성, 생산력

294
☐☐

His detailed description offered concrete clues to the investigators.

그의 상세한 묘사가 수사관들에게 구체적인 단서들을 제공했다.

- **detailed** 상세한　detail 세부사항
- **description** 묘사　describe 묘사하다
- **offer** 제공하다
- **concrete** ¹구체적인 ²콘크리트

- **clue** 단서, 실마리
- **investigator** 수사관
  investigate 조사하다, 수사하다
  investigation 조사, 수사

295
☐☐

In the ritual, goat's blood symbolized a sacred sacrifice.

그 의식에서 염소의 피는 신성한 희생을 상징했다.

- **ritual** (종교) 의식
- **goat** 염소
- **blood** 피　bleed 피 흘리다

- **symbolize** 상징하다
- **sacred** 신성한, 성스러운
- **sacrifice** 희생

296
☐☐

Doctors recommend that infants have a balanced diet and sufficient nutrition.

의사들은 유아들이 균형 잡힌 식사를 하고 충분한 영양을 섭취해야 한다고 권장한다.

- **recommend** 권장하다, 추천하다
  recommendation 추천
- **infant** 유아　infancy 유아기

- **diet** 식사, 식단
- **nutrition** 영양
  nutritious 영양가가 높은
  malnutrition 영양실조

297

Although nurturing kids is hard, child-rearing still remains a parental obligation.

아이들을 키우는 것이 어려운데도 불구하고 자녀 양육은 여전히 부모의 의무로 남아 있다.

- **nurture** 양육하다
- **child-rearing** 자녀 양육 rear 기르다
- **remain** 남다, 남아 있다
- **parental** 부모의

- **obligation** 의무
  be obligated to ~할 의무를 지다
  기출표현 no one is obligated to change
  아무도 변화할 의무는 없는

298

Don't abandon hope. Turn frustration into an opportunity.

희망을 버리지 마라. 좌절을 기회로 바꿔라.

- **abandon** 버리다, 단념하다
- **turn A into B** A를 B로 바꾸다

- **frustration** 좌절 frustrate 좌절시키다
- **opportunity** 기회

299

Qualified instructors conduct the exploration program.

자격을 갖춘 강사들이 그 탐사 프로그램을 이끕니다.

- **qualified** 자격 있는 qualification 자격
- **instructor** 강사, 교사
  instruction ¹교육, 지도 ²지시

- **exploration** 탐사, 탐험
  explore 탐험하다
  explorer 탐험가

300

Nerve cells store and transmit information via specific contact sites.

신경 세포는 특정한 접촉 지점을 거쳐서 정보를 저장하고 전송한다.

- **nerve** 신경
  nervous 신경이 곤두선, 긴장한
- **store** 저장하다 storage 저장
- **transmit** 전달하다, 전송하다
  transmission 전송

- **via** ~을 거쳐, ~을 경유하여
- **specific** 특정한
- **contact** 접촉
  contagious (접촉을 통해) 전염되는, 전염성의
- **site** ¹지점, 위치 ²유적

289	hang	betrayer	resentful	crowd
	똑때달다, 걸다			

290	marvel		gorgeous		bloom 명사

291	material	partially	interrupt	current 명사

292	conduct	nationwide	survey 명사	abuse 명사

293	statistics	indicate	impact	productivity

294	detailed	description	offer	concrete	clue

295	ritual	blood	symbolize	sacred	sacrifice

296	recommend	infant	diet	nutrition

297	nurture	child-rearing	remain	parental	obligation

298	abandon	turn A into B	frustration	opportunity

299	qualified		instructor		exploration

300	nerve	store 동사	transmit	via	contact	site

289 그 지도자는 분개한 군중 앞에서 배반자를 목매달았다.

The leader hanged the b_____ in front of a r_____ crowd.

290 사람들은 멋진 꽃들에 경탄했다.

People marveled at the g_____ b_____s.

291 이 물질은 부분적으로 전기 흐름을 방해한다.

This material partially i_____s an electric c_____.

292 그들은 아동 학대에 대한 전국적인 조사를 실시했다.

They c_____ed a nationwide s_____ on child abuse.

293 통계는 그 약이 생산성에 영향을 미친다는 것을 나타낸다.

S_____ i_____ that the drugs have an impact on productivity.

294 그의 상세한 묘사가 수사관들에게 구체적인 단서들을 제공했다.

His detailed d_____ offered c_____ clues to the investigators.

295 그 의식에서 염소의 피는 신성한 희생을 상징했다.

In the ritual, goat's blood symbolized a s_____ s_____.

296 의사들은 유아들이 균형 잡힌 식사를 하고 충분한 영양을 섭취해야 한다고 권장한다.

Doctors r_____ that infants have a balanced diet and sufficient n_____.

297 아이들을 키우는 것이 어려운데도 불구하고 자녀 양육은 여전히 부모의 의무로 남아 있다.

Although n_____ing kids is hard, child-rearing still remains a parental o_____.

298 희망을 버리지 마라. 좌절을 기회로 바꿔라.

Don't a_____ hope. Turn f_____ into an opportunity.

299 자격을 갖춘 강사들이 그 탐사 프로그램을 이끕니다.

Qualified i_____s conduct the e_____ program.

300 신경 세포는 특정한 접촉 지점을 거쳐서 정보를 전송한다.

N_____ cells t_____ information via specific contact sites.

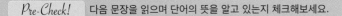

Pre-Check! 다음 문장을 읽으며 단어의 뜻을 알고 있는지 체크해보세요.

301 코미디언들은 keen한 유머 감각과 열정을 possess하고 있다.

302 도박 addict들은 유혹에 resist하지 못한다.

303 suicide 폭탄 폭발의 casualty가 대략 100명에 이르렀다. 그것은 savage한 범죄행위였다.

304 radical한 여성 운동의 존재는 성차별이 아직 lessen하지 않았다는 것을 의미한다.

305 성난 사람들은 그 vicious한 압제자를 expel했다.

306 무장한 경찰이 disobedient한 민간인들을 체포하고 riot를 진압했다.

307 kidney와 간은 노폐물 disposal 기능을 적절하게 수행한다.

308 HIV는 인간 immunodeficiency 바이러스를 stand for한다.

309 explosion이 그 시설의 생산 capacity를 파괴했다.

310 내가 받은 개인 교습이 satisfactory하지 않아서 refund를 요구했다.

311 지구 온난화가 놀라운 pace로 빙하를 melt하고 있다.

312 계좌 유효 period가 한 달 동안 prolong되었습니다.

301
Comedians possess a keen sense of humor and enthusiasm.

코미디언들은 날카로운 유머 감각과 열정을 소유하고 있다.

- **possess** 소유하다, 가지다
  possession 소유(물)
- **keen** 날카로운, 예리한

- **enthusiasm** 열정, 열광
  enthusiastic 열정적인

302
Gambling addicts can't resist temptation.

도박 중독자들은 유혹에 저항하지 못한다.

- **gambling** 도박, 노름
  gamble 도박을 하다
- **addict** 중독자

- **resist** 저항하다   resistance 저항
- **temptation** 유혹   tempt 유혹하다

303
There were roughly 100 casualties from the suicide bomb blast. It was a savage crime.

자살 폭탄 폭발의 사상자 수가 대략 100명에 이르렀다. 그것은 야만적인 범죄행위였다.

- **roughly** 대략, 대충
  rough ¹거친 ²대략의
- **casualty** (사고로 인한) 사상자

- **suicide** 자살
- **blast** ¹폭발 ²센 바람
- **savage** 야만적인, 잔인한

304
The existence of the radical feminist movement means that gender discrimination has not yet lessened.

급진적인 여성 운동의 존재는 성차별이 아직 줄지 않았다는 것을 의미한다.

- **radical** ¹근본적인 ²급진적인
- **feminist** 남녀 평등주의자, 페미니스트
  feminism 페미니즘
- **gender** 성, 성별

- **discrimination** 차별
  discriminate 차별하다
- **lessen** 줄다, 줄이다
  less 더 적은 (것)

The outraged people expelled the vicious oppressor.

성난 사람들은 그 사악한 압제자를 추방했다.

- **outrage** ¹격분(격노)하게 만들다
  ²격분, 분노
  outrageous ¹잔인무도한 ²터무니없는
- **expel** 내쫓다, 추방하다

- **vicious** 나쁜(=evil), 악한
  vice ¹악 ²대리의 (ex. vice president 부통령)
- **oppressor** 압제자, 억압하는 사람
  oppress 누르다, 압박하다, 억압하다

Armed police arrested the disobedient civilians and suppressed the riot.

무장한 경찰이 복종하지 않는 민간인들을 체포하고 폭동을 진압했다.

- **armed** 무장한, 무기를 가진
  arms 무기   disarm 무장을 해제하다
- **arrest** 체포(하다)
- **disobedient** 복종하지 않는
  obedient 복종하는   obey 복종하다

- **civilian** (군인, 경찰, 성직자에 대하여) 민간인
  civil 시민의, 민간의
- **suppress** (반란, 폭동을) 진압하다
- **riot** 폭동, 소동

The kidney and the liver adequately carry out waste-disposal functions.

신장과 간은 노폐물 처리 기능을 적절하게 수행한다.

- **kidney** 신장, 콩팥
- **liver** 간
- **adequately** 충분히, 적절히
  adequate 충분한, 적당한

- **carry out** 수행하다, 이행하다
- **waste** ¹쓰레기, 노폐물 ²낭비하다
- **disposal** 처분, 처리
- **function** 기능

HIV stands for human immunodeficiency virus.

HIV는 인간 면역 결핍 바이러스를 의미한다.

- **stand for** ~을 의미하다, ~을 나타내다
  stand ¹서다, 서 있다 ²참다, 견디다 ³판매대

- **immunodeficiency** 면역 결핍
  immuno- 면역   immune 면역이 있는
  deficiency 부족, 결핍   deficient 부족한

309

The explosion destroyed the production capacity of the facility.

폭발 사고가 그 시설의 생산 능력을 파괴했다.

- **explosion** 폭발
  explode 폭발하다
  explosive ¹폭발물 ²폭발성의
- **destroy** 파괴하다

- **capacity** ¹수용력 ²역량, 능력
- **facility** 설비, 시설
  facilitate 용이하게 하다

310

The private tutoring I received was not satisfactory, so I demanded a refund.

내가 받은 개인 교습이 만족스럽지 않아서 환불을 요구했다.

- **tutor** ¹개인 교사 ²개인 교습을 하다
  tuition 수업(료)
- **satisfactory** 만족스러운
  satisfy 만족시키다   satisfaction 만족

- **demand** ¹요구하다(=ask for) ²요구
  demanding ¹요구가 많은 ²부담이 큰, 힘든
- **refund** 환불(하다)
  기출표현 No refund 환불 불가

311

Global warming is melting glaciers at an alarming pace.

지구 온난화가 놀라운 속도로 빙하를 녹이고 있다.

- **global** 지구 전체의, 세계적인
- **melt** 녹다, 녹이다
- **glacier** 빙하

- **alarming** 놀라운, 걱정스러운
  alarm 깜짝 놀라게 하다
- **pace** ¹속도 ²걸음걸이

312

The account validity period has been prolonged for a month.

계좌 유효 기간이 한 달 동안 연장되었습니다.

- **account** ¹계좌 ²계산, 셈 ³설명
  take A into account A를 고려하다,
  A를 셈에 넣다
- **validity** 유효성, 효력
  valid 유효한   invalid 무효한, 효력이 없는

- **period** ¹기간 ²마침표
  periodic 주기적인
  기출표현 periodic table (원소) 주기율표
- **prolong** (기간을) 연장하다

301	possess	keen	enthusiasm
	소유하다, 가지다		

302	gambling	addict	resist	temptation

303	roughly	casualty	suicide	blast	savage

304	radical	feminist	gender	discrimination	lessen

305	outrage 동사	expel	vicious	oppressor

306	arrest	disobedient	civilian	suppress	riot

307	kidney	adequately	carry out	disposal	function

308	stand for	immunodeficiency

309	explosion	destroy	capacity	facility

310	tutor 동사	satisfactory	demand 동사	refund 명사

311	global	melt	glacier	alarming	pace

312	account	validity	period	prolong

301 코미디언들은 날카로운 유머 감각과 열정을 소유하고 있다.
Comedians p_____ a keen sense of humor and e_____.

302 도박 중독자들은 유혹에 저항하지 못한다.
Gambling a_____s can't r_____ temptation.

303 자살 폭탄 폭발의 사상자 수가 대략 100명에 이르렀다.
There were roughly 100 c_____es from the suicide bomb b_____.

304 급진적인 여성 운동의 존재는 성차별이 아직 줄지 않았다는 것을 의미한다.
The existence of the r_____ feminist movement means that gender
d_____ has not yet lessened.

305 성난 사람들은 그 압제자를 추방했다.
The o_____d people expelled the o_____.

306 무장한 경찰이 복종하지 않는 민간인들을 체포했다.
Armed police arrested the d_____ c_____s.

307 신장과 간은 노폐물 처리 기능을 적절하게 수행한다.
The kidney and the liver adequately c_____ out waste-disposal f_____s.

308 HIV는 인간 면역 결핍 바이러스를 의미한다.
HIV s_____s for human i_____ virus.

309 폭발 사고가 그 시설의 생산 능력을 파괴했다.
The explosion destroyed the production c_____ of the f_____.

310 내가 받은 개인 교습이 만족스럽지 않아서 환불을 요구했다.
The private tutoring I received was not s_____, so I d_____ed
a refund.

311 지구 온난화가 놀라운 속도로 빙하를 녹이고 있다.
Global warming is melting g_____s at an a_____ pace.

312 계좌 유효 기간이 한 달 동안 연장되었습니다.
The a_____ validity period has been p_____ed for a month.

Pre-Check! 다음 문장을 읽으며 단어의 뜻을 알고 있는지 체크해보세요.

313 그 sculptor는 marble을 자유의 여신상의 작은 형태로 깎았다.

314 그 모델의 striped한 정장은 현재의 vogue를 반영한다.

315 그 협회는 가입 조건을 frequently하게 alter한다.

316 신은 우리 안에 instinctive한 직감을 심어주었다. 그것은 신의 blessing이다.

317 moderate한 운동은 스트레스를 감소시키고 migraine을 완화한다.

318 ABC 어학원은 영작문에서의 intensive한 교육과정을 boast한다.

319 명상은 tension을 덜어줄 것입니다. 손을 thigh에 두고 척추를 펴세요. 그리고나서 깊게 inhale하세요.

320 일본 navy는 그 무적함대에 surrender했다.

321 로비스트들은 celebrity들과 친밀한 관계를 maintain하고 있다.

322 많은 도시 dweller들이 suburb로 통근한다.

323 편집자는 그 기사를 revise했다. 그는 몇 개의 phrase를 고쳤다.

324 torch는 흔들리고 있었다. 그녀의 시야는 사물들을 discern하기에는 너무 흐릿했다.

313

The sculptor carved the marble into a smaller version of the Statue of Liberty.

그 조각가는 대리석을 자유의 여신상의 작은 형태로 깎았다.

- **sculptor** 조각가
- **carve** (나무, 돌 등을) 조각하다
- **marble** 대리석

- **statue** 조각상
- **liberty** (지배·속박 등으로부터의) 자유

314

The model's striped suit reflects the current vogue.

그 모델의 줄무늬 정장은 현재의 유행을 반영한다.

- **striped** 줄무늬가 있는   stripe 줄무늬
  기출표현 zebra-striped 얼룩말 줄무늬의
- **suit** ¹정장 ²~에 잘 맞다, 어울리다

- **reflect** ¹반영하다 ²반사하다 ³숙고하다
  reflection 반사
- **current** 현재의, 지금의
- **vogue** 유행(=fashion)

315

The association frequently alters the terms of admission.

그 협회는 가입 조건을 자주 변경한다.

- **association** 협회, 조합, 단체
  associate 연합하다, 연관을 맺다
- **frequently** 자주, 흔히
  frequent 빈번한
- **alter** 변경하다, 바꾸다

- **term** ¹용어 ²(복수형으로) 조건
  ³(복수형으로) 관계
  기출표현 come to terms with his enemy
  적과 타협하다[화해하다]
- **admission** ¹가입 ²입장(료)
  admit 받아들이다

316

God implanted instinctive intuition in us. It's a divine blessing.

신은 우리 안에 본능적인 직감을 심어주었다. 그것은 신의 은총이다.

- **implant** 심다   plant ¹식물 ²공장
- **instinctive** 본능적인   instinct 본능
- **intuition** 직관, 직감   intuitive 직관적인
  참고단어 tuition 교습ᴾᵖ주의

- **divine** 신의, 신성한(=holy)
- **blessing** 은총, 은혜
  bless 은총을 내리다

317
☐☐

Moderate exercise diminishes stress and mitigates migraines.

적당한 운동은 스트레스를 감소시키고 편두통을 완화한다.

- **moderate** 적당한, 중간 정도의
- **diminish** 줄이다, 감소하다
- **mitigate** 완화하다, 진정시키다
- **migraine** 편두통

318
☐☐

The ABC Language Institute boasts an intensive curriculum in English composition.

ABC 어학원은 영작문에서의 강도 높은 교육과정을 자랑한다.

- **institute** (학술과 관련된) 협회, 기관
- **boast** 자랑하다   boastful 자랑하는
- **intensive** 강한, 집중적인
  intense 강렬한
- **curriculum** 교육과정
- **composition** ¹구성 ²작곡 ³작문
  compose ¹구성하다 ²작곡하다

319
☐☐

Meditation will ease your tension. Rest your hands on your thighs and straighten your spine. Then, inhale deeply.

명상은 긴장을 덜어줄 것입니다. 손을 넓적다리에 두고 척추를 펴세요. 그리고나서 깊게 숨을 들이쉬세요.

- **meditation** 명상   meditate 명상하다
- **ease** ¹편안하게 하다, (고통을) 덜어주다
  ²편함 ³용이함
- **tension** 긴장   tense 팽팽한, 긴장된
- **rest** ¹~에 두다 ²휴식하다 ³휴식
  rest with ~에 있다
  기출표현 Central power rested with the
  king. 중심 권력은 왕에게 있었다.
- **thigh** 넓적다리, 허벅다리
- **straighten** 곧게 펴다
  straight 똑바로
- **spine** 등뼈, 척추
- **inhale** 들이쉬다, 흡입하다
  exhale 내쉬다

320
☐☐

The Japanese navy surrendered to the invincible fleet.

일본 해군은 그 무적함대에 항복했다.

- **navy** 해군
- **surrender** ¹항복하다 ²넘겨주다
- **invincible** 무적의, 불굴의
- **fleet** 함대

321

Lobbyists maintain intimate relationships with some celebrities.

로비스트들은 유명 인사들과 친밀한 관계를 유지하고 있다.

- **lobbyist** 로비스트
  lobby 로비(의회에 출입하여 의원에게 진정·탄원 등을 하는 행위)
- **maintain** 유지하다
  maintenance 유지, 관리

- **intimate** 친밀한
  intimacy 친밀함
- **relationship** 관계
  relate 관련시키다
- **celebrity** 명사, 유명인

322

Plenty of city dwellers commute to the suburbs.

많은 도시 거주자들이 교외 지역으로 통근한다.

- **plenty** 많음, 대량
- **dweller** 거주자, 주민
  dwell ¹거주하다 ²생각하다(on)

- **commute** 통근하다
- **suburb** (주택지로서의) 교외, 근교
  suburban 교외의
  [참고단어] urban 도시의

323

The editor revised the article. He corrected a few phrases.

편집자는 그 기사를 교정했다. 그는 몇 개의 어구를 고쳤다.

- **editor** 편집자
  edition ~판(版) editorial (편집자의) 사설
- **revise** ¹검사하다 ²교정하다
  revision 수정, 개정

- **article** 기사
- **correct** ¹고치다 ²올바른, 정확한
  correction 수정, 교정
- **phrase** 어구, 문구

324

The torch was flickering. Her vision was too blurry to discern any objects.

횃불은 흔들리고 있었다. 그녀의 시야는 사물들을 알아보기에는 너무 흐릿했다.

- **torch** 횃불
- **flicker** (불, 빛 등이) 깜빡이다
- **vision** 시야, 시각

- **blurry** 흐릿한
  blur 흐릿하게 하다
- **discern** 파악하다, 식별하다

313	sculptor	carve	marble	statue	liberty
	조각가				

314	striped	suit 명사	reflect	current 형용사	vogue

315	association	frequently	alter	term	admission

316	implant	instinctive	intuition	divine	blessing

317	moderate	diminish	mitigate	migraine

318	institution	boast	intensive	curriculum	composition

319	meditation	tension	rest 동사	thigh	spine	inhale

320	navy	surrender	invincible	fleet

321	lobbyist	maintain	intimate	relationship	celebrity

322	plenty	dweller	commute	suburb

323	editor	revise	article	correct 동사	phrase

324	torch	flicker	vision	blurry	discern

313   그 조각가는 대리석을 자유의 여신상의 작은 형태로 깎았다.

The sculptor c_____d the marble into a smaller version of the S_____ of Liberty.

314   그 모델의 줄무늬 정장은 현재의 유행을 반영한다.

The model's striped suit r_____s the c_____ vogue.

315   그 협회는 가입 조건을 자주 변경한다.

The association frequently a_____s the terms of a_____.

316   신은 우리 안에 본능적인 직감을 심어주었다.

God implanted i_____ i_____ in us.

317   적당한 운동은 스트레스를 감소시킨다.

M_____ exercise d_____es stress.

318   ABC 어학원은 영작문에서의 강도 높은 교육과정을 자랑한다.

The ABC Language Institute b_____s an i_____ curriculum in English composition.

319   명상은 긴장을 덜어줄 것입니다.

M_____ will ease your t_____.

320   일본 해군은 그 무적함대에 항복했다.

The Japanese navy s_____ed to the i_____ fleet.

321   로비스트들은 유명 인사들과 친밀한 관계를 유지하고 있다.

Lobbyists m_____ intimate relationships with some c_____es.

322   많은 도시 거주자들이 교외 지역으로 통근한다.

Plenty of city d_____s commute to the s_____s.

323   편집자는 그 기사를 교정했다. 그는 몇 개의 어구를 고쳤다.

The editor revised the a_____. He c_____ed a few phrases.

324   횃불은 흔들리고 있었다. 그녀의 시야는 사물들을 알아보기에는 너무 흐릿했다.

The torch was f_____ing. Her vision was too b_____ to discern any objects.

Pre-Check! 다음 문장을 읽으며 단어의 뜻을 알고 있는지 체크해보세요.

325 '몽둥이를 spare하면 자식을 망친다'는 maxim을 명심해라.

326 양측 모두 고집스럽고 obstinate했다. 그래서 그들은 conclusion에 이르지 못했다.

327 그 fragile한 도자기는 아주 작은 fragment들로 산산이 부서졌다.

328 그 delegate는 공식적인 외교 채널을 통해 분쟁을 swiftly하게 해결했다.

329 그 troops는 shallow한 수로를 건너뛰었다.

330 그녀의 thesis는 주제가 모호했다. 그녀는 ambiguous한 용어들을 사용했다.

331 기숙사 사감은 neat하고 정돈된 옷장에 대해 내 친구를 praise했다. 대조적으로 내 것은 messy했다.

332 passenger들은 예약을 confirm해야 한다.

333 의사의 diagnosis는 충격적이었다. 그것은 하지의 영구적인 paralysis라는 진단이었다.

334 slave라는 단어는 원래 '슬라브인'으로부터 derive했다.

335 budget의 approval이 최우선사항이었다.

336 앵무새가 그의 accent와 발음을 mimic했다.

325
☐☐

Keep in mind the maxim "Spare the rod and spoil the child."

'몽둥이를 아끼면 자식을 망친다'는 격언을 명심해라.

- **keep in mind** ~을 마음에 담아두다, ~을 명심하다
- **maxim** 격언
- **spare** ¹아끼다 ²할애하다 ³여분의
- **rod** 막대기, 몽둥이
- **spoil** 망치다

326
☐☐

Both sides were stubborn and obstinate. So they didn't reach a conclusion.

양측 모두 고집스럽고 완고했다. 그래서 그들은 결론에 이르지 못했다.

- **stubborn** 고집 센, 완고한
- **obstinate** 완고한, 완강한
- **reach** ~에 도달하다
- **conclusion** 결론   conclude 결론 내리다

327
☐☐

The fragile porcelain shattered into tiny fragments.

그 깨지기 쉬운 도자기는 아주 작은 조각들로 산산이 부서졌다.

- **fragile** 깨지기[부서지기] 쉬운, 연약한
- **porcelain** 자기류, 자기 제품
- **shatter** 산산이 부서지다, 산산조각 나다
- **tiny** 아주 작은
- **fragment** 파편, 조각
  [참고단어] segment 부분
  section 부분, 구획

328
☐☐

The delegate resolved the dispute swiftly through formal diplomatic channels.

그 대표자는 공식적인 외교 채널을 통해 분쟁을 신속하게 해결했다.

- **delegate** 대표자, 사절
- **resolve** ¹결심하다 ²해결하다(=solve)
  resolution ¹결의 ²해결
- **dispute** ¹논쟁, 분쟁 ²논쟁하다
- **swiftly** 신속하게, 빨리   swift 신속한
- **formal** 공식적인, 형식적인
  format 형식, 구성 방식   formula 공식
- **diplomatic** 외교의   diplomat 외교관

329

The troops leaped over the shallow ditch.

그 부대는 얕은 수로를 건너뛰었다.

- **troops** (복수형으로) 군대, 부대
- **leap** 껑충 뛰다, 도약하다
- **shallow** 얕은
- **ditch** 수로, 도랑, 배수로

330

The theme of her thesis was obscure. She used ambiguous terms.

그녀의 논문은 주제가 모호했다. 그녀는 애매한 용어들을 사용했다.

- **theme** 주제, 테마
- **thesis** ¹논문 ²논제
- **obscure** 모호한
- **ambiguous** 애매모호한

331

The dormitory inspector praised my friend for her neat and tidy closet. In contrast, mine was messy.

기숙사 사감은 깔끔하고 정돈된 옷장에 대해 내 친구를 칭찬했다. 대조적으로 내 것은 지저분했다.

- **dormitory** 기숙사 (줄여서 dorm)
- **inspector** 검사자, 감독관
  inspect 검사하다   inspection 검사
- **praise** 칭찬(하다)
- **neat** 깔끔한
- **tidy** 단정한, 잘 정돈된
- **closet** 벽장
- **contrast** 대조, 차이
- **messy** 지저분한, 흐트러진
  mess 난장판

332

Passengers are supposed to confirm their reservations.

승객들은 예약을 확인해야 한다.

- **passenger** 승객
- **be supposed to** ~하기로 되어 있다,
  ~해야 한다
- **confirm** 확인하다
- **reservation** 예약
  reserve 예약하다

The physician's diagnosis was stunning. It was permanent paralysis in the lower limbs.

의사의 진단은 충격적이었다. 그것은 하지의 영구적인 마비라는 진단이었다.

- **physician** 의사, 내과의사
- **diagnosis** 진단 diagnose 진단하다
- **stunning** 깜짝 놀랄만한, 충격적인
  stun 아연실색하게 하다
- **permanent** 영구적인
- **paralysis** 마비 paralyze 마비시키다
- **limb** 사지, 팔다리

The word slave originally derived from Slav.

'노예'라는 단어는 원래 '슬라브인'으로부터 유래했다.

- **slave** 노예 slavery 노예제도
- **originally** 원래, 본래
  original ¹원래의, 원조의 ²독창적인
  originality 독창성
- **derive** 유래하다, 파생하다
  기출표현 derived from social interactions
  사회적 상호작용에서 파생된

Approval of the budget was a top priority.

예산의 승인이 최우선사항이었다.

- **approval** ¹승인 ²찬성
  approve ¹승인하다 ²찬성하다
- **budget** 예산
- **priority** 우선사항, 우선권

The parrot mimicked his accent and pronunciation.

앵무새가 그의 말투와 발음을 흉내 냈다.

- **parrot** 앵무새
- **mimic** 흉내 내다
  (-mimicked-mimicked)
- **accent** ¹말투 ²강세
  accentuate 두드러지게 하다, 강조하다
- **pronunciation** 발음
  pronounce 발음하다

325	keep in mind	maxim	spare 동사	rod	spoil
	~을 마음에 담아두다				

326	stubborn	obstinate	reach	conclusion

327	fragile	porcelain	shatter	tiny	fragment

328	delegate	resolve	dispute 명사	swiftly	diplomatic

329	troops	leap	shallow	ditch

330	theme	thesis	obscure	ambiguous

331	dormitory	praise 동사	neat	tidy	contrast

332	passenger	be supposed to	confirm	reservation

333	physician	diagnosis	stunning	permanent	paralysis

334	slave	originally	derive

335	approval	budget	priority

336	parrot	mimic	accent	pronunciation

325 몽둥이를 아끼면 자식을 망친다.

S_____ the rod and s_____ the child.

326 양측 모두 고집스럽고 완고했다. 그래서 그들은 결론에 이르지 못했다.

Both sides were s_____ and obstinate. So they didn't reach a c_____.

327 그 깨지기 쉬운 도자기는 아주 작은 조각들로 산산이 부서졌다.

The f_____ porcelain s_____ed into tiny fragments.

328 그 대표자는 공식적인 외교 채널을 통해 분쟁을 해결했다.

The delegate resolved the d_____ through formal d_____ channels.

329 그 부대는 얕은 수로를 건너뛰었다.

The troops l_____ed over the s_____ ditch.

330 그녀의 논문은 주제가 모호했다. 그녀는 애매한 용어들을 사용했다.

The theme of her thesis was o_____. She used a_____ terms.

331 기숙사 사감은 깔끔하고 정돈된 옷장에 대해 내 친구를 칭찬했다. 대조적으로 내 것은 지저분했다.

The dormitory i_____ praised my friend for her neat and tidy closet.
In c_____, mine was messy.

332 승객들은 예약을 확인해야 한다.

Passengers are s_____ to c_____ their reservations.

333 의사의 진단은 충격적이었다. 그것은 하지의 영구적인 마비라는 진단이었다.

The physician's d_____ was stunning. It was permanent
p_____ in the lower limbs.

334 '노예'라는 단어는 원래 '슬라브인'으로부터 유래했다.

The word slave o_____ d_____d from Slav.

335 예산의 승인이 최우선사항이었다.

A_____ of the budget was a top p_____.

336 앵무새가 그의 말투와 발음을 흉내 냈다.

The parrot m_____ed his accent and p_____.

▶ 정답 P. 288

A 다음 영어단어의 뜻을 써보세요.

01 interfere		11 fossil	
02 statistics		12 forbid	
03 intimate		13 diminish	
04 continent		14 temptation	
05 obscure		15 frequently	
06 adequately		16 boast	
07 exploration		17 alarming	
08 wound		18 fragile	
09 trim		19 abundant	
10 incessantly		20 originally	

B 다음 단어를 영어로 써보세요.

01 부적절한		11 흉내 내다	
02 내쫓다, 추방하다		12 외교의	
03 직관, 직감		13 특권	
04 성실한, 근면한		14 거대한	
05 종종, 때때로		15 임시의	
06 방해하다		16 현상	
07 차별		17 재다, 측정하다	
08 상징하다		18 결심, 결의	
09 유전		19 전략상의	
10 거주자, 주민		20 전달하다, 전송하다	

week 5

Pre-Check! 다음 문장을 읽으며 단어의 뜻을 알고 있는지 체크해보세요.

337 우리는 흡수가 잘되는 protein을 야채의 섬유 tissue와 수분에서 extract할 수 있다.

338 이 diverse한 신호들은 다른 수준의 hazard를 암시한다.

339 그 소대는 전투에서 decisive한 역할을 떠맡았다. 그들은 적의 보급로를 block했다.

340 일반적으로, obesity는 조기 사망의 dominant한 요소이다.

341 flood가 그 마을을 휩쓸어버렸고 고립된 주민들은 perish했다.

342 잠을 induce하기 위해, 그 insomnia 환자는 쓴 알약을 삼켰다. 그러더니 frown했다.

343 에디슨은 매우 naive했다. 그는 바구니에서 계란을 잡아채서는 hay 속에서 그것을 hatch하려고 했다.

344 그 부족의 구성원들은 spiritual한 에너지 때문에 바위를 worship했다.

345 abrupt한 소음이 그를 distract해서 집중을 할 수가 없었다.

346 결국 시의회는 그에게 agree하고 사업에 boycott했다.

347 gratitude와 예의 바름은 인생에서 필수적인 virtue이다.

348 전후 generation의 구성원들은 희망을 빼앗겼다. 그들은 desperate했다.

We can extract absorbable protein from vegetable fiber tissues and fluids.

우리는 흡수가 잘되는 단백질을 야채의 섬유 조직과 수분에서 추출할 수 있다.

- **extract** [1]추출하다, 뽑아내다 [2]추출물
- **absorbable** 흡수되기 쉬운, 흡수되는
  absorb 흡수하다
  absorption 흡수
- **protein** 단백질

- **vegetable** 야채 vegetation 초목, 식물
  기출표현 global vegetation 지구의 식물
- **fiber** 섬유, 섬유질 fibrous 섬유질의
- **tissue** (세포의) 조직
- **fluid** [1]유동체 [2](동식물의) 분비액

These diverse signals imply different levels of hazard.

이 다양한 신호들은 다른 수준의 위험을 암시한다.

- **diverse** 다양한
  diversity 다양성
  diversion 기분 전환
  기출표현 diversion from the boredom
    따분함으로부터의 기분 전환

- **signal** 신호
- **imply** 암시하다 implication 암시
- **hazard** 위험 hazardous 위험한

The platoon undertook a decisive role in combat. It blocked the enemy's supply routes.

그 소대는 전투에서 결정적인 역할을 떠맡았다. 그들은 적의 보급로를 차단했다.

- **platoon** (군대의) 소대
- **undertake** 맡다, 착수하다
- **decisive** 결정적인 decide 결정하다
- **role** 역할

- **combat** 전투, 싸움
- **block** 방해하다, 막다
- **supply** 공급(하다)
- **route** 길, 경로

Generally, obesity is a dominant factor in early death.

일반적으로, 비만은 조기 사망의 주요한 요소이다.

- **generally** 일반적으로
  general 일반적인
- **obesity** 비만 obese 비만인, 비만의

- **dominant** 지배적인, 주요한
  dominate 지배하다
- **factor** 요인, 요소

341 ☐☐

The flood swept away the village, and the isolated residents perished.

홍수가 그 마을을 휩쓸어버렸고 고립된 주민들은 죽음을 맞이했다.

- **flood** 홍수
- **sweep** ¹ (빗자루로) 쓸다 ² 휩쓸고 가다
  (-swept-swept)
- **isolated** 고립된, 격리된
  isolate 고립시키다
  isolation 고립

- **resident** 주민　reside 거주하다, 살다
  residue 잔여물 ← 거주하는
- **perish** ¹ (끔찍하게) 죽다, 비명횡사하다
  ² 소멸하다
  perishable 상하기 쉬운
  (ex. perishable food 상하기 쉬운 음식)

---

342 ☐☐

To induce sleep, the insomnia patient swallowed a bitter pill. Then, he frowned.

잠을 유도하기 위해, 그 불면증 환자는 쓴 알약을 삼켰다. 그러더니 얼굴을 찡그렸다.

- **induce** 유도하다　induction 유도, 유발
- **insomnia** 불면(증)
- **swallow** ¹ 삼키다 ² 제비

- **bitter** 쓴
- **pill** 알약
- **frown** 얼굴을 찡그리다

---

343 ☐☐

Edison was so naive. He snatched an egg from the basket and tried to hatch it in the hay.

에디슨은 매우 순진했다. 그는 바구니에서 계란을 잡아채서는 건초 속에서 그것을 부화시키려고 했다.

- **naive** 순진한, 천진난만한
- **snatch** 잡아채다

- **hatch** ¹ 부화시키다 ² 부화하다
- **hay** 건초

---

344 ☐☐

The members of the tribe worshiped the rock for its spiritual energy.

그 부족의 구성원들은 영적인 에너지 때문에 바위를 숭배했다.

- **tribe** 부족, 종족
- **worship** 숭배하다, 섬기다
  [참고단어] warship 전투함 ≫ 주의

- **spiritual** 영적인, 영혼의
  spirit 정신, 영혼

345

An abrupt noise distracted him, so he could not pay attention.

갑작스런 소음이 그를 산만하게 해서 집중을 할 수가 없었다.

- **abrupt** 갑작스러운
- **distract** 산만하게 하다, (주의를) 딴 데로 돌리다

- **attention** 주의, 주의력
  ex. pay attention 주의를 기울이다
  attentive 주의를 기울이는
  기출표현 attentive workers
  주의를 기울이는 근로자들

346

Ultimately, the city council agreed with him and boycotted the project.

결국 시의회는 그에게 동의하고 사업에 불참했다.

- **ultimately** 결국
- **council** 의회
  councilor ¹의원 ²고문관
  기출표현 the king and his councilors
  왕과 그의 고문들

- **agree** 동의하다
  agreement 동의
  disagree 동의하지 않다
- **boycott** 불참하다, 불매운동을 하다

347

Gratitude and politeness are vital virtues in life.

감사와 예의 바름은 인생에서 필수적인 덕목이다.

- **gratitude** 감사
  gratuity (감사의 뜻으로 주는) 팁
- **politeness** 예의 바름, 공손함
  polite 예의 바른   impolite 무례한

- **vital** 필수적인
  기출표현 vital support in emergencies
  긴급상황에서의 필수적인 지원
- **virtue** 덕목, 미덕

348

The members of the post-war generation were deprived of hope. They were desperate.

전후 세대의 구성원들은 희망을 빼앗겼다. 그들은 절망적이었다.

- **generation** 세대
- **deprive** 빼앗다
  ex. be deprived of ~을 빼앗기다

- **desperate** ¹절망적인 ²절실한
  기출표현 his desperate experience
  그의 절망적인 경험

337	extract 동사	absorbable	protein	fiber	tissue
	추출하다, 뽑아내다				

338	diverse	signal	imply	hazard

339	undertake	decisive	combat	supply 명사	route

340	generally	obesity	dominant	factor

341	flood	sweep	isolated	resident	perish

342	induce	insomnia	bitter	pill	frown

343	naive	snatch	hatch	hay

344	tribe	worship	spiritual

345	abrupt	distract	attention

346	ultimately	council	agree	boycott

347	gratitude	politeness	vital	virtue

348	generation	deprive	desperate

337 우리는 흡수가 잘되는 단백질을 야채의 섬유 조직에서 추출할 수 있다.

We can extract a_____ protein from vegetable fiber t_____s.

338 이 다양한 신호들은 다른 수준의 위험을 암시한다.

These d_____ signals imply different levels of h_____.

339 그 소대는 전투에서 결정적인 역할을 떠맡았다. 그들은 적의 보급로를 차단했다.

The platoon undertook a d_____ role in combat. It blocked the enemy's
s_____ routes.

340 비만은 조기 사망의 주요한 요소이다.

Obesity is a d_____ f_____ in early death.

341 홍수가 그 마을을 휩쓸어버렸고 고립된 주민들은 죽음을 맞이했다.

The flood swept away the village, and the i_____ residents p_____ed.

342 그 불면증 환자는 쓴 알약을 삼켰다.

The insomnia patient s_____ed a b_____ pill.

343 에디슨은 바구니에서 계란을 잡아채서는 건초 속에서 그것을 부화시키려고 했다.

Edison s_____ed an egg from the basket and tried to h_____ it in the hay.

344 그 부족의 구성원들은 영적인 에너지 때문에 바위를 숭배했다.

The members of the tribe w_____ed the rock for its s_____ energy.

345 갑작스런 소음이 그를 산만하게 해서 집중을 할 수가 없었다.

An a_____ noise d_____ed him, so he could not pay attention.

346 결국 시의회는 그에게 동의하고 사업에 불참했다.

Ultimately, the city council a_____d with him and b_____ed the project.

347 감사와 예의 바름은 인생에서 필수적인 덕목이다.

Gratitude and p_____ are vital v_____s in life.

348 전후 세대의 구성원들은 희망을 빼앗겼다. 그들은 절망적이었다.

The members of the post-war g_____ were deprived of hope. They
were d_____.

Pre-Check!　다음 문장을 읽으며 단어의 뜻을 알고 있는지 체크해보세요.

349　나는 액상 detergent로 앞유리창을 닦고 stain과 얼룩을 제거했다.

350　우리 아이들이 errand와 산더미 같은 집안일을 spontaneously하게 했다. 그것은 incredible했다!

351　양치기는 흩어진 양떼를 hastily하게 gather하고 있었다.

352　수소차는 sophisticated한 배기가스 처리 시스템을 utilize한다. 그것은 수증기만을 배출한다.

353　오직 authorized한 필터만이 가스 emission을 효율적으로 줄인다.

354　운전자들은 horn을 울리고 있었고 나는 내가 교통체증 속에 꼼짝도 못하고 있다는 것을 realize했다.

355　산소가 전기 discharge에 영향 받을 때 오존층이 형성된다. 한편 acidic한 가스들은 아마도 오존층 depletion을 악화시킬 것이다.

356　나는 길거리 가수들의 노랫소리 한복판에서 bargain하고 있는 여자들을 사진 찍었다.

357　minute한 입자들이 공기 중에 float하고 있었다.

358　한국의 현대 literature에서 가장 charming한 인물은 누구인가?

359　이 도표는 문맹률의 steady한 증가를 illustrate한다.

360　basically하게 너는 핵융합 반응의 process를 이해해야 한다.

I wiped the windshield with liquid detergent and removed the stains and the spots.

나는 액상 세제로 앞유리창을 닦고 때와 얼룩을 제거했다.

- **wipe** 닦다
- **windshield** (자동차의) 앞유리창
  shield 방패
- **liquid** ¹액상의 ²액체

- **detergent** 세제
- **remove** 제거하다 removal 제거
- **stain** ¹때, 얼룩 ²얼룩지게 하다
- **spot** 얼룩, 반점

My children did errands and a heap of chores spontaneously. It was incredible!

우리 아이들이 심부름과 산더미 같은 집안일을 자발적으로 했다. 그것은 믿어지지가 않았다!

- **errand** 심부름
- **heap** 더미, 무더기
- **chore** 집안일, 허드렛일

- **spontaneously** 자발적으로, 자연스럽게
  spontaneous 자발적인
- **incredible** ¹믿어지지 않는, 믿기 힘든
  ²(믿기지 않을 만큼) 대단한

The shepherd was hastily gathering the scattered flock.

양치기는 흩어진 양떼를 서둘러 모으고 있었다.

- **hastily** 서둘러
  hasty 서두르는, 성급한
  haste 서두름
  hasten 서두르다

- **gather** 모으다
- **scattered** 뿔뿔이 흩어진
  scatter 흩어지게 하다
- **flock** (가축의) 떼, 무리

Hydrogen cars utilize sophisticated exhaust gas treatment systems. They just give off water vapor.

수소차는 정교한 배기가스 처리 시스템을 이용한다. 그것은 수증기만을 배출한다.

- **utilize** 이용하다, 활용하다
  utilities (가스, 전기 따위의) 공공설비
- **sophisticated** 섬세한, 정교한
- **exhaust** ¹배출(하다) ²(힘을) 소모하다
  exhausted 지친

- **treatment** ¹처리 ²치료
  treaty 협약 ← 문제의 처리
- **give off** (열, 냄새, 가스 등을) 내뿜다
- **vapor** 증기
  evaporation 증발

353

Only authorized filters reduce gas emissions efficiently.

오직 허가받은 필터만이 가스 배출을 효율적으로 줄인다.

- **authorized** 허가받은
  authorize 허가받다   authorization 허가
- **reduce** 줄이다   reduction 감소
- **emission** 배출(물)   emit 배출하다

- **efficiently** 효율적으로
  efficient 효율적인
  inefficient 비효율적인
  efficiency 효율

354

Drivers were honking their horns, and I realized that I was stuck in a traffic jam.

운전자들은 경적을 울리고 있었고 나는 내가 교통체증 속에 꼼짝도 못하고 있다는 것을 깨달았다.

- **honk** (자동차 경적을) 울리다
- **horn** ¹경적 ²(소, 염소 등의) 뿔
- **realize** ¹깨닫다 ²실현하다
  realization ¹깨달음 ²실현

- **stuck** 꼼짝 못하는
  stick (~에 끼어) 꼼짝하지 않다
  (-stuck-stuck)
- **traffic jam** 교통체증

355

The ozone layer forms when oxygen is subjected to electrical discharges. Meanwhile, acidic gases will probably worsen its depletion.

산소가 전기 방전에 영향 받을 때 오존층이 형성된다. 한편 산성 가스들은 아마도 오존층 소실을 악화시킬 것이다.

- **layer** 층
- **be subjected to** ~에 영향 받다
- **discharge** (전기를) 방전(하다), 방출(하다)
  참고단어 overcharge 과다청구(하다)
- **meanwhile** 한편

- **acidic** 산성의   acid ¹산성의 ²산
- **probably** 아마도
- **worsen** 악화시키다
- **depletion** 소실, 고갈

356

I photographed the women bargaining amid the chanting of the street singers.

나는 길거리 가수들의 노랫소리 한복판에서 흥정하고 있는 여자들을 사진 찍었다.

- **bargain** 흥정하다
- **amid** ~의 한복판에, ~중에

- **chant** 노래(하다), 성가를 부르다
  enchant 매혹시키다 ← 노래를 불러

357

Minute particles were floating in the air.

미세한 입자들이 공기 중에 떠다니고 있었다.

- **minute** [1]미세한 발음주의 [2](시간 단위의) 분
- **particle** 입자
- **float** 떠다니다, 뜨다

358

Who is the most charming figure in Korean contemporary literature?

한국의 현대 문학에서 가장 매력적인 인물은 누구인가?

- **charming** 매력적인
  charm 매력
- **figure** [1]숫자, 수치 [2]인물
- **contemporary** 현대의, 동시대의
- **literature** 문학
  literary 문학의
  기출표현 her literary advisor
  그녀의 문학 고문
  literal 문자의, 문자 그대로의 뜻주의

359

This chart illustrates a steady increase in the illiteracy rate.

이 도표는 문맹률의 꾸준한 증가를 보여준다.

- **illustrate** (실례, 도표 등으로) 보여주다
- **steady** 꾸준한
  steadily 꾸준하게, 지속적으로
- **illiteracy** 문맹   literacy 읽고 쓰는 능력
  illiterate 문맹의
- **rate** 비율   rating 등급

360

Basically, you have to figure out the process of a nuclear fusion reaction.

기본적으로 너는 핵융합 반응의 과정을 이해해야 한다.

- **basically** 기본적으로
  basic 기본적인, 기초적인
  base [1]기초, 토대 [2]기지
- **figure out** 이해하다
- **process** [1]과정 [2](과정을 거쳐) 처리하다
  ex. process mail 우편물을 처리하다
- **fusion** 융합   diffusion 확산, 전파
- **reaction** 반응   react 반응하다

349

wipe	liquid 형용사	detergent	remove	stain 명사
닦다				

350

errand	heap	chore	spontaneously	incredible

351

hastily	gather	scattered	flock

352

utilize	sophisticated	exhaust 명사	treatment	vapor

353

authorized	reduce	emission	efficiently

354

honk	horn	realize	stuck	traffic jam

355

layer	be subjected to	meanwhile	acidic	depletion

356

bargain	amid	chant

357

minute 형용사	particle	float

358

charming	figure	contemporary	literature

359

illustrate	steady	illiteracy	rate

360

basically	figure out	process 명사	fusion	reaction

349 나는 액상 세제로 앞유리창을 닦고 얼룩을 제거했다.
I wiped the w_____ with liquid detergent and r_____d the spots.

350 우리 아이들이 산더미 같은 집안일을 자발적으로 했다. 그것은 믿어지지가 않았다!
My children did a heap of chores s_____. It was i_____!

351 양치기는 흩어진 양떼를 서둘러 모으고 있었다.
The shepherd was hastily g_____ing the s_____ flock.

352 수소차는 정교한 배기가스 처리 시스템을 이용한다. 그것은 수증기만을 배출한다.
Hydrogen cars utilize s_____ exhaust gas treatment systems.
They just give off water v_____.

353 오직 허가받은 필터만이 가스 배출을 효율적으로 줄인다.
Only authorized filters r_____ gas e_____s efficiently.

354 나는 내가 교통체증 속에 꼼짝도 못하고 있다는 것을 깨달았다.
I r_____d that I was s_____ in a traffic jam.

355 산소가 전기 방전에 영향 받을 때 오존층이 형성된다.
The ozone l_____ forms when oxygen is s_____ to electrical discharges.

356 나는 길거리 가수들의 노랫소리 한복판에서 흥정하고 있는 여자들을 사진 찍었다.
I photographed the women b_____ing amid the c_____ of the
street singers.

357 미세한 입자들이 공기 중에 떠다니고 있었다.
M_____ particles were f_____ing in the air.

358 한국의 현대 문학에서 가장 매력적인 인물은 누구인가?
Who is the most charming f_____ in Korean c_____ literature?

359 이 도표는 문맹률의 꾸준한 증가를 보여준다.
This chart illustrates a s_____ increase in the i_____ rate.

360 기본적으로 너는 핵융합 반응의 과정을 이해해야 한다.
Basically, you have to f_____ out the process of a nuclear fusion r_____.

Pre-Check! 다음 문장을 읽으며 단어의 뜻을 알고 있는지 체크해보세요.

361   그 공장의 automated한 공정이 원유를 refine하고 고품질의 휘발유를 generate한다.

362   우리 애는 multiplication은 고사하고 덧셈이나 subtraction도 못해요.

363   그 식민지는 독립을 declare하고 연합 republic을 세웠다.

364   신부는 주저 없이 loyalty를 서약했다. 신랑도 그러겠다고 vow했다.

365   regret는 시간 낭비이다. 과거일에 dwell on하지 마라.

366   국민들은 prompt한 타협을 eagerly하게 기다리고 있었다.

367   예언가들은 사람의 운명을 foresee한다. 그러나 그들의 prediction이 꼭 실현되지는 않는다.

368   사려 깊은 우리 사장님이 integrity에 대해 비서를 compliment했다.

369   너는 조금 더 bold하고 과감해야 한다. passive하게 되지 말아라.

370   이자율이 unstable할 때는 돈을 예금하지 마라. 즉시 돈을 withdraw해라.

371   환자의 consciousness를 회복시키기 위해 healer는 이 재래식 remedy에 의존했다.

372   그 sly한 선수는 상 받을 자격이 없다. 그는 명백히 deceitful한 전술을 사용했다.

361

The plant's automated procedure refines crude oil and generates high-quality gasoline.

그 공장의 자동화된 공정이 원유를 정제하고 고품질의 휘발유를 만들어낸다.

- **plant** ¹공장 ²식물
- **automated** 자동화된, 자동의
  automate 자동화하다
- **procedure** 과정, 절차

- **refine** 정제하다   refinery 정제 시설
- **crude** ¹조잡한 ²가공하지 않은
  ex. crude oil (미가공한) 원유
- **generate** 발생시키다, 만들어내다

362

My kid can't do addition and subtraction, let alone multiplication.

우리 애는 곱셈은 고사하고 덧셈이나 뺄셈도 못해요.

- **addition** 덧셈
  add 더하다   additive 첨가물
- **subtraction** 뺄셈   subtract 빼다

- **let alone** ~은 제쳐두고, ~커녕
- **multiplication** 곱셈
  multiply ¹곱하다 ²증가하다

363

The colony declared its independence and established a united republic.

그 식민지는 독립을 선언하고 연합 공화국을 세웠다.

- **colony** 식민지   colonize 식민지로 만들다
- **declare** 선언하다   declaration 선언
- **establish** 세우다, 확립하다
  establishment 설립

- **united** 연합한, 통합된
  unite 연합하다, 통합하다
  [참고단어] unify 통일하다
  unification 통일
- **republic** 공화국

364

The bride pledged loyalty without hesitation. The groom vowed to do the same.

신부는 주저 없이 충성을 서약했다. 신랑도 그러겠다고 맹세했다.

- **bride** 신부
- **pledge** 맹세하다, 서약하다
- **loyalty** 충성, 충실
  loyal 충성스러운
  [참고단어] royal 왕실의 ¹⁰ 투쥐

- **hesitation** 주저함
  hesitate 망설이다, 주저하다
- **groom** 신랑(=bridegroom)
- **vow** 맹세(하다), 서약(하다)

365
Regret is just time consuming. Don't dwell on the past.

후회는 시간 낭비이다. 과거일에 대해 생각하지 마라.

- **regret** ¹후회(하다) ²유감스럽게 여기다
- **time consuming** 시간을 낭비하는
  consume 소비하다, 다 써버리다
  consumption 소비, 소모
- **dwell on** ~에 대해 곰곰이 생각하다,
  ~을 곱씹다
  dwell 살다, 거주하다

366
The nation was eagerly awaiting a prompt compromise.

국민들은 즉각적인 타협을 절실히 기다리고 있었다.

- **nation** ¹국가 ²(집합적인) 국민
- **eagerly** 간절히, 열망하여
  eager 열망하는
- **await** 기다리다
- **prompt** 즉각적인
- **compromise** 타협(하다)

367
Prophets foresee people's destiny. However, their predictions do not necessarily come true.

예언가들은 사람의 운명을 예견한다. 그러나 그들의 예언이 꼭 실현되지는 않는다.

- **prophet** 예언자
- **foresee** 예견하다
- **destiny** 운명
- **prediction** 예언   predict 예언하다
- **necessarily** 꼭, 반드시
  ex. not necessarily 반드시 ~인 것은 아닌
- **come true** 실현되다

368
Our considerate boss complimented his secretary on her integrity.

사려 깊은 우리 사장님이 성실함에 대해 비서를 칭찬했다.

- **considerate** (남을) 배려하는, 사려 깊은
  참고단어 considerable 상당한 뜻주의
- **compliment** ¹칭찬하다 ²칭찬, 찬사
  complimentary ¹칭찬하는 ²무료의
  (ex. complimentary ticket 초대권)
- **secretary** 비서
- **integrity** 성실, 정직
  기출표현 moral integrity 도덕적 청렴함

You ought to be a bit bolder and more daring. Don't be passive.

너는 조금 더 대담하고 과감해야 한다. 수동적으로 되지 말아라.

- **ought to** ~해야 한다(=should)
- **a bit** 조금(=a little)
- **bold** 대담한, 용감한

- **daring** 과감한, 대담한
  dare to 감히 ~하다, 과감하게 ~하다
- **passive** 수동적인

When interest rates are unstable, don't deposit money. Withdraw it at once.

이자율이 불안정할 때는 돈을 예금하지 마라. 즉시 돈을 빼내라.

- **interest** ¹흥미, 관심 ²이익, 이자
- **unstable** 불안정한   stable 안정적인
- **deposit** ¹예금하다 ²쌓인 것
  ex. deposits of sand 모래 퇴적물
  ex. safety deposit box 귀중품 보관함

- **withdraw** ¹(돈을) 인출하다 ²물러나다
  withdrawal ¹인출(액) ²철수
- **at once** 당장, 즉시

To restore consciousness to the patient, the healer counted on this conventional remedy.

환자의 의식을 회복시키기 위해 치료사는 이 재래식 치료법에 의존했다.

- **restore** 회복시키다, 복구하다
- **consciousness** 의식
  conscious ¹의식이 있는 ²의식하는
- **healer** 치료사
  heal 낫게 하다, 치유하다

- **count on** ~에 의존하다
- **conventional** 재래식의, 전통 방식의
  기출표현 challenge the conventional
  ways 전통적인 방식에 도전하다
- **remedy** 치료법

That sly player doesn't deserve a prize. He obviously used deceitful tactics.

그 약삭빠른 선수는 상 받을 자격이 없다. 그는 명백히 기만적인 전술을 사용했다.

- **sly** 약삭빠른, 교활한
- **deserve** ~을 받을 만하다
- **prize** 상, 상품
- **obviously** 명백히, 분명히
  obvious 명백한

- **deceitful** 속이는, 기만적인
  deceive 속이다
  deceit 속임수
- **tactics** 전술

361

plant	automated	procedure	refine	crude	generate
공장, 식물					

362

addition	subtraction	let alone	multiplication

363

colony	declare	establish	united	republic

364

bride	pledge	loyalty	hesitation	groom	vow 동사

365

regret 명사	time consuming	dwell on

366

eagerly	await	prompt	compromise 명사

367

prophet	foresee	prediction	necessarily	come true

368

considerate	compliment 동사	secretary	integrity

369

ought to	a bit	bold	daring	passive

370

interest	unstable	deposit	withdraw	at once

371

restore	consciousness	count on	conventional	remedy

372

sly	deserve	obviously	deceitful	tactics

361　　그 공장은 원유를 정제하고 고품질의 휘발유를 만들어낸다.

The plant r_____s crude oil and g_____s high-quality gasoline.

362　　우리 애는 곱셈은 고사하고 덧셈이나 뺄셈도 못해요.

My kid can't do a_____ and subtraction, let a_____ multiplication.

363　　그 식민지는 독립을 선언하고 연합 공화국을 세웠다.

The colony d_____d its independence and e_____ed a united republic.

364　　신부는 주저 없이 충성을 서약했다. 신랑도 그러겠다고 맹세했다.

The bride pledged loyalty without h_____. The groom v_____ed to do the same.

365　　후회는 시간 낭비이다. 과거일에 대해 생각하지 마라.

R_____ is just time consuming. Don't d_____ on the past.

366　　국민들은 즉각적인 타협을 절실히 기다리고 있었다.

The nation was e_____ awaiting a prompt c_____.

367　　예언가들의 예언이 꼭 실현되지는 않는다.

Prophets' p_____s do not n_____ come true.

368　　사려 깊은 우리 사장님이 성실함에 대해 비서를 칭찬했다.

Our c_____ boss c_____ed his secretary on her integrity.

369　　너는 조금 더 대담하고 과감해야 한다.

You ought to be a bit b_____er and more d_____.

370　　이자율이 불안정할 때는 돈을 예금하지 마라. 즉시 돈을 빼내라.

When interest rates are u_____, don't deposit money. W_____ it at once.

371　　환자의 의식을 회복시키기 위해 치료사는 이 치료법에 의존했다.

To restore c_____ to the patient, the healer c_____ed on this remedy.

372　　그 선수는 상 받을 자격이 없다. 그는 명백히 기만적인 전술을 사용했다.

That player doesn't d_____ a prize. He obviously used d_____ tactics.

373 그 자비심 없는 merchant는 비참한 beggar들에게 어떤 sympathy도 느끼지 못했다.

374 그 haughty한 챔피언은 도전자를 coward처럼 취급했다.

375 그의 statement는 모순되었고 inconsistent했다.

376 실제로, bankrupt한 회사들의 proportion이 20퍼센트까지 상승했다.

377 당신에게 많이 owe했습니다. 당신에게 grateful합니다.

378 그런 mention하지 마세요.

379 그 province 내 끔찍한 famine이 반란을 촉발했다.

380 이 일은 진지한 endeavor, 지치지 않는 에너지, 그리고 utmost한 노력을 요구한다.

381 사회적 inequality는 진보를 hinder한다.

382 천을 반으로 fold하고 가느다란 thread로 그것을 꿰매라.

383 금전적인 incentive가 일꾼들에게 동기를 부여했다. 그들은 공사를 resume했다.

384 그가 autobiography 머리말에 썼듯이, 그의 wretched한 삶은 고통과 perseverance의 연속이었다.

373

The merciless merchant didn't feel any sympathy for the miserable beggars.

그 자비심 없는 상인은 비참한 걸인들에게 어떤 동정심도 느끼지 못했다.

- **merciless** 무자비한
  mercy 자비   merciful 자비로운
- **merchant** 상인   merchandise 상품
  기출표현 electronic merchandise
  전자 상품

- **sympathy** 동정
  sympathize 동정하다
  sympathetic 동정적인
- **miserable** 비참한   misery 비참함
- **beggar** 거지   beg 구걸하다

374

The haughty champion treated the challenger like a coward.

그 오만한 챔피언은 도전자를 겁쟁이처럼 취급했다.

- **haughty** 오만한, 거만한
- **treat** ¹다루다, 취급하다 ²치료하다
  기출표현 be treated like a hero
  영웅처럼 취급받다.

- **challenger** 도전자
  challenge 도전(하다)
  challenging 도전적인, 도전해볼 만한
- **coward** 겁쟁이

375

His statement was contradictory and inconsistent.

그의 진술은 모순되었고 일관성이 없었다.

- **statement** 진술
  state ¹진술하다 ²국가, 주 ³상태
- **contradictory** 모순되는

- **inconsistent** 일관성 없는
  consistent 일관된
  consistency 일관성

376

Actually, the proportion of bankrupt companies rose to 20%.

실제로, 도산한 회사들의 비율이 20퍼센트까지 상승했다.

- **actually** 사실상, 실제로
- **proportion** 비율
  portion 부분, 일부

- **bankrupt** 파산한, 도산한
  bankruptcy 파산, 도산
  bank ¹은행 ²제방, 둑 ※주의

A: I owe you a lot. I'm grateful to you.

A: 당신에게 많이 신세 졌습니다. 감사합니다.

B: Don't mention it.

B: 그런 말씀 하지 마세요.

- **owe** [1] (돈을) 빚지다 [2] 신세를 지고 있다
- **grateful** 감사하는
- **mention** 언급하다, 말하다

A terrible famine within the province triggered the revolt.

그 지역 내 끔찍한 기근이 반란을 촉발했다.

- **terrible** 끔찍한
- **famine** 기근, 굶주림
- **province** 지방
- **trigger** [1] 방아쇠 [2] 촉발하다, 일으키다
- **revolt** 반란, 봉기

This job requires earnest endeavor, untiring energy, and the utmost exertion.

이 일은 진지한 노력, 지치지 않는 에너지, 그리고 최대한의 노력을 요구한다.

- **require** 요구하다
  requirement 요구 사항, 자격 요건
- **earnest** 진지한, 성실한
- **endeavor** 노력, 시도
  기출표현 new creative endeavors
  새로운 창의적인 시도들
- **untiring** 지치지 않는, 지칠 줄 모르는
  tiresome 귀찮은, 성가신
- **utmost** 최대한의, 최고의
- **exertion** (힘의) 발휘, 노력
  exert (재능 따위를) 발휘하다, 노력하다

Social inequality hinders progress.

사회적 불평등은 진보를 방해한다.

- **inequality** 불평등
  equality 평등, 균등
- **hinder** 방해하다   hindrance 방해(물)
- **progress** 진보(하다)

Fold the cloth in half and stitch it with fine thread.

천을 반으로 접고 가느다란 실로 그것을 꿰매라.

- **fold** (종이, 천을) 접다
- **cloth** 천   clothing 의류
- **stitch** 꿰매다, 바느질하다
- **fine** ¹좋은 ²가느다란
- **thread** 실

A monetary incentive motivated the workers. They resumed construction.

금전적인 보상이 일꾼들에게 동기를 부여했다. 그들은 공사를 재개했다.

- **monetary** 금전상의
- **incentive** ¹격려, 자극 ²보상물
- **motivate** 동기를 부여하다
  motive 동기   motivation 동기 부여
- **resume** 재개하다
- **construction** 건설
  construct 건설하다
  constructive 건설적인

As he wrote in the preface of his autobiography, his wretched life was a series of afflictions and perseverance.

그가 자서전 머리말에 썼듯이, 그의 비참한 삶은 고통과 인내의 연속이었다.

- **preface** 머리말, 서두
- **autobiography** 자서전
  biography 전기
- **wretched** 비참한, 불쌍한
- **affliction** 고통   afflict 괴롭히다
- **perseverance** 인내
  persevere 인내하다, 인내하며 계속하다

373	merciless	merchant	sympathy	miserable	beggar
	무자비한				

374	haughty	treat	challenger	coward

375	statement	contradictory	inconsistent

376	actually	proportion	bankrupt

377	owe	grateful

378	mention

379	terrible	famine	province	trigger 동사	revolt

380	earnest	endeavor	untiring	utmost	exertion

381	inequality	hinder	progress

382	fold	cloth	stitch	fine	thread

383	monetary	incentive	motivate	resume	construction

384	preface	autobiography	wretched	affliction	perseverance

373   그 자비심 없는 상인은 걸인들에게 어떤 동정심도 느끼지 못했다.
The merciless m_____ didn't feel any s_____ for the beggars.

374   그 챔피언은 도전자를 겁쟁이처럼 취급했다.
The champion t_____ed the challenger like a c_____.

375   그의 진술은 모순되었고 일관성이 없었다.
His statement was c_____ and i_____.

378   도산한 회사들의 비율이 20퍼센트까지 상승했다.
The p_____ of b_____ companies rose to 20%.

377   당신에게 많이 신세 졌습니다. 감사합니다.
I o_____ you a lot. I'm g_____ to you.

378   그런 말씀 하지 마세요.
Don't m_____ it.

379   그 지역 내 끔찍한 기근이 반란을 촉발했다.
A terrible f_____ within the p_____ triggered the revolt.

380   이 일은 진지한 노력과 최대한의 노력을 요구한다.
This job r_____s earnest endeavor and the utmost e_____.

381   사회적 불평등은 진보를 방해한다.
Social inequality h_____s p_____.

382   천을 반으로 접고 가느다란 실로 그것을 꿰매라.
Fold the cloth in half and s_____ it with fine t_____.

383   금전적인 보상이 일꾼들에게 동기를 부여했다. 그들은 공사를 재개했다.
A monetary incentive m_____d the workers. They resumed c_____.

384   그가 자서전 머리말에 썼듯이, 그의 비참한 삶은 고통과 인내의 연속이었다.
As he wrote in the preface of his a_____, his wretched life was a series of afflictions and p_____.

DAY 33

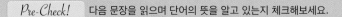

Pre-Check! 다음 문장을 읽으며 단어의 뜻을 알고 있는지 체크해보세요.

385 그 고고학자는 미라의 **curse**에 대한 두려움으로 **tomb** 입구를 막아버렸다.

386 그 가정부는 **laundry** 주머니에서 염색된 **clothing**을 골라냈다.

387 그 어리석은 **monarch**는 엄청난 세금 **burden**을 개인들에게 전가했다.

388 나는 **envelope** 안에 동봉된 **check**를 발견했다. 그것은 내 **labor**에 대한 보상이었다.

389 몇몇 **enterprise**들은 국내 시장에서 **monopoly**를 가지고 있다.

390 우리는 회계 시스템에서 **transparency**를 확실히 해야 한다. 그것은 **critical**한 문제다.

391 추가적인 조사가 그들의 **apparent**한 사기행위를 **disclose**할 것이다.

392 개인 건강 **insurance**는 소외계층에게 **affordable**한 것이어야 한다.

393 **frankly**하게 말해, **substitute** 선수들은 열등감을 가지고 있다.

394 통제 불가능한 **contamination**이 발생하면 경계경보가 **issue**된다.

395 그 **entrepreneur**는 도서관을 **found**했고 또한 도서 박람회를 열심히 **sponsor**했다.

396 **communist**들은 자본주의에 대한 왜곡된 **notion**을 가지고 있다.

385
☐☐

The archaeologist blocked the entrance of the tomb out of fear of the mummy's curse.

그 고고학자는 미라의 저주에 대한 두려움으로 무덤 입구를 막아버렸다.

- **archaeologist** 고고학자
  archeology 고고학
- **entrance** 입구   enter 들어가다
- **tomb** 무덤

- **fear** 두려움
  ex. out of fear 두려움으로, 무서워서
- **mummy** 미라
- **curse** 저주

386
☐☐

The maid sorted the dyed clothing from the laundry bag.

그 가정부는 세탁물 주머니에서 염색된 옷가지를 골라냈다.

- **maid** 가정부, 하녀
- **sort** ¹ 솎아내다, 골라내다 ² 종류
  sort of 약간(=kind of =a little)

- **dye** 염색하다
- **clothing** 옷가지, 의류
- **laundry** 세탁, 세탁물

387
☐☐

The silly monarch shifted the huge tax burden to individuals.

그 어리석은 군주는 엄청난 세금 부담을 개인들에게 전가했다.

- **silly** 어리석은
- **monarch** 군주, 통치자
- **shift** ¹ (장소를) 옮기다 ² (책임을) 전가하다
- **huge** 거대한, (크기, 정도가) 엄청난

- **tax** 세금
  기출표현 tax collector 세입 징수관
- **burden** 짐, 부담
- **individual** 개인

388
☐☐

I found a check enclosed in the envelope. It was a reward for my labor.

나는 봉투 안에 동봉된 수표를 발견했다. 그것은 내 노고에 대한 보상이었다.

- **check** 수표
- **enclose** 동봉하다
- **envelope** 봉투   envelop 감싸다
  기출표현 envelop him in delight
  그를 기쁨으로 감싸다

- **reward** 보상
  rewarding 보람 있는
- **labor** 노동, 노고
  laborer 노동자

389

Some enterprises have monopolies in the domestic market.

몇몇 기업들은 국내 시장에서 독점권을 가지고 있다.

- **enterprise** 기업체
  entrepreneur 기업가
- **monopoly** 독점권
- **domestic** 국내의

390

We have to assure transparency in our accounting systems. It's a critical issue.

우리는 회계 시스템에서 투명성을 확실히 해야 한다. 그것은 중대한 문제다.

- **assure** 확실히 하다
- **transparency** 투명성
  transparent 투명한
- **accounting** 회계   accountant 회계사
- **critical** ¹ 비판적인 ² 중대한

391

Further inquiries will disclose their apparent fraud.

추가적인 조사가 그들의 명백한 사기행위를 드러낼 것이다.

- **further** 더 나아간, 추가의
- **inquiry** 조사, 취조
- **disclose** 밝혀내다, 드러내다
- **apparent** 명백한
- **fraud** 사기

392

Private health insurance should be affordable to the underprivileged.

개인 건강 보험은 소외계층에게 감당할 만한 것이어야 한다.

- **insurance** 보험
  insure 확실히 해두다, 보장하다(=ensure)
- **affordable** 감당할 만한
  afford to ~할 여유가 있다
  기출표현 afford to pay the price
  값을 지불할 여유가 있다
- **underprivileged** 혜택을 받지 못하는
  ex. the underprivileged 소외계층
  ← 혜택(privilege)을 받지 못하는 사람들
  privilege 혜택, 특권

Frankly speaking, the substitute players have a sense of inferiority.

솔직히 말해, 대체 선수들은 열등감을 가지고 있다.

- **frankly** 솔직히
  frank 솔직한
- **substitute** 대체(하다)

- **inferiority** 열등함   inferior 열등한
  superiority 우월성
  superior ¹우월한 ²윗사람, 상급자
  (ex. follow his superior 윗사람을 따르다)

When an uncontrollable contamination breaks out, an alert is issued.

통제 불가능한 오염이 발생하면 경계경보가 발령된다.

- **contamination** 오염
  contaminate 오염시키다
- **break out** 발발하다, 발생하다

- **alert** ¹경계경보 ²경계하는 ³경보를 발하다
- **issue** ¹발행하다, 발령하다 ²주제, 쟁점
  reissue (책, 음반을) 재발행하다, 재발매하다

The entrepreneur founded a library and also vigorously sponsored book fairs.

그 기업가는 도서관을 건립했고 또한 도서 박람회를 열심히 후원했다.

- **entrepreneur** 기업가
- **found** 설립하다   foundation 설립, 창설
- **vigorously** 힘차게, 열정적으로
  vigorous 정력적인, 활발한   vigor 정력, 활기

- **sponsor** ¹후원하다 ²후원자
  sponsorship 후원
- **fair** 박람회

Communists have a distorted notion of capitalism.

공산주의자들은 자본주의에 대한 왜곡된 관념을 가지고 있다.

- **communist** 공산주의자
  communism 공산주의
- **distorted** 왜곡된   distort 왜곡하다

- **notion** 관념, 생각
- **capitalism** 자본주의
  capital ¹자본(의) ²대문자(의) ³수도

385

archeologist	entrance	tomb	fear	mummy	curse
고고학자					

386

maid	sort 동사	dye	clothing	laundry

387

silly	monarch	shift	huge	burden	individual

388

check	enclose	envelope	reward	labor

389

enterprise	monopoly	domestic

390

assure	transparency	accounting	critical

391

further	inquiry	disclose	apparent	fraud

392

insurance	affordable	underprivileged

393

frankly	substitute 명사	inferiority

394

contamination	break out	alert 명사	issue 동사

395

entrepreneur	found	vigorously	sponsor 동사	fair 명사

396

communist	distorted	notion	capitalism

385　그 고고학자는 미라의 저주에 대한 두려움으로 무덤 입구를 막아버렸다.

The a_____ blocked the e_____ of the tomb out of fear of the mummy's curse.

386　그 가정부는 세탁물 주머니에서 염색된 옷가지를 골라냈다.

The maid s_____ed the d_____d clothing from the laundry bag.

387　그 군주는 엄청난 세금 부담을 개인들에게 전가했다.

The monarch shifted the huge tax b_____ to i_____s.

388　나는 봉투 안에 동봉된 수표를 발견했다. 그것은 내 노고에 대한 보상이었다.

I found a check enclosed in the e_____. It was a r_____ for my labor.

389　몇몇 기업들은 국내 시장에서 독점권을 가지고 있다.

Some e_____s have monopolies in the d_____ market.

390　우리는 회계 시스템에서 투명성을 확실히 해야 한다. 그것은 중대한 문제다.

We have to assure t_____ in our accounting systems. It's a c_____ issue.

391　추가적인 조사가 그들의 명백한 사기행위를 드러낼 것이다.

Further inquiries will d_____ their a_____ fraud.

392　개인 건강 보험은 소외계층에게 감당할 만한 것이어야 한다.

Private health i_____ should be a_____ to the underprivileged.

393　대체 선수들은 열등감을 가지고 있다.

The s_____ players have a sense of i_____.

394　오염이 발생하면 경계경보가 발령된다.

When a contamination b_____s out, an alert is i_____d.

395　그는 도서관을 건립했고 또한 도서 박람회를 열심히 후원했다.

He f_____ed a library and also v_____ sponsored book fairs.

396　공산주의자들은 자본주의에 대한 왜곡된 관념을 가지고 있다.

C_____s have a distorted n_____ of capitalism.

Pre-Check! 다음 문장을 읽으며 단어의 뜻을 알고 있는지 체크해보세요.

397 그 감독은 outstanding한 다큐멘터리로 award를 받았다.

398 그 미친 화가는 weird하고 괴이한 portrait를 그렸다.

399 그의 assertion은 relevant한 사실들 에 기초하고 있다.

400 나는 polished한 마루 위에서 미끄러졌다. Unfortunately하게도, 난 발목과 손목을 sprain했다.

401 일 년 후에 우리는 accidentally하게 만났다. 그것은 단순한 coincidence였을까 아니면 destiny였을까?

402 grin과 함께 그 marine은 애인에게 다정하고 감동적인 farewell을 고했다.

403 내 nephew는 이상해 보이지만 건전한 정신을 가진 fellow이다.

404 일몰이 magnificent하고 환상적이었다. 그것은 말 그대로 awesome했다.

405 무릎을 시계 방향으로 rotate하세요. 그리고 연속해서 elbow를 45도로 굽히세요.

406 그 배우는 자신의 군복무 exemption에 대한 주장들을 reject했다.

407 슬라이서, chopping board 그리고 분쇄기는 매우 유용한 요리 utensil이다.

408 그 athlete들은 습한 climate에 익숙하지 않았다.

397
☐☐

The director won an award for his outstanding documentary.

그 감독은 뛰어난 다큐멘터리로 상을 받았다.

- **director** 감독
  direct 총괄하다, 지시하다
  direction 방향 ← 지시하는
- **award** 상, 상금
- **outstanding** 눈에 띄는, 뛰어난
- **documentary** 다큐멘터리, 기록물

398
☐☐

The insane painter drew a weird and grotesque portrait.

그 미친 화가는 이상하고 괴이한 초상화를 그렸다.

- **insane** 미친   sane 제정신의
- **weird** 이상한
- **grotesque** 괴이한
- **portrait** 초상화
  portray (글, 그림으로) 묘사하다

399
☐☐

His assertion is based on relevant facts.

그의 주장은 관련된 사실들에 기초하고 있다.

- **assertion** 주장
  assert 주장하다
  assertive 확신에 찬
- **be based on** ~에 기초를 두다,
  ~에 근거하다
- **relevant** ¹관련된 ²상응하는

400
☐☐

I slipped on the polished floor. Unfortunately, I sprained my ankle and wrist.

나는 광낸 마루 위에서 미끄러졌다. 불행히도, 난 발목과 손목을 삐었다.

- **slip** 미끄러지다   slippery 미끄러운
- **polished** 광택이 나는, 윤이 나게 닦인
  polish 윤을 내다, 윤이 나도록 닦다
- **unfortunately** 불행히도
  unfortunate 불운한, 불행한
  fortune ¹행운 ²재산
- **sprain** 삐다, 접질리다
- **ankle** 발목
- **wrist** 손목

401

A year later, we met accidentally. Was it a mere coincidence or destiny?

일 년 후에 우리는 우연히 만났다. 그것은 단순한 우연이었을까 아니면 운명이었을까?

- **accidentally** 우연히
  accidental 우연한
  accident [1] 사고 [2] 우연한 사건
  참고단어 incident 일, 사건
- **mere** 단순한
- **coincidence** 우연의 일치
- **destiny** 운명

402

With a grin, the marine bid a fond, touching farewell to his sweetheart.

싱긋 웃음과 함께 그 해병대원은 애인에게 다정하고 감동적인 작별인사를 고했다.

- **grin** [1] 싱긋 웃다 [2] 싱긋 웃음
- **marine** [1] 바다의 [2] 해병대원
- **bid** (인사를) 말하다
- **fond** [1] 좋아하는 [2] 다정한
  be fond of ~을 좋아하다
- **touching** 감동적인
  touch [1] 만지다 [2] 감동시키다
- **farewell** 작별인사
- **sweetheart** 애인
  참고단어 heartily 마음껏, 실컷

403

My nephew appears odd, but he is a sound-minded fellow.

내 조카는 이상해 보이지만 건전한 정신을 가진 친구이다.

- **odd** [1] 이상한 [2] 홀수의
  odd number 홀수   even number 짝수
  odds 확률, 가능성
  기출표현 The odds are in your favor.
  유리한 확률은 당신 쪽에 있다.
- **sound** [1] (신체, 정신이) 건전한 [2] 소리
  [3] ~처럼 들리다
- **-minded** (생각, 성격이) ~한
- **fellow** 친구, 녀석

404

The sunset was magnificent and spectacular. It was literally awesome.

일몰이 웅장하고 환상적이었다. 그것은 말 그대로 경이로웠다.

- **magnificent** 웅장한, 장엄한
- **spectacular** 장관의, 환상적인
  spectacle 장관
- **literally** 말 그대로, 문자 그대로
- **awesome** 경이로운
  awe 경이, 경외

Rotate your knees clockwise. In sequence, bend your elbows 45 degrees.

무릎을 시계 방향으로 돌리세요. 그리고 연속해서 팔꿈치를 45도로 굽히세요.

- **rotate** 회전하다, 회전시키다
  rotation 회전
- **clockwise** 시계 방향으로
  counterclockwise 시계 반대 방향으로
- **sequence** 연속
- **bend** 구부리다, 굽히다
- **elbow** 팔꿈치
- **degree** ¹ (각도, 온도 등의) ~도 ²정도
  ³학위

The actor rejected claims about his exemption from military service.

그 배우는 자신의 군복무 면제에 대한 주장들을 일축했다.

- **reject** ¹물리치다, 일축하다 ²거절하다
- **claim** ¹주장(하다) ²요구(하다)
  ex. claim ticket (물품 따위의) 보관증
- **exemption** 면제
  exempt ¹면제된 ²면제하다
- **military** 군대의

Slicers, chopping boards, and grinders are very useful cooking utensils.

슬라이서, 도마 그리고 분쇄기는 매우 유용한 요리 기구이다.

- **slicer** (햄, 빵을) 얇게 자르는 기구
  slice 얇게 자르다
- **chop** 썰다, 다지다
- **board** 판, 판자
  ex. chopping board 도마
- **grinder** 가는 기구, 분쇄기
  grind 갈다
- **utensil** (주방) 기구
  기출표현 a coating on cooking utensils
  요리 기구 위의 코팅

The athletes were not used to the humid climate.

그 운동선수들은 습한 기후에 익숙하지 않았다.

- **athlete** 운동선수
  athletic ¹운동 경기의 ²운동을 잘하는
- **be used to** ~에 익숙하다
- **humid** 습한
  humidity 습함, 습도   humidifier 가습기
- **climate** 기후

397	director	award	outstanding	documentary
	감독			

398	insane	weird	grotesque	portrait

399	assertion	be based on	relevant

400	slip	polished	unfortunately	sprain	ankle

401	accidentally	mere	coincidence	destiny

402	grin 명사	marine 명사	fond	touching	farewell

403	odd	sound 형용사	fellow

404	magnificent	spectacular	literally	awesome

405	rotate	clockwise	sequence	bend	degree

406	reject	claim 명사	exemption	military

407	slicer	chop	board	grinder	utensil

408	athlete	be used to	humid	climate

397 그 감독은 뛰어난 다큐멘터리로 상을 받았다.
The d_____ won an award for his o_____ documentary.

398 그 미친 화가는 이상하고 괴이한 초상화를 그렸다.
The i_____ painter drew a weird and grotesque p_____.

399 그의 주장은 관련된 사실들에 기초하고 있다.
His a_____ is based on r_____ facts.

400 나는 광낸 마루 위에서 미끄러졌다. 난 발목을 삐었다.
I slipped on the p_____ floor. I s_____ed my ankle.

401 그것은 단순한 우연이었을까 아니면 운명이었을까?
Was it a m_____ c_____ or destiny?

402 그는 애인에게 다정하고 감동적인 작별인사를 고했다.
He bid a fond, t_____ f_____ to his sweetheart.

403 내 조카는 이상해 보이지만 건전한 정신을 가진 친구이다.
My nephew appears o_____, but he is a s_____-minded fellow.

404 일몰은 웅장했다. 그것은 말 그대로 경이로웠다.
The sunset was m_____. It was l_____ awesome.

405 무릎을 시계 방향으로 돌리세요. 그리고 연속해서 팔꿈치를 45도로 굽히세요.
R_____ your knees c_____. In s_____, bend your elbows 45 degrees.

406 그 배우는 자신의 군복무 면제에 대한 주장들을 일축했다.
The actor rejected c_____s about his e_____ from military service.

407 슬라이서, 도마 그리고 분쇄기는 매우 유용한 요리 기구이다.
Slicers, chopping boards, and g_____s are very useful cooking u_____s.

408 그 운동선수들은 습한 기후에 익숙하지 않았다.
The athletes were not u_____ to the h_____ climate.

Pre-Check! 다음 문장을 읽으며 단어의 뜻을 알고 있는지 체크해보세요.

409 그의 counterfeit 서명은 flawless했다.

410 그 벌목꾼은 hollow한 나무 몸통과 가지들을 saw했다. 그 다음에 통나무를 axe로 쪼갰다.

411 마법사는 주문을 걸어 frantic한 폭도들을 agitate했다.

412 군대의 discipline은 보통 사람들에겐 너무 rigid하다.

413 explicit한 허가가 없이는, 그들은 inmate들과의 면담을 허락하지 않았다.

414 pregnancy 중의 음주는 아기의 intelligence에 영향을 줄 가능성이 있다.

415 conspicuous한 신체적 defect 때문에 그는 대인공포증을 가지고 있다.

416 오직 conscientious한 지도자들만이 우리의 도덕적 standard를 높일 수 있다.

417 무분별한 사냥이 그 reptile의 사실상의 extinction을 초래했다.

418 그 retailer는 수많은 상품들을 deliver했다.

419 내 취미는 오직 벼룩시장에서만 구할 수 있는 rare한 물건들을 discover하고 수집하는 것이다.

420 혈관에 대해 말하자면, artery의 두드러진 trait는 그것의 두꺼운 벽이다. vein의 벽은 상대적으로 얇다.

His counterfeit signature was flawless.

그의 가짜 서명은 흠잡을 데 없었다.

- **counterfeit** 가짜, 모조품
- **signature** 서명
- **flawless** 흠이 없는
  flaw 흠, 결점

The lumberman sawed the hollow tree trunk and boughs. Then, he split logs with an axe.

그 벌목꾼은 속 빈 나무 몸통과 가지들을 톱질했다. 그 다음에 통나무를 도끼로 쪼갰다.

- **lumberman** 벌목꾼
  lumber 목재(=timber)
- **saw** 톱질하다 (-sawed-sawed)
  [참고단어] sow 씨 뿌리다 뜻주의
  sew 꿰매다 뜻주의
- **hollow** 속이 빈
- **bough** (나무의) 큰 가지(=branch)
- **split** 쪼개다, 나누다 (-split-split)
- **log** 통나무
- **axe** 도끼

The wizard agitated the frantic mob with a spell.

마법사는 주문을 걸어 광분한 폭도들을 선동했다.

- **wizard** 마법사
- **agitate** 선동하다, 동요시키다
- **frantic** 광분한
- **mob** 폭도
- **spell** ¹철자를 쓰다[말하다] ²마법, 주문
  spellbound 마법에 걸린

Military discipline is too rigid for ordinary people.

군대의 규율은 보통 사람들에겐 너무 엄격하다.

- **discipline** ¹규율, 훈육 ²훈련, 단련
- **rigid** 엄격한
- **ordinary** 보통의

413
Without explicit consent, they didn't allow interviews with the inmates.

명백한 허가 없이는, 그들은 수감자들과의 면담을 허락하지 않았다.

- **explicit** 명백한
- **consent** ¹동의, 허가 ²동의하다, 승낙하다
- **allow** 허락하다
- **inmate** 수감자

414
Drinking during pregnancy is likely to affect the baby's intelligence.

임신 기간 중의 음주는 아기의 지능에 영향을 줄 가능성이 있다.

- **pregnancy** 임신 기간, 임신
  pregnant 임신한
- **likely** 가능성 있는 likelihood 가능성
  ex. be likely to ~할 것 같다
- **affect** ¹영향을 주다 ²감동시키다
  affection 애정
- **intelligence** 지능 intelligent 지적인

415
Due to his conspicuous physical defect, he has anthropophobia.

눈에 띄는 신체적 결함 때문에 그는 대인공포증을 가지고 있다.

- **due to** ~때문에(=because of)
- **conspicuous** 뚜렷한, 눈에 띄는
- **physical** 신체적인
- **defect** 결함 defective 결함 있는
- **anthropophobia** 대인공포증
  anthropo- 인간, 인류
  phobia 공포증
  참고단어 anthropology 인류학
  acrophobia 고소공포증

416
Only conscientious leaders can raise our moral standards.

오직 양심적인 지도자들만이 우리의 도덕적 수준을 높일 수 있다.

- **conscientious** 양심적인
  conscience 양심
- **raise** 올리다, 높이다
- **moral** 도덕적인
  참고단어 morale 사기, 의욕 ¹²ᵈ
- **standard** 기준, 표준

417

Reckless hunting brought about the virtual extinction of the reptile.

무분별한 사냥이 그 파충류의 사실상의 멸종을 초래했다.

- **reckless** 무분별한
- **bring about** 야기하다(=cause)
- **virtual** ¹실제적인, 사실상의 ²가상의
  virtually 사실상

- **extinction** 멸종
  extinct 멸종된
  extinguish ¹(불을) 끄다 ²(희망 등을) 잃게 하다
- **reptile** 파충류

418

The retailer delivered a multitude of goods.

그 소매상은 수많은 상품들을 배달했다.

- **retailer** 소매상   retail 소매
- **deliver** 배달하다   delivery 배달

- **multitude** ¹다수 ²군중
  ex. a multitude of 다수의, 아주 많은
- **goods** 상품

419

My hobby is discovering and collecting rare items only available at flea markets.

내 취미는 오직 벼룩시장에서만 구할 수 있는 희귀한 물건들을 발견하고 수집하는 것이다.

- **discover** 발견하다
- **collect** 모으다, 수집하다
  collection 수집, 수집품

- **rare** 희귀한, 드문
- **available** 구할 수 있는, 이용할 수 있는
- **flea** 벼룩

420

As for blood vessels, a striking trait of arteries is their thick walls. The walls of veins are relatively thin.

혈관에 대해 말하자면, 동맥의 두드러진 특징은 그것의 두꺼운 벽이다. 정맥의 벽은 상대적으로 얇다.

- **as for** ~에 대해 말하자면
- **vessel** ¹관(管) ²배, 선박
- **striking** 두드러진
  strike ¹치다, 때리다 ²파업
  (ex. go on strike 파업에 돌입하다)
- **trait** 특징

- **artery** 동맥
- **thick** 두꺼운
- **vein** 정맥
- **relatively** 상대적으로
- **thin** 얇은

409	counterfeit	signature	flawless
	가짜, 모조품		

410	lumberman	saw	hollow	bough	split	log

411	wizard	agitate	frantic	mob	spell

412	discipline	rigid	ordinary

413	explicit	consent 명사	allow	inmate

414	pregnancy	likely	affect	intelligence

415	due to	conspicuous	physical	defect	anthropophobia

416	conscientious	raise	moral	standard

417	reckless	bring about	virtual	extinction	reptile

418	retailer	deliver	multitude	goods

419	discover	collect	rare	available	flea

420	vessel	striking	trait	artery	vein

409 그의 가짜 서명은 흠잡을 데 없었다.
His counterfeit s_____ was f_____.

410 그 벌목꾼은 나무 몸통을 톱질했다. 그 다음에 통나무를 도끼로 쪼갰다.
The l_____ sawed the tree trunk. Then, he s_____ logs with an axe.

411 마법사는 주문을 걸어 광분한 폭도들을 선동했다.
The wizard a_____d the frantic m_____ with a spell.

412 군대의 규율은 보통 사람들에겐 너무 엄격하다.
Military d_____ is too r_____ for ordinary people.

413 명백한 허가 없이는, 그들은 면담을 허락하지 않았다.
Without explicit c_____, they didn't a_____ interviews.

414 임신 기간 중의 음주는 아기의 지능에 영향을 줄 가능성이 있다.
Drinking during p_____ is likely to a_____ the baby's intelligence.

415 신체적 결함 때문에 그는 대인공포증을 가지고 있다.
D_____ to his physical d_____, he has anthropophobia.

416 오직 양심적인 지도자들만이 우리의 도덕적 수준을 높일 수 있다.
Only c_____ leaders can raise our m_____ standards.

417 무분별한 사냥이 그 파충류의 사실상의 멸종을 초래했다.
Reckless hunting b_____ about the virtual e_____ of the reptile.

418 그 소매상은 수많은 상품들을 배달했다.
The retailer d_____ed a multitude of g_____.

419 내 취미는 오직 벼룩시장에서만 구할 수 있는 희귀한 물건들을 발견하고 수집하는 것이다.
My hobby is discovering and c_____ing rare items only available at f_____
markets.

420 혈관에 대해 말하자면, 정맥의 벽은 상대적으로 얇다.
As for blood v_____s, the walls of veins are r_____ thin.

▶ 정답 P. 288

A 다음 영어단어의 뜻을 써보세요.

01 hay _____   11 integrity _____

02 procedure _____   12 protein _____

03 sophisticated _____   13 generation _____

04 efficiently _____   14 particle _____

05 literally _____   15 explicit _____

06 extinction _____   16 deceitful _____

07 figure out _____   17 monarch _____

08 affordable _____   18 contamination _____

09 ultimately _____   19 rotate _____

10 endeavor _____   20 frantic _____

B 다음 단어를 영어로 써보세요.

01 액상의, 액체 _____   11 주저함 _____

02 숭배하다, 섬기다 _____   12 지배적인, 주요한 _____

03 수동적인 _____   13 타협(하다) _____

04 동봉하다 _____   14 양심적인 _____

05 자서전 _____   15 동정 _____

06 파산한, 도산한 _____   16 진보(하다) _____

07 면제 _____   17 투명성 _____

08 삐다, 접질리다 _____   18 자본주의 _____

09 기근, 굶주림 _____   19 작별인사 _____

10 악화시키다 _____   20 흠이 없는 _____

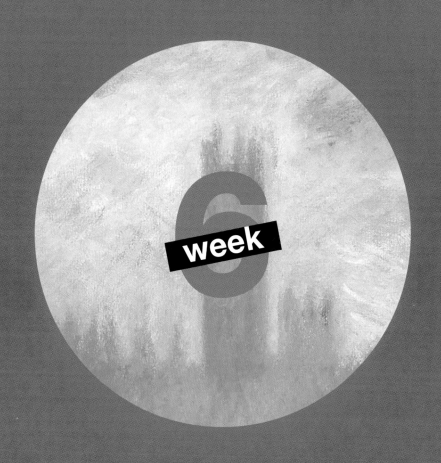

week

Pre-Check! 다음 문장을 읽으며 단어의 뜻을 알고 있는지 체크해보세요.

421 분노한 victim들은 엄격한 법 enforcement를 요구했다.

422 그 predator는 자취를 따라 prey를 쫓았고 그것을 붙잡았다.

423 굴뚝 청소부는 버려진 garbage를 구덩이에 bury했다.

424 intruder들은 발칸 peninsula를 정복하고 전쟁에서 advantageous한
위치를 획득했다.

425 그들은 황량한 황무지를 thriving한 놀이공원으로 transform했다.

426 내 조카딸은 좀처럼 한 단어도 utter하지 않았다. 그녀는 많이 수줍어하는,
즉 introverted한 소녀였다.

427 equator는 지구를 두 개의 hemisphere로 나눈다.

428 고전은 확실히 너의 정신을 nourish하고 너에게 inspire한다.

429 너의 벗이나 spouse를 무작정 고르지 마라. deliberately하게 생각해라.

430 냉동고 안의 rotten한 재료는 독성이 있다. 쓰레기통에 throw away해라.

431 그 영리한 아이는 온도와 pressure 사이의 상호작용 connection을
이해했다.

432 포로들은 서로 blankly하게 쳐다보았다. 그들은 하루 종일의 노역으로
모두 exhausted했다.

421
☐☐

The furious victims called for the strict enforcement of the law.

분노한 피해자들은 엄격한 법 집행을 요구했다.

- **furious** 성난, 분노한
- **victim** 희생자, 피해자
- **call for** ~을 요구하다

- **strict** 엄격한
- **enforcement** (법의) 집행, 시행
  enforce (법을) 집행하다

422
☐☐

The predator chased its prey along the trail and seized it.

그 포식동물은 자취를 따라 먹잇감을 쫓았고 그것을 붙잡았다.

- **predator** ^{1}포식동물 ^{2}약탈자
- **chase** 쫓다, 추적하다
- **prey** 먹잇감

- **trail** ^{1}자취, 흔적 ^{2}오솔길
- **seize** 붙잡다

423
☐☐

The chimneysweeper buried the dumped garbage in the pit.

굴뚝 청소부는 버려진 쓰레기를 구덩이에 묻었다.

- **chimneysweeper** 굴뚝 청소부
  chimney 굴뚝
  sweeper 청소부   sweep 쓸다, 청소하다
- **bury** 묻다, 매장하다   burial 매장

- **dump** (쓰레기를) 버리다
- **garbage** 쓰레기
- **pit** 구덩이

424
☐☐

The intruders conquered the Vulcan peninsula and obtained an advantageous position in the war.

침략자들은 발칸 반도를 정복하고 전쟁에서 유리한 위치를 획득했다.

- **intruder** 침략자   intrude 침략하다
- **conquer** 정복하다   conquest 정복
- **peninsula** 반도

- **obtain** 획득하다
- **advantageous** 유리한
  advantage 유리한 점, 이점

425

They transformed the desolate wilderness into a thriving amusement park.

그들은 황량한 황무지를 번창하는 놀이공원으로 탈바꿈시켰다.

- **transform** 바꾸다, (형태를) 변화시키다
- **desolate** 황량한, 황폐한
- **wilderness** 황야, 황무지

- **thriving** 번성하는   thrive 번성하다
- **amusement** 오락, 즐거움
  ex. amusement park 놀이공원, 유원지
  amuse 즐겁게 해주다

426

My niece seldom uttered a single word. She was reserved, that is, she was an introverted girl.

내 조카딸은 좀처럼 한 단어도 말하지 않았다. 그녀는 많이 수줍어하는, 즉 내성적인 소녀였다.

- **seldom** 좀처럼 ~않는
- **utter** ¹말하다 ²완전한
  utterly 완전히, 순전히

- **reserved** ¹수줍어하는, 내성적인 ²예약된
- **that is** 말하자면, 즉
- **introverted** 내성적인

427

The equator divides the Earth into two hemispheres.

적도는 지구를 두 개의 반구로 나눈다.

- **equator** 적도
  참고단어) equation 방정식 ※주의
- **divide** 나누다   division ¹분할 ²나눗셈

- **hemisphere** 반구
  sphere 구, 구체

428

Classics truly nourish your mind and inspire you.

고전은 확실히 너의 정신을 길러주고 너에게 영감을 준다.

- **classic** ¹고전작품 ²고전적인
- **nourish** 기르다, 키우다

- **inspire** 영감을 주다
  inspiration 영감

429

Do not choose your company or spouse randomly. Think deliberately.

너의 벗이나 배우자를 무작정 고르지 마라. 신중히 생각해라.

- **choose** 고르다 (-chose-chosen)
  choice 선택
- **company** ¹회사 ²벗, 동료
- **spouse** 배우자

- **randomly** 무작위로
  random 무작위적인, 임의대로의
- **deliberately** ¹신중하게 ²고의적으로
  ex. deliberately neglect his job
  그의 직업을 고의적으로 무시하다

430

The rotten stuff in the freezer is poisonous. Throw it away in a trash can.

냉동고 안의 부패한 재료는 독성이 있다. 쓰레기통에 버려라.

- **rotten** 썩은, 부패한 rot 썩다
- **stuff** ¹재료 ²물건, 것
- **freezer** 냉동고
  freeze 얼다 fridge 냉장고

- **poisonous** 유독성의, 독이 있는
  poison 독
- **throw away** 버리다
- **trash** 쓰레기(=garbage)

431

The bright kid grasped the interactive connection between temperature and pressure.

그 영리한 아이는 온도와 압력 사이의 상호작용 관계를 이해했다.

- **bright** ¹밝은 ²영리한
- **grasp** ¹꽉 잡다 ²이해하다, 파악하다
- **interactive** 상호작용하는
  interact 상호작용하다

- **connection** ¹연결 ²관계, 관련성
  connect 연결하다
- **temperature** 온도
- **pressure** 압력

432

The captives stared blankly at one another. They were all exhausted from toiling during the day.

포로들은 서로 멍하니 쳐다보았다. 그들은 하루 종일의 노역으로 모두 지쳐 있었다.

- **captive** ¹포로 ²사로잡힌
- **stare** 응시하다, 빤히 쳐다보다
- **blankly** 멍하니
  blank ¹비어 있는 ²멍한 ³빈칸

- **one another** 서로
- **exhausted** 지친, 기진맥진한
- **toil** ¹노역, 고된 노동 ²힘들게 일하다

421

furious	victim	call for	strict	enforcement
성난, 분노한				

422

predator	chase	prey	trail	seize

423

chimneysweeper	bury	dump	garbage	pit

424

intruder	conquer	peninsula	obtain	advantageous

425

transform	desolate	wilderness	thriving	amusement

426

seldom	utter 동사	reserved	that is	introverted

427

equator	divide	hemisphere

428

classic 명사	nourish	inspire

429

choose	company	spouse	randomly	deliberately

430

rotten	stuff	poisonous	throw away	trash

431

bright	interactive	connection	temperature	pressure

432

captive 명사	stare	blankly	one another	exhausted

421   피해자들은 엄격한 법 집행을 요구했다.
The v_____s called for the s_____ enforcement of the law.

422   그 포식동물은 자취를 따라 먹잇감을 쫓았다.
The predator c_____d its p_____ along the trail.

423   그는 쓰레기를 구덩이에 묻었다.
He b_____ed the g_____ in the pit.

424   침략자들은 발칸 반도를 정복하고 전쟁에서 유리한 위치를 획득했다.
The intruders c_____ed the Vulcan peninsula and o_____ed an
advantageous position in the war.

425   그들은 황무지를 번창하는 놀이공원으로 탈바꿈시켰다.
They t_____ed the wilderness into a t_____ amusement park.

426   내 조카딸은 좀처럼 한 단어도 말하지 않았다.
My niece s_____ u_____ed a single word.

427   적도는 지구를 두 개의 반구로 나눈다.
The equator d_____s the Earth into two h_____s.

428   고전은 확실히 너의 정신을 길러주고 너에게 영감을 준다.
Classics truly n_____ your mind and i_____ you.

429   너의 벗이나 배우자를 무작정 고르지 마라.
Do not choose your c_____ or spouse r_____.

430   냉동고 안의 부패한 재료는 독성이 있다.
The r_____ stuff in the freezer is p_____.

431   그는 온도와 압력 사이의 상호작용 관계를 이해했다.
He g_____ed the i_____ connection between temperature
and pressure.

432   포로들은 서로 멍하니 쳐다보았다.
The c_____s s_____d blankly at one another.

DAY 37

원어민 발음을 들어보자!

Day37. mp3

study date | yy | mm | dd |

Pre-Check! 다음 문장을 읽으며 단어의 뜻을 알고 있는지 체크해보세요.

433 그의 동료들이 그를 blame했다. 그래서 사장은 유감없이 그를 dismiss했다.

434 그의 faithfulness에 대해 모두들 doubtful한 시선을 던졌다.

435 그 젊은이는 졸졸 흐르는 stream을 바라보며 어린 시절의 기억을 recollect했다.

436 monotonous한 곡조 때문에 그는 졸려서 briefly하게 졸았다.

437 과속은 종종 tragic한 추돌사고로 이어집니다. 안전벨트를 fasten하세요.

438 그의 호소력 있는 address가 유권자들의 attention을 사로잡았다.

439 그의 assumption은 그럴듯했고 폭넓은 consensus를 얻었다.

440 thrifty한 주부의 특징은 씀씀이에서의 modesty이다.

441 이 lubricant는 강철봉의 부드러운 insertion을 가능하게 해줍니다.

442 ferocious하거나 성질이 나쁜 애완동물들을 provoke하지 마라.

443 feed하는 시간에, 동물원 사육사들은 돌아다니는 호랑이들을 우리에 confine한다.

444 스탠리는 어떤 경우에도 남의 일에 meddle하지 않는다. 그것이 그의 creed이다.

433

His coworkers blamed him. Thus, the boss dismissed him without pity.

그의 동료들이 그를 비난했다. 그래서 사장은 유감없이 그를 해고했다.

- **blame** 비난하다
- **thus** 그래서(=so)
- **dismiss** ¹해고하다 ²해산시키다

- **pity** ¹유감 ²동정심, 연민
  기출표현 take pity on him
  그를 불쌍히 여기다

434

Everybody cast doubtful glances regarding his faithfulness.

그의 충실함에 대해 모두들 의심스러운 시선을 던졌다.

- **cast** (시선, 미소 등을) 던지다
- **doubtful** 의심스런
  doubt 의심(하다)
- **glance** ¹흘끗 보다 ²흘끗 봄

- **regarding** ~에 관하여(=concerning)
  참고단어 regards 안부
  (ex. give my regards to ~에게 내 안부를 전하다)
- **faithfulness** 충실함, 신의
  faithful 충실한

435

The lad gazed at the murmuring stream and recollected memories of his childhood.

그 젊은이는 졸졸 흐르는 시냇물을 바라보며 어린 시절의 기억을 떠올렸다.

- **lad** 청년
- **gaze** 응시하다
- **murmur** ¹(시냇물이) 졸졸 흐르다
  ²중얼거리다

- **stream** 개울, 시내
  mainstream 주류, 대세
- **recollect** 기억해내다, 회상하다

436

Owing to the monotonous tune, he became drowsy and dozed off briefly.

단조로운 곡조 때문에 그는 졸려서 잠깐 졸았다.

- **owing to** ~때문에
- **monotonous** 단조로운
- **tune** ¹곡조, 선율 ²(라디오, 텔레비전의) 주파
  수나 채널을 맞추다
- **drowsy** 졸리는, 졸리게 하는

- **doze off** 졸다, 깜빡 잠이 들다
- **briefly** 잠깐
  brief 짧은, 잠깐의
  briefcase 서류가방

437

Speeding often results in tragic collisions. Fasten your seatbelt.

과속은 종종 비극적인 추돌사고로 이어집니다. 안전벨트를 착용하세요.

- **result in** ~한 결과를 낳다, ~을 야기하다
- **tragic** 비극적인　tragedy 비극
- **collision** 충돌 (사고)　collide 충돌하다
- **fasten** 단단히 고정하다, 동여매다
  fast ¹빠른 ²단단히 고정된

438

His appealing address grabbed the voters' attention.

그의 호소력 있는 연설이 유권자들의 주의를 사로잡았다.

- **appealing** 매력적인, 호소하는
  appeal 호소하다
- **address** ¹부르다(=call) ²연설(하다)
  ³(문제 따위를) 다루다
  ex. address complex questions
  복잡한 질문을 다루다
- **grab** ¹붙잡다 ²(관심을) 사로잡다
  참고단어 grip 잡다
- **voter** 투표자, 유권자
  vote 투표하다
- **attention** 관심, 주의

439

His assumption was plausible and gained widespread consensus.

그의 추측은 그럴듯했고 폭넓은 공감대를 얻었다.

- **assumption** 추측, 가정
  assume ¹가정하다, 생각하다 ²떠맡다
  presume 가정하다, 추정하다
  ← 미리(pre) 생각하다
- **plausible** 있을 법한, 개연성 있는
- **gain** 얻다
- **widespread** 널리 퍼진, 광범위한
- **consensus** 공감대, 의견 일치

440

A characteristic of a thrifty homemaker is modesty in expenditures.

검소한 주부의 특징은 씀씀이에서의 소박함이다.

- **characteristic** 특징
- **thrifty** 검소한　thrift 검소, 절약
- **modesty** ¹소박함, 적당함 ²겸손
- **expenditure** 지출

This lubricant enables the smooth insertion of the steel shaft.

이 윤활제는 강철봉의 부드러운 삽입을 가능하게 해줍니다.

- **lubricant** 윤활제
  lubricate 기름을 치다, 매끄럽게 하다
- **enable** 가능하게 하다
- **smooth** 부드러운
- **insertion** 삽입　insert 삽입하다
- **steel** 강철
- **shaft** 봉, 막대

Don't provoke ferocious or bad-tempered pets.

사납거나 성질이 나쁜 애완동물들을 자극하지 마라.

- **provoke** 화나게 하다, 자극하다
- **ferocious** 사나운
- **bad-tempered** 성미가 까다로운
  temper 기질, 성질
- **pet** 애완동물

At feeding time, the zookeepers confine the roaming tigers in a cage.

먹이 주는 시간에, 동물원 사육사들은 돌아다니는 호랑이들을 우리에 가둔다.

- **feed** 먹이를 주다 (-fed-fed)
  get fed up with ~에 싫증나다(=be sick of)
- **confine** ¹가두다 ²제한하다
  confinement 감금
- **roam** 어슬렁어슬렁 거닐다, 돌아다니다
  기출표현 roam over wide areas
  넓은 지역을 돌아다니다
- **cage** 우리, 새장

Stanley doesn't meddle in others' affairs on any occasions. It's his creed.

스탠리는 어떤 경우에도 남의 일에 간섭하지 않는다. 그것이 그의 신조이다.

- **meddle** 참견하다, 간섭하다
- **affair** 일, 사건
- **occasion** 경우, 때
- **creed** 신조, 신념

433

blame	thus	dismiss	pity
비난하다			

434

cast	doubtful	glance 명사	regarding	faithfulness

435

lad	gaze	murmur	stream	recollect

436

owing to	monotonous	tune 명사	doze off	briefly

437

result in	tragic	collision	fasten

438

appealing	address 명사	grab	voter	attention

439

assumption	plausible	gain	widespread	consensus

440

characteristic	thrifty	modesty	expenditure

441

lubricant	enable	smooth	insertion	steel	shaft

442

provoke	ferocious	bad-tempered	pet

443

feed	confine	roam	cage

444

meddle	affair	occasion	creed

433 그의 동료들이 그를 비난했다. 그래서 사장은 유감없이 그를 해고했다.
His coworkers b_____d him. Thus, the boss d_____ed him without pity.

434 그의 충실함에 대해 모두들 의심스러운 시선을 던졌다.
Everybody cast doubtful g_____s r_____ his faithfulness.

435 그는 졸졸 흐르는 시냇물을 바라보며 어린 시절을 떠올렸다.
He g_____d at the murmuring stream and r_____ed memories of his childhood.

436 단조로운 곡조 때문에 그는 졸려서 잠깐 졸았다.
Owing to the m_____ tune, he became drowsy and d_____d off briefly.

437 과속은 종종 비극적인 추돌사고로 이어집니다. 안전벨트를 착용하세요.
Speeding often r_____s in tragic collisions. F_____ your seatbelt.

438 그의 호소력 있는 연설이 유권자들의 주의를 사로잡았다.
His appealing address g_____ed the v_____s' attention.

439 그의 추측은 그럴듯했고 폭넓은 공감대를 얻었다.
His a_____ was plausible and g_____ed widespread consensus.

440 검소한 주부의 특징은 씀씀이에서의 소박함이다.
A c_____ of a thrifty homemaker is m_____ in expenditures.

441 이 윤활제는 강철봉의 부드러운 삽입을 가능하게 해줍니다.
This lubricant e_____s the smooth i_____ of the steel shaft.

442 사납거나 성질이 나쁜 애완동물들을 자극하지 마라.
Don't provoke f_____ or bad-t_____ pets.

443 먹이 주는 시간에, 동물원 사육사들은 돌아다니는 호랑이들을 우리에 가둔다.
At feeding time, the zookeepers c_____ the r_____ing tigers in a cage.

444 스탠리는 어떤 경우에도 남의 일에 간섭하지 않는다.
Stanley doesn't meddle in others' a_____s on any o_____s.

Pre-Check! 다음 문장을 읽으며 단어의 뜻을 알고 있는지 체크해보세요.

445 개척자들의 descendant들은 원주민들의 관습에 기꺼이 conform했다.

446 지난 decade 동안 한국은 대규모로 무역 surplus를 달성했다.

447 우리는 좁은 alley를 따라 거닐다가 destination을 지나쳤다.

448 우주는 infinite하다. 우리는 그 boundary와 팽창 속도를 정할 수가 없다.

449 산꼭대기는 6000미터의 altitude로 솟아 있다. 그 높이에서는 산소가 scarce하기 때문에 호흡이 힘들다.

450 물에 빠진 사람은 straw라도 clutch한다.

451 나는 acquaintance들과 보통 격식을 차리지 않은 greeting을 주고받는다.

452 1회 복용량을 미지근한 물에 dissolve하세요. 빈속에 이 medication을 복용하지 마세요.

453 한 페미니스트가 미인대회를 condemn했다. 그녀는 말했다. "bodily한 아름다움은 superficial할 뿐입니다."

454 우리 모두는 ideal한 세계를 만들고자 열망한다. 그러나 그것은 sheer한 환상이다.

455 그 반역자는 kneel하고 용서를 빌었다. 그래서 황제는 그에게 사면을 grant했다.

456 '즉시'의 synonym는 '곧'이다.

The descendants of the pioneers readily conformed to the natives' practices.

개척자들의 자손들은 원주민들의 관습에 기꺼이 순응했다.

- **descendant** 후손, 자손
- **pioneer** 개척자
- **readily** 기꺼이
- **conform** (규칙, 관습에) 순응하다, 따르다

- **practice** ¹관습, 관행 ²연습(하다)
  ³~에 종사하다
  기출표현 practice as a stockbroker
  주식중개인으로 종사하다

During the past decade, Korea achieved a trade surplus on a large scale.

지난 10년 동안 한국은 대규모로 무역 흑자를 달성했다.

- **decade** 10년
- **achieve** 달성하다, 성취하다
  achievement 성취

- **surplus** 흑자
- **scale** 규모

We strolled down a narrow alley and passed our destination.

우리는 좁은 샛길을 따라 거닐다가 목적지를 지나쳤다.

- **stroll** 거닐다, 산책하다
- **narrow** 좁은
- **alley** 샛길, 오솔길

- **pass** 지나가다
  passage ¹통로 ²(책의) 구절
  path 길 ← 지나다니는
- **destination** 목적지

The cosmos is infinite. We cannot fix its boundary and the velocity of its expansion.

우주는 무한하다. 우리는 그 경계와 팽창 속도를 정할 수가 없다.

- **cosmos** 우주
- **infinite** 무한한
- **boundary** 경계 bounds 허용 범위, 한계
  기출표현 throw the ball out of bounds
  선 밖으로 공을 던지다

- **velocity** 속도
- **expansion** 확장, 팽창
  expand 확장되다, 확장시키다

449

The peak rises to an altitude of 6,000m. At that height, respiration is hard because oxygen is scarce.

산꼭대기는 6000미터의 고도로 솟아 있다. 그 높이에서는 산소가 희박하기 때문에 호흡이 힘들다.

- **peak** 산꼭대기, 봉우리
- **altitude** 고도, 높이
- **respiration** 호흡　respire 호흡하다
- **scarce** 희박한
  scarcely 거의 ~않다(=hardly)

450

A drowning man will clutch at a straw.

물에 빠진 사람은 지푸라기라도 붙잡는다. 《속담》

- **drown** 물에 빠져 죽다, 익사하다
- **clutch** 꽉 움켜잡다
- **straw** ¹지푸라기　²빨대

451

I usually exchange informal greetings with my acquaintances.

나는 알고 지내는 사람들과 보통 격식을 차리지 않은 인사를 주고받는다.

- **exchange** 교환하다, 주고받다
- **informal** 비형식적인, 격식을 차리지 않는
  formal 형식적인
- **greeting** 인사
- **acquaintance** 안면이 있는 사람, 지인
  be acquainted with ~을 알고 있다

452

Dissolve one dose in lukewarm water. Do not take this medication on an empty stomach.

1회 복용량을 미지근한 물에 녹이세요. 빈속에 이 약을 복용하지 마세요.

- **dissolve** 용해시키다, 녹이다
- **dose** 1회 복용량
- **lukewarm** 미지근한
- **medication** 약물
- **empty** ¹빈, 비어 있는　²비우다

453

A feminist condemned the beauty pageant. She said, "Bodily beauty is just superficial."

한 페미니스트가 미인대회를 비난했다. 그녀는 말했다. "육체적인 아름다움은 피상적일 뿐입니다."

- **condemn** 비난하다
- **pageant** ¹가장행렬 ²경연대회
- **bodily** 신체적인
- **superficial** 피상적인

454

We all aspire to build an ideal world, but it's a sheer illusion.

우리 모두는 이상적인 세계를 만들고자 열망한다. 그러나 그것은 완전한 환상이다.

- **aspire** 열망하다   aspiration 열망
- **ideal** 이상적인
  ideology 이데올로기, 사상
- **sheer** 완전한, 순전한
- **illusion** 환상

455

The traitor knelt and pleaded for forgiveness. So the emperor granted him a pardon.

그 반역자는 무릎을 꿇고 용서를 빌었다. 그래서 황제는 그에게 사면을 내렸다.

- **traitor** 반역자
- **kneel** 무릎 꿇다 (-knelt-knelt)
  knee 무릎
- **plead** 간청하다, 애원하다
- **forgiveness** 용서
  forgive 용서하다
- **grant** 수여하다, 주다(=give)
  기출표현 take A for granted
  A를 당연히 여기다
  ← 주어진 것(granted)으로 받아들이다
- **pardon** ¹용서, 사면 ²용서하다
  참고단어 condone 용서하다(=forgive)

456

The synonym of immediately is instantly.

'즉시'의 유의어는 '곧'이다.

- **synonym** 동의어, 유의어
- **immediately** 즉시, 곧
- **instantly** 즉시, 곧

445	descendant	pioneer	readily	conform	practice 명사
	후손, 자손				

446	decade	achieve	surplus	scale

447	stroll	narrow	alley	pass	destination

448	cosmos	infinite	boundary	velocity	expansion

449	peak	altitude	respiration	scarce

450	drown	clutch	straw

451	exchange	informal	greeting	acquaintance

452	dissolve	dose	lukewarm	medication	empty 형용사

453	condemn	pageant	bodily	superficial

454	aspire	ideal	sheer	illusion

455	kneel	plead	forgiveness	grant	pardon 명사

456	synonym	immediately	instantly

445   개척자들의 자손들은 원주민들의 관습에 기꺼이 순응했다.
The d_____s of the pioneers r_____ conformed to the natives' practices.

446   지난 10년 동안 한국은 대규모로 무역 흑자를 달성했다.
During the past decade, Korea a_____d a trade s_____ on a large scale.

447   우리는 좁은 샛길을 따라 거닐다가 목적지를 지나쳤다.
We strolled down a n_____ alley and passed our d_____.

448   우주는 무한하다. 우리는 그 경계와 팽창 속도를 정할 수가 없다.
The cosmos is i_____. We cannot fix its b_____ and the velocity of its expansion.

449   산꼭대기는 6000미터의 고도로 솟아 있다. 그 높이에서는 산소가 희박하기 때문에 호흡이 힘들다.
The peak rises to an a_____ of 6,000m. At that height, respiration is hard because oxygen is s_____.

450   물에 빠진 사람은 지푸라기라도 붙잡는다.
A d_____ing man will c_____ at a straw.

451   나는 알고 지내는 사람들과 보통 격식을 차리지 않은 인사를 주고받는다.
I usually exchange informal g_____s with my a_____s.

452   1회 복용량을 미지근한 물에 녹이세요.
D_____ one d_____ in lukewarm water.

453   한 페미니스트가 미인대회를 비난했다.
A feminist c_____ed the beauty p_____.

454   우리 모두는 이상적인 세계를 만들고자 열망한다. 그러나 그것은 완전한 환상이다.
We all a_____ to build an ideal world, but it's a sheer i_____.

455   그 반역자는 용서를 빌었다. 그래서 황제는 그에게 사면을 내렸다.
The traitor p_____ed for forgiveness. So the emperor g_____ed him a pardon.

456   '즉시'의 유사어는 '곧'이다.
The s_____ of i_____ is instantly.

DAY 39

Pre-Check! 다음 문장을 읽으며 단어의 뜻을 알고 있는지 체크해보세요.

457 이 창고의 inflammable한 물질을 다룰 때에는 이 manual을 참고해라.

458 그의 nagging한 부인이 이마를 scratch해서 상처를 남겼다.

459 illumination이 내 눈을 눈부시게 해서 dizzy하게 느꼈다.

460 그의 식료품 사업이 빠르게 prosper했다. 그는 한때 burglar였지만 지금은 잘 산다.

461 그 torture는 견디기 힘들었다. 그럼에도 불구하고, 그는 고통을 endure했다.

462 scorching한 더위 속에 묘목들이 wither하고 있다.

463 그 요정은 tranquil한 숲 속으로 vanish했다.

464 프랑스어를 배울 때 아마도 dictation이 가장 puzzling한 부분일 것이다. 핵심 vocabulary로 연습하라.

465 gently하게 저어야지. 국물이 튀잖아. seasoning 좀 더 넣고. 작은 사발 안에 으깬 pepper가 있어.

466 강의하는 동안, 그 교수는 그리스 myth들의 삽화가 들어간 판본에서 한 예를 cite했다.

467 wrinkle 때문에 걱정이야.

468 노화 방지 ointment가 효과가 있을 거라고 장담해.

When you handle inflammable materials in this warehouse, refer to this manual.

이 창고의 인화성 물질을 다룰 때에는 이 설명서를 참고해라.

- **handle** 다루다
- **inflammable** 불이 잘 붙는, 인화성의
  (=flammable)
- **warehouse** 창고
- **refer to** ^{1}~을 참고하다 ^{2}~을 나타내다
- **manual** 설명서, 교본

His nagging wife scratched his forehead and left a scar.

그의 잔소리 심한 부인이 이마를 할퀴어 상처를 남겼다.

- **nagging** 잔소리가 심한
  nag 잔소리로 들볶다, 바가지를 긁다
- **scratch** 할퀴다
  참고단어 scrape (날카로운 것으로) 긁다
- **forehead** 이마
- **leave** ^{1}남기다 ^{2}떠나다 ^{3}휴가
  (-left-left)
- **scar** 상처

The illumination dazzled my eyes and made me feel dizzy.

조명이 내 눈을 눈부시게 해서 어지러움을 느꼈다.

- **illumination** 조명
  illuminate 비추다, 조명하다
- **dazzle** 눈부시게 하다
- **dizzy** 어지러운, 현기증 나는

His grocery business prospered rapidly. He used to be a burglar, but now he's better off.

그의 식료품 사업이 빠르게 번창했다. 그는 한때 도둑이었지만 지금은 잘 산다.

- **grocery** 식료품　grocer 식료품 업자
- **prosper** 번창하다　prosperity 번창
- **rapidly** 빠르게, 급속하게
  rapid 빠른
- **used to** (전에는) ~하곤 했다,
  (한때는) ~이었다 ← 지금은 아니라는 뜻
- **burglar** 도둑　burglary 절도
- **better off** (경제적으로) 형편이 나아진,
  잘 사는

461

The torture was unbearable. Nevertheless, he endured the torment.

그 고문은 견디기 힘들었다. 그럼에도 불구하고, 그는 고통을 견뎌냈다.

- **torture** 고문
- **unbearable** 견딜 수 없는
  bearable 견딜 만한
  bear 참다, 견디다
- **nevertheless** 그럼에도 불구하고
  (=nonetheless)
- **endure** 참다, 인내하다
- **torment** 고통, 괴로움

462

The saplings are withering in the scorching heat.

타오르는 더위 속에 묘목들이 말라가고 있다.

- **sapling** 묘목
- **wither** 시들다
- **scorching** 타는 듯한, 몹시 더운
  scorch 태우다, 그슬리다

463

The fairy vanished into the tranquil forest.

그 요정은 고요한 숲 속으로 사라졌다.

- **fairy** 요정
- **vanish** (갑자기) 사라지다
- **tranquil** 고요한
  tranquility 고요함

464

When you learn French, dictation is perhaps the most puzzling part. Practice with core vocabulary.

프랑스어를 배울 때 아마도 받아쓰기가 가장 헷갈리는 부분일 것이다. 핵심 어휘로 연습하라.

- **dictation** 받아쓰기
- **perhaps** 아마도
- **puzzling** 헷갈리게 하는, 당혹스러운
  puzzle 헷갈리게 하다
- **practice** 연습하다
- **core** ¹핵심적인 ²핵심
- **vocabulary** 어휘

Stir gently. The broth is splashing out. Add some seasoning. There is crushed pepper in the small bowl.

부드럽게 저어야지. 국물이 튀잖아. 양념 좀 더 넣고. 작은 사발 안에 으깬 후추가 있어.

- **stir** 젓다
- **gently** 부드럽게
  gentle 부드러운
- **broth** 국물
- **splash** (물 따위가) 튀다

- **seasoning** 양념, 조미료
  season [1]계절 [2](양념으로) 맛을 내다, 양념하다
- **crush** 으깨다
- **pepper** 후추
- **bowl** 사발, (우묵한) 그릇

During the lecture, the professor cited an example from an illustrated edition of Greek myths.

강의하는 동안, 그 교수는 그리스 신화들의 삽화가 들어간 판본에서 한 예를 인용했다.

- **lecture** 강의, 강연
- **professor** 교수
  profession (교수, 의사 등의) 전문직, 직업
  professional [1]전문직의, 직업적인
  [2]전문직 종사자

- **cite** 인용하다
  citation 인용   recite 읊다, 낭독하다
- **illustrated** 삽화가 들어 있는
  illustration 삽화
- **myth** 신화

A: I'm distressed about my wrinkles.

A: 주름 때문에 걱정이야.

B: I bet you that anti-aging ointment will work.

B: 노화 방지 크림이 효과가 있을 거라고 장담해.

- **distressed** 고민하고 있는
  distress [1]괴롭히다 [2]고민, 걱정거리
- **wrinkle** 주름
- **bet** [1]장담하다 [2]내기를 걸다

- **anti-aging** 노화 방지의
- **ointment** 연고, 화장용 크림
- **work** 효과가 있다

457	handle	inflammable	warehouse	refer to	manual
	다루다				

458	nagging	scratch	forehead	leave 동사	scar

459	illumination		dazzle		dizzy

460	grocery	prosper	rapidly	burglar	better off

461	torture	unbearable	nevertheless	endure	torment

462	sapling		wither		scorching

463	fairy		vanish		tranquil

464	dictation	perhaps	puzzling	core 형용사	vocabulary

465	stir	broth	splash	seasoning	crush	bowl

466	lecture	professor	cite	illustrated	myth

467	distressed		wrinkle	

468	bet	anti-aging	ointment	work

457   인화성 물질을 다룰 때에는 이 설명서를 참고해라.

When you handle i_____ materials, r_____ to this manual.

458   그의 잔소리 심한 부인이 이마를 할퀴어 상처를 남겼다.

His n_____ wife scratched his forehead and left a s_____.

459   조명이 내 눈을 눈부시게 해서 어지러움을 느꼈다.

The i_____ dazzled my eyes and made me feel d_____.

460   그의 식료품 사업이 빠르게 번창했다. 그는 지금은 잘 산다.

His grocery business p_____ed rapidly. Now, he's b_____ off.

461   그 고문은 견디기 힘들었다. 그럼에도 불구하고, 그는 고통을 견뎌냈다.

The torture was u_____. Nevertheless, he e_____d the torment.

462   타오르는 더위 속에 묘목들이 말라가고 있다.

The saplings are w_____ing in the s_____ heat.

463   그 요정은 고요한 숲 속으로 사라졌다.

The fairy v_____ed into the t_____ forest.

464   프랑스어를 배울 때 아마도 받아쓰기가 가장 헷갈리는 부분일 것이다.

When you learn French, d_____ is perhaps the most p_____ part.

465   부드럽게 저어야지. 양념 좀 더 넣고.

S_____ gently. Add some s_____.

466   강의하는 동안, 그 교수는 그리스 신화의 삽화가 들어간 판본에서 한 예를 인용했다.

During the l_____, the professor cited an example from an illustrated edition of Greek m_____s.

467   주름 때문에 걱정이야.

I'm d_____ about my w_____s.

468   노화방지크림이 효과가 있을 거라고 장담해.

I b_____ you that anti-aging o_____ will work.

Pre-Check! 다음 문장을 읽으며 단어의 뜻을 알고 있는지 체크해보세요.

469   prosecutor는 그 밀수 조직을 extensively하게 조사했다.

470   그 술꾼은 뒤로 stumble해서 skull이 골절되었다.

471   나는 공책 margin에 있는 scribble들을 지웠다.

472   버려진 옷가지들은 recycle해라. 그것들은 rubbish가 아니다.

473   이 parcel을 express한 등기 우편으로 보내고 싶습니다.

474   무시무시하고 fierce한 경비견을 조심해라. 그 개는 bite한다.

475   나는 우연히 faded한 사진 한 장을 힐끗 보았다.

476   투기성 벤처 자본이 stock 시장의 성장을 undermine하고 있다.

477   그 verse 속의 개념들은 너무 abstract하다.

478   새 pension 입법이 납세자들의 커져가는 protest에 직면했다.

479   specialist들이 지정된 구역에서 radioactive한 폐기물을 치우기 시작했다.

480   pirate 선장은 요새에 대한 raid를 명령했다.

The prosecutors extensively probed the smuggling organization.

검찰은 그 밀수 조직을 광범위하게 조사했다.

- **prosecutor** 검찰
  prosecution 기소, 고발
- **extensively** 광범위하게
  extensive 폭넓은, 광범위한

- **probe** 조사(하다)
- **smuggling** 밀수　smuggle 밀수하다
- **organization** 조직, 기구
  organize 조직하다

The drunkard stumbled back and fractured his skull.

그 술꾼은 뒤로 넘어져서 두개골이 골절되었다.

- **drunkard** 주정뱅이, 술고래
- **stumble** (무엇에 채어) 넘어지다,
  발이 걸리다

- **fracture** 골절이 되게 하다, 골절 되다
- **skull** 두개골, 머리뼈

I rubbed out the scribbles in the margin of my notebook.

나는 공책 여백에 있는 낙서들을 지웠다.

- **rub out** 문질러 지우다
  rub 문지르다
  rubber 고무

- **scribble** ¹휘갈겨 쓰다 ²낙서
- **margin** ¹ (페이지의) 여백 ²가장자리
  ³이윤, 마진

Recycle discarded garments. They are not rubbish.

버려진 옷가지들은 재활용해라. 그것들은 쓰레기가 아니다.

- **recycle** 재활용하다
- **discard** 버리다

- **garment** 의복, 의상
- **rubbish** 쓰레기

473
☐☐

I'd rather send this parcel by express registered mail.

이 소포를 빠른 등기 우편으로 보내고 싶습니다.

- **rather** 차라리
  ex. would rather A than B
  B보다는 (차라리) A하고 싶다
- **parcel** 소포

- **express** ¹고속의 ²표현하다
- **register** ¹기재하다, 등록하다 ²등기로 보내
  다 ³등기, 기록
  registration 등록

474
☐☐

Beware the scary, fierce watchdog. It bites.

무시무시하고 사나운 경비견을 조심해라. 그 개는 문다.

- **beware** 조심하다, 주의하다
- **scary** 무서운
- **fierce** 사나운

- **bite** ¹물다 ²물기
  ex. grab a bite 한 입 깨물어 먹다

475
☐☐

I happened to catch a glimpse of a faded photograph.

나는 우연히 빛바랜 사진 한 장을 힐끗 보았다.

- **happen to** 우연히 ~하다
- **glimpse** 흘끗 봄(=glance)
  ex. catch a glimpse of ~을 흘끗 보다

- **faded** 빛깔이 바랜
  fade ¹희미해지다 ²사라지다
  [기출표현] fade out of sight 시야에서 사라지다

476
☐☐

Speculative venture capital is undermining the growth of the stock market.

투기성 벤처 자본이 주식시장의 성장을 저해하고 있다.

- **speculative** 투기성의
  speculate ¹사색하다 ²투기하다
- **venture** (사업상의) 모험, 벤처 사업

- **undermine** ¹~밑을 파다 ²저해하다
- **stock** ¹주식 ²재고품, 저장품

The conceptions in the verse are too abstract.
그 시 속의 개념들은 너무 추상적이다.

- **conception** 개념(=concept)
  conceive ¹생각해내다, 상상하다 ²임신하다
  conceivably 생각건대, 아마
- **verse** 시, 운문
- **abstract** 추상적인 (↔ concrete 구체적인)

The new pension legislation faced mounting protests by taxpayers.
새 연금 입법이 납세자들의 커져가는 저항에 직면했다.

- **pension** 연금
- **legislation** 입법, 법률
  legislator 입법자, 법률 제정자
- **face** ¹얼굴 ²직면하다
- **mounting** 점점 증가하는
  mount 오르다, 올라가다
  mound 흙더미 ←솟아오른
- **protest** 저항, 항의

Specialists commenced to clear the radioactive waste from the designated area.
전문가들이 지정된 구역에서 방사능 폐기물을 치우기 시작했다.

- **specialist** 전문가
  specialize 전문적으로 다루다
  기출표현 the school which specializes in
     science 과학에 특화되어 있는 학교
- **commence** 시작하다
- **clear** ¹치우다 ²깨끗한
- **radioactive** 방사능의
- **designated** 지정된
  designate 지정하다

The pirate captain ordered a raid on the fortress.
해적 선장은 요새에 대한 습격을 명령했다.

- **pirate** 해적   piracy ¹해적질 ²저작권 침해
- **captain** ¹선장, 대장 ²육군 대위
- **order** 명령(하다)
- **raid** 습격, 기습
- **fortress** 요새

469	prosecutor	extensively	probe 동사	smuggling	organization
	검찰				

470	drunkard	stumble	fracture	skull

471	rub out	scribble 명사	margin

472	recycle	discard	garment	rubbish

473	rather	parcel	express 형용사	register

474	beware	scary	fierce	bite 동사

475	happen to	glimpse	faded

476	speculative	venture	undermine	stock

477	conception	verse	abstract

478	pension	legislation	face 동사	mounting	protest

479	specialist	commence	clear 동사	radioactive	designated

480	pirate	captain	order 동사	raid	fortress

469 검찰은 그 밀수 조직을 광범위하게 조사했다.
The prosecutors e_____ probed the smuggling o_____.

470 그 술꾼은 뒤로 넘어져서 두개골이 골절되었다.
The drunkard s_____d back and f_____d his skull.

471 나는 공책 여백에 있는 낙서들을 지웠다.
I r_____ed out the scribbles in the m_____ of my notebook.

472 버려진 옷가지들은 재활용해라. 그것들은 쓰레기가 아니다.
Recycle d_____ed garments. They are not r_____.

473 이 소포를 빠른 등기 우편으로 보내고 싶습니다.
I'd rather send this p_____ by express r_____ed mail.

474 사나운 경비견을 조심해라.
B_____ the f_____ watchdog.

475 나는 우연히 빛바랜 사진 한 장을 힐끗 보았다.
I h_____ed to catch a g_____ of a faded photograph.

476 투기성 벤처 자본이 주식시장의 성장을 저해하고 있다.
Speculative venture capital is u_____ing the growth of the s_____ market.

477 그 시 속의 개념들은 너무 추상적이다.
The c_____s in the verse are too a_____.

478 새 연금 입법이 납세자들의 커져가는 저항에 직면했다.
The new p_____ l_____ faced mounting protests by taxpayers.

479 전문가들이 지정된 구역에서 방사능 폐기물을 치우기 시작했다.
Specialists c_____d to clear the radioactive waste from the d_____ area.

480 해적 선장은 요새에 대한 습격을 명령했다.
The pirate captain o_____ed a r_____ on the fortress.

Pre-Check! 다음 문장을 읽으며 단어의 뜻을 알고 있는지 체크해보세요.

481 우리 회사는 flexible한 근무시간 제도를 implement했다. 그것은 직원들의 morale를 올려주었다.

482 방문객들은 고인을 위해 mourn했다. 몇몇 사람들은 애도를 하는 중에 faint했다.

483 나는 bribe를 받은 것에 대해 그를 고발했다. 게다가 그의 peer 중 한 명이 unfavorably하게 증언했다.

484 리 admiral이 말했다. "모든 사람들은 죽도록 doom되어 있다. 나는 평화를 위해 기꺼이 죽을 것이다."

485 그의 친구들이 coffin 앞에 꽃을 놓고 solemnly하게 기도했다.

486 개표 상황이 전국에 걸쳐 simultaneously하게 broadcast되었다.

487 그 농부는 meadow를 갈고 보리 seed를 뿌렸다.

488 우리는 해외의 client들을 위해 그 장비의 모든 component들을 공급합니다.

489 출구 poll 결과는 manifest했다. 결과는 압도적인 승리였다.

490 강아지 한 마리가 꼬리를 wag하며 내 palm을 핥았다.

491 originality는 gifted한 사람들에게만 속해.

492 그건 false한 믿음이야. 그런 터무니없는 bias에 매달리지 마.

481

Our company implemented a system of flexible working hours. It boosted the workers' morale.

우리 회사는 유연한 근무시간 제도를 실시했다. 그것은 직원들의 사기를 올려주었다.

- **implement** 시행하다, 실시하다
- **flexible** 유연한, 탄력적인
- **boost** 북돋우다, 끌어올리다
- **morale** 사기, 의욕 ^{발음주의}

482

The visitors mourned for the deceased. Some fainted while lamenting.

방문객들은 고인을 위해 애도했다. 몇몇 사람들은 애도를 하는 중에 실신했다.

- **mourn** 애도하다, 슬퍼하다
- **deceased** 사망한
  ex. the deceased 고인
- **faint** ¹실신하다, 기절하다 ²희미한
- **lament** 애도하다, 슬퍼하다

483

I accused him of taking bribes. Moreover, one of his peers testified unfavorably.

나는 뇌물을 받은 것에 대해 그를 고발했다. 게다가 그의 동료 중 한 명이 불리하게 증언했다.

- **accuse** 고발하다
  ex. accuse A of B B에 대해 A를 고소하다
- **bribe** 뇌물
- **moreover** 게다가, 더욱이
- **peer** ¹동료 ²응시하다
- **testify** 증언하다 testimony 증언
- **unfavorably** 불리하게

484

Admiral Lee said, "Everybody is doomed to die. I'm willing to die for the sake of peace."

리 장군이 말했다. "모든 사람들은 죽도록 운명 지어져 있다. 나는 평화를 위해 기꺼이 죽을 것이다."

- **admiral** 해군제독, 장군
- **doom** ¹운명 ²불행한 운명을 맞게 하다
  ex. be doomed to ~할 운명이다
- **willing** 기꺼이 ~하는
  ex. be willing to 기꺼이 ~하다
- **sake** 이익, 이유
  ex. for the sake of ~을 위해

485

His friends laid flowers before the coffin and prayed solemnly.

그의 친구들이 관 앞에 꽃을 놓고 경건하게 기도했다.

- **lay** 놓다, 두다 (-laid-laid)
- **coffin** 관
- **pray** 기도하다
  prayer 기도 ^{뜻주의} ← '기도하는 사람'이 아님에 주의
- **solemnly** 경건하게
  solemn 경건한, 엄숙한

486

The counting of the ballots was broadcast simultaneously throughout the country.

개표 상황이 전국에 걸쳐 동시에 방송되었다.

- **ballot** 투표
- **broadcast** 방송하다
  (-broadcast-broadcast)
- **simultaneously** 동시에, 일제히
  simultaneous 동시의, 동시에 일어나는
- **throughout** ~에 걸쳐서

487

The peasant plowed the meadow and sowed barley seeds.

그 농부는 목초지를 갈고 보리 씨를 뿌렸다.

- **peasant** 농부, 소작인
- **plow** 쟁기질하다
- **meadow** 목초지
- **sow** (씨를) 뿌리다
- **barley** 보리
- **seed** 씨, 씨앗

488

We provide all the components of the equipment for our clients overseas.

우리는 해외의 고객들을 위해 그 장비의 모든 부품들을 공급합니다.

- **provide** 공급하다
- **component** 구성 요소, 부품
- **equipment** 장비   equip 장착하다
- **client** 고객
- **overseas** 해외에, 해외로

489

The result of the exit poll was manifest. It was a landslide victory.

출구 여론 조사 결과는 명백했다. 결과는 압도적인 승리였다.

- **exit** 출구
- **poll** 여론 조사

- **manifest** ¹명백한 ²명백히 하다
- **landslide** ¹산사태 ²(선거의) 압도적인 승리

490

A puppy wagged its tail and licked my palm.

강아지 한 마리가 꼬리를 흔들며 내 손바닥을 핥았다.

- **puppy** 강아지
- **wag** (개가 꼬리를) 흔들다

- **lick** 핥다
- **palm** ¹손바닥 ²야자수

491

A: Originality belongs only to gifted people.

A: 독창성은 재능 있는 사람들에게만 속해.

492

B: That's a false belief. Don't cling to such an absurd bias.

B: 그건 잘못된 믿음이야. 그런 터무니없는 편견에 매달리지 마.

- **originality** 독창성
  original 독창적인, 원조의
- **belong** 속하다
  ex. belong to ~에 속하다, ~의 소유이다
  belongings 소지품

- **gifted** 재능을 타고난
- **false** 잘못된
- **cling** 집착하다, 매달리다
- **absurd** 불합리한, 터무니없는
- **bias** 선입견, 편견

481	implement	flexible	boost	morale
	시행하다, 실시하다			

482	mourn	deceased	faint ^{동사}	lament

483	accuse	bribe	moreover	peer ^{명사}	testify	unfavorably

484	admiral	doom ^{동사}	willing	sake

485	lay	coffin	pray	solemnly

486	ballot	broadcast	simultaneously	throughout

487	peasant	plow	meadow	sow	barley	seed

488	provide	component	equipment	client	overseas

489	exit	poll	manifest ^{형용사}	landslide

490	puppy	wag	lick	palm

491	originality	belong	gifted

492	false	cling	absurd	bias

481 우리 회사는 유연한 근무시간 제도를 실시했다.

Our company i_____ed a system of f_____ working hours.

482 방문객들은 고인을 위해 애도했다. 몇몇 사람들은 애도를 하는 중에 실신했다.

The visitors m_____ed for the deceased. Some f_____ed while lamenting.

483 나는 뇌물을 받은 것에 대해 그를 고발했다. 게다가 그의 동료 중 한 명이 불리하게 증언했다.

I a_____d him of taking bribes. Moreover, one of his peers t_____ed
unfavorably.

484 모든 사람들은 죽도록 운명 지어져 있다. 나는 평화를 위해 기꺼이 죽을 것이다.

Everybody is d_____ed to die. I'm willing to die for the s_____ of peace."

485 그의 친구들이 관 앞에 꽃을 놓고 경건하게 기도했다.

His friends laid flowers before the coffin and p_____ed s_____.

486 개표 상황이 전국에 걸쳐 동시에 방송되었다.

The counting of the b_____s was broadcast s_____
throughout the country.

487 그 농부는 목초지를 갈고 보리 씨를 뿌렸다.

The peasant plowed the meadow and s_____ed barley s_____s.

488 우리는 해외의 고객들을 위해 그 장비의 모든 부품들을 공급합니다.

We p_____ all the components of the e_____ for our clients overseas.

489 출구 여론 조사 결과는 명백했다. 결과는 압도적인 승리였다.

The result of the exit poll was m_____. It was a l_____ victory.

490 강아지 한 마리가 꼬리를 흔들며 내 손바닥을 핥았다.

A puppy w_____ed its tail and l_____ed my palm.

491 독창성은 재능 있는 사람들에게만 속해.

Originality b_____s only to gifted people.

492 그런 터무니없는 편견에 매달리지 마.

Don't c_____ to such an absurd b_____.

Pre-Check! 다음 문장을 읽으며 단어의 뜻을 알고 있는지 체크해보세요.

493 그녀는 cellar에서 와인 한 병을 꺼내왔다. 그 다음 그것을 spill하지 않고 반짝이는 잔에 gracefully하게 따랐다.

494 그의 턱수염과 mustache는 눈으로 덮여 있었다. 설상가상으로 그의 손가락은 frostbite로 numb했다.

495 물이 떨어지고 있는데. ceiling이 leak하고 있군.

496 앗, crack이 보이네. paste로 메워 버리는 게 낫겠다.

497 consumer 물가가 가파르게 escalate했다.

498 행복은 자신의 lot에 만족하는 것에 있다. 행복하기 위해, 당신이 throne을 succeed해야 할 필요는 없다.

499 그 잡초의 stem은 뻣뻣하고 거칠다. lawnmower는 소용이 없다. 뽑아버려라.

500 나를 제외한 모두가 눈물을 shed했다. 나는 기쁨과 grief의 뒤섞인 감정을 느꼈다.

501 그 eccentric한 작가는 그의 manuscript에서 모든 마침표를 생략했다. 그는 또한 prose에서 느낌표를 없앴다.

502 외계인은 단지 imaginary한 존재이다. 그들은 exist하지 않는다.

503 그 방은 spacious하고 가구가 잘 갖춰져 있었다. 에어컨은 optional했다.

504 메뚜기 swarm은 이곳에서 nuisance이다. 그것들은 추수 절기 동안 잘 익은 곡물을 devour한다.

The lady took out a bottle of wine from the cellar. Then, she poured it gracefully into a glittering glass without spilling any of it.

그녀는 지하 저장실에서 와인 한 병을 꺼내왔다. 그 다음 그것을 흘리지 않고 반짝이는 잔에 우아하게 따랐다.

- **take out** 꺼내다
- **bottle** 병
- **cellar** (저장용) 지하실
- **pour** 붓다, 따르다

- **gracefully** 우아하게   graceful 우아한
  grace 우아함, 품위
- **glittering** 반짝이는   glitter 반짝거리다
- **spill** 쏟다, 흘리다
  (-spilt-spilt / -spilled-spilled)

His beard and mustache were covered with snow. To make matters worse, his fingers were numb from frostbite.

그의 턱수염과 콧수염은 눈으로 덮여 있었다. 설상가상으로 그의 손가락은 동상으로 무감각했다.

- **beard** 턱수염
- **mustache** 콧수염
- **to make matters worse**
  설상가상으로, 엎친 데 덮친 격으로

- **numb** 무감각한, 마비된
- **frostbite** 동상
  frost 서리

A: Water is dripping. The ceiling is leaking.

A: 물이 떨어지고 있는데. 천장이 새고 있군.

B: Oh, I see some cracks. I'd better seal them with paste.

B: 앗. 금 간 부분이 보이네. 풀로 메워 버리는 게 낫겠다.

- **drip** (액체가) 똑똑 떨어지다
- **ceiling** 천장
- **leak** 새다, 누출되다
- **crack** 금, 균열

- **seal** ¹밀폐하다, 봉인하다 ²도장, 인장
  ³바다표범
- **paste** ¹풀 ²풀칠하다

497

Consumer prices escalated steeply.

소비자 물가가 가파르게 상승했다.

- **consumer** 소비자
- **escalate** 상승하다　escalation 상승

- **steeply** 가파르게
  steep 가파른

498

Happiness consists in contentment with one's lot. To be happy, you don't have to succeed to the throne.

행복은 자신의 운명에 만족하는 것에 있다. 행복하기 위해, 당신이 왕위를 계승해야 할 필요는 없다.

- **consist in** ~에 있다(=lie in=rest in)
  consist of ~으로 구성되다 ^{뜻주의}
- **contentment** 만족
  contented 만족하는

- **lot** ¹운명　²제비뽑기　³(특정 용도의) 부지
- **succeed** ¹성공하다　²계승하다
  successor 계승자
- **throne** 왕좌, 왕위

499

The stem of these weeds is stiff and coarse. A lawnmower is of no use. Pluck them.

그 잡초의 줄기는 뻣뻣하고 거칠다. 잔디 깎는 기계는 소용이 없다. 뽑아버려라.

- **stem** 줄기
- **weed** 잡초
- **stiff** 뻣뻣한
- **coarse** 결이 거친

- **lawnmower** 잔디 깎는 기계
  lawn 잔디　mower 잔디 깎는 기계
  mow (풀 따위를) 베다
- **pluck** 뽑다

500

Everybody shed tears except for me. I had mixed feelings of delight and grief.

나를 제외한 모두가 눈물을 흘렸다. 나는 기쁨과 슬픔의 뒤섞인 감정을 느꼈다.

- **shed** (피, 눈물을) 흘리다 (-shed-shed)
- **except for** ~을 제외하고
  exception 예외

- **mix** 섞다
- **delight** 기쁨　delightful 기쁜
- **grief** 슬픔, 비탄　grieve 슬퍼하다

The eccentric writer omitted all the periods in his manuscript. He also deleted the exclamation marks in his prose.

그 별난 작가는 그의 원고에서 모든 마침표를 생략했다. 그는 또한 산문에서 느낌표를 없앴다.

- **eccentric** 별난, 기이한
- **omit** 생략하다　omission 생략
- **period** ¹기간 ²마침표
- **manuscript** 원고

- **delete** 지우다, 삭제하다
- **exclamation** 감탄, 외침
  exclaim (감탄, 놀람 등으로) 소리치다
- **prose** 산문

Aliens are merely imaginary beings. They don't exist.

외계인은 단지 상상의 존재이다. 그들은 존재하지 않는다.

- **alien** ¹외국인 체류자 ²외계인 ³외국의
- **merely** 단지　mere 단순한
- **imaginary** 가상의, 상상의
  imaginative 상상력이 풍부한, 창의적인

- **being** 존재
- **exist** 존재하다　existence 존재

The room was spacious and well furnished. An air conditioner was optional.

그 방은 넓고 가구가 잘 갖춰져 있었다. 에어컨은 선택이었다.

- **spacious** 넓은　space ¹공간 ²우주
- **furnish** ¹ (가구 따위를) 갖추다, 비치하다
  ²제공하다, 공급하다

- **optional** 선택적인
  opt 선택하다　option 선택

Swarms of locusts are nuisances here. They devour ripe grain during the harvest season.

메뚜기 떼는 이곳에서 골칫거리이다. 그것들은 추수 절기 동안 잘 익은 곡물을 먹어치운다.

- **swarm** (곤충의) 떼, 무리
- **locust** 메뚜기
- **nuisance** 성가신 존재
- **devour** 먹어치우다, 게걸스레 먹다

- **ripe** (곡물, 과일이) 익은
  ripen 익다
- **grain** 곡물
- **harvest** ¹추수 ²추수하다

493

bottle	cellar	pour	gracefully	glittering	spill
병					

494

beard	mustache	to make matters worse	numb	frostbite

495

drip	ceiling	leak

496

crack	seal 동사	paste 명사

497

consumer	escalate	steeply

498

consist in	contentment	lot	succeed	throne

499

stem	weed	stiff	coarse	lawnmower	pluck

500

shed	except for	mix	delight	grief

501

eccentric	omit	period	manuscript	delete

502

alien 명사	merely	imaginary	being	exist

503

spacious	furnish	optional

504

swarm	nuisance	devour	ripe	grain

493 그녀는 와인을 흘리지 않고 반짝이는 잔에 우아하게 따랐다.

She p_____ed the wine gracefully into a g_____ glass without
s_____ing any of it.

494 설상가상으로 그의 손가락은 동상으로 무감각했다.

To make matters worse, his fingers were n_____ from f_____.

495 천장이 새고 있군.

The c_____ is l_____ing.

496 풀로 메워 버리는 게 낫겠다.

I'd better s_____ them with p_____.

497 소비자 물가가 가파르게 상승했다.

Consumer prices e_____d s_____.

498 행복은 자신의 운명에 만족하는 것에 있다.

Happiness c_____s in contentment with one's l_____.

499 그 잡초의 줄기는 뻣뻣하고 거칠다.

The s_____ of these weeds is s_____ and coarse.

500 나는 기쁨과 슬픔의 뒤섞인 감정을 느꼈다.

I had mixed feelings of d_____ and g_____.

501 그 별난 작가는 그의 원고에서 모든 마침표를 생략했다.

The eccentric writer o_____ed all the periods in his m_____.

502 외계인은 단지 상상의 존재이다. 그들은 존재하지 않는다.

Aliens are m_____ imaginary beings. They don't e_____.

503 그 방은 넓고 가구가 잘 갖춰져 있었다. 에어컨은 선택이었다.

The room was spacious and well f_____ed. An air conditioner was
o_____.

504 메뚜기 떼는 이곳에서 골칫거리이다. 그것들은 추수 절기 동안 잘 익은 곡물을 먹어치운다.

Swarms of locusts are n_____s here. They devour r_____ grain during
the harvest season.

▶ 정답 P. 288

A 다음 영어단어의 뜻을 써보세요.

01 faithfulness _____

02 instantly _____

03 faded _____

04 pour _____

05 unbearable _____

06 characteristic _____

07 advantageous _____

08 randomly _____

09 smuggling _____

10 tranquil _____

11 pluck _____

12 legislation _____

13 inspire _____

14 lubricant _____

15 achieve _____

16 respiration _____

17 prosper _____

18 mourn _____

19 fortress _____

20 poll _____

B 다음 단어를 영어로 써보세요.

01 내성적인 _____

02 약물 _____

03 단조로운 _____

04 참견하다, 간섭하다 _____

05 왕좌, 왕위 _____

06 젓다 _____

07 완전한, 순전한 _____

08 목초지 _____

09 성가신 존재 _____

10 경건하게 _____

11 주름 _____

12 쫓다, 추적하다 _____

13 상호작용하는 _____

14 비극적인 _____

15 목적지 _____

16 의복, 의상 _____

17 투기성의 _____

18 생략하다 _____

19 기꺼이 ~하는 _____

20 불합리한, 터무니없는 _____

WEEKLY TEST **ANSWER**

A 01 경사면 02 상쾌한 03 악성의 04 붕대
05 논쟁 06 전임자 07 빈 08 받아들이다 09 주거
10 잔해 11 충돌, 추락 사고 12 흉내 내다, 모방하다
13 공개하다, 발표하다 14 정치가 15 세입자
16 만성적인 17 수용하다 18 붙잡다 19 제안
20 드러내다

B 01 perspective 02 cease 03 mammal
04 superstition 05 concentration 06 analyze
07 retain 08 restriction 09 combine 10 heir
11 production 12 suspect 13 trustworthy
14 elaborate 15 concord 16 durability 17 excessive
18 atheist 19 immigrant 20 tendency

A 01 ~을 갈망하다 02 사춘기 03 압도적인 04 고장
05 미루다, 연기하다 06 심오한, 깊이 있는
07 고백하다, 자백하다 08 대체하는, 대안 09 상당한
10 생태적인 11 익명의 12 반대 13 점차적으로 14 위선
15 독점적으로, 단독으로 16 시련, 역경 17 완전히, 철저히
18 전반적인, 종합적인 19 분해하다 20 비료

B 01 awkward 02 intentionally 03 revolution
04 exotic 05 replace 06 mankind 07 ceremony
08 experiment 09 privilege 10 reconciliation
11 illegible 12 antique 13 significant 14 gene
15 obstacle 16 firmly 17 compensate 18 repent
19 conceal 20 irrational

A 01 다소, 얼마간 02 시간을 잘 지키는
03 이용하다, 개발하다 04 진화 05 부패, 타락
06 거래, 매매 07 긍정적인 08 화합물 09 낙관적인
10 운하 11 인정하다 12 오만한 13 평범한
14 독재 (정치) 15 수입, 세입 16 탐험, 원정
17 제한, 억제 18 관용 19 보류하다, 유예하다
20 논리적인

B 01 satellite 02 invisible 03 incurable
04 competitor 05 charity 06 precise 07 inherit
08 genuine 09 exaggerate 10 decorate 11 illegal
12 representative 13 convincing 14 preserve
15 trifling 16 translate 17 ethics 18 prejudice
19 persuade 20 patriotism

A 01 방해하다 02 통계 03 친밀한 04 대륙
05 모호한 06 충분히, 적절히 07 탐사, 탐험 08 부상
09 다듬다, 손질하다 10 끊임없이 11 화석 12 금지하다
13 줄이다, 감소하다 14 유혹 15 자주, 흔히 16 자랑하다
17 놀라운, 걱정스러운 18 깨지기[부서지기] 쉬운, 연약한
19 풍부한 20 원래, 본래

B 01 unsuitable 02 expel 03 intuition 04 diligent
05 occasionally 06 interrupt 07 discrimination
08 symbolize 09 heredity 10 dweller 11 mimic
12 diplomatic 13 privilege 14 gigantic 15 temporary
16 phenomenon 17 measure 18 determination
19 strategic 20 transmit

A 01 건초 02 과정, 절차 03 섬세한, 정교한
04 효율적으로 05 말 그대로, 문자 그대로 06 멸종
07 이해하다 08 감당할 만한 09 결국 10 노력, 시도
11 성실, 정직 12 단백질 13 세대 14 입자 15 명백한
16 속이는, 기만적인 17 군주, 통치자 18 오염
19 회전하다, 회전시키다 20 광분한

B 01 liquid 02 worship 03 passive 04 enclose
05 autobiography 06 bankrupt 07 exemption
08 sprain 09 famine 10 worsen 11 hesitation
12 dominant 13 compromise 14 conscientious
15 sympathy 16 progress 17 transparency
18 capitalism 19 farewell 20 flawless

A 01 충실함, 신의 02 즉시, 곧 03 빛깔이 바랜
04 붓다, 따르다 05 견딜 수 없는 06 특징 07 유리한
08 무작위로 09 밀수 10 고요한 11 뽑다 12 입법, 법률
13 영감을 주다 14 윤활제 15 달성하다, 성취하다 16 호흡
17 번창하다 18 애도하다, 슬퍼하다 19 요새 20 여론 조사

B 01 introverted 02 medication 03 monotonous
04 meddle 05 throne 06 stir 07 sheer 08 meadow
09 nuisance 10 solemnly 11 wrinkle 12 chase
13 interactive 14 tragic 15 destination 16 garment
17 speculative 18 omit 19 willing 20 absurd

부록

발음기호와 같이 보는
INDEX

페이지 번호가 아닌 문장 번호로 찾으세요.

halt [hɔ:lt]　277

handful [hǽndfùl]　080

handicap [hǽndikæp]　143

handicapped [hǽndikæpt]　143

handle [hǽndl]　457

hang [hæŋ]　289

happen [hǽpən]　271

happen to　475

harass [hərǽs]　125

harassment [hərǽsmənt]　125

hardly [hɑ́:rdli]　449

hardship [hɑ́:rdʃip]　207

harmful [hɑ́:rmfəl]　174

harvest [hɑ́:rvist]　282, 504

haste [heist]　351

hasten [héisn]　351

hastily [héistili]　351

hasty [héisti]　351

hatch [hætʃ]　343

hate [heit]　049

hatred [héitrid]　049

haughty [hɔ́:ti]　374

haul [hɔ:l]　036

haunt [hɔ:nt]　274

hay [hei]　343

hazard [hǽzərd]　338

hazardous [hǽzərdəs]　338

heal [hi:l]　371

healer [hí:lər]　371

heap [hi:p]　350

heartily [hɑ́:rtili]　402

height [hait]　278

heighten [háitn]　278

heir [ɛər]　012

hemisphere [hémisfìər]　427

hence [hens]　194

herb [ə:rb]　064

herbal [ə́:rbəl]　064

herd [hə:rd]　223

heredity [hərédəti]　270

heritage [hér
itidʒ]　240

hero [híərou]　080

heroine [hérouin]　080

hesitate [hézətèit]　364

hesitation [hèzətéiʃən]　364

hinder [híndər]　381

hindrance [híndrəns]　381

hire [haiər]　077, 242

historian [histɔ́:riən]　080

hollow [hɑ́lou]　410

holy [hóuli]　316

honk [haŋk]　354

honor [ɑ́nər]　038

honorable [ɑ́nərəbl]　038

horizon [həráizn]　006

horizontal [hɔ̀:rəzɑ́ntl]　006

horn [hɔ:rn]　354

horror [hɔ́:rər]　166

host [houst]　175

hostage [hɑ́stidʒ]　279

hostess [hóustis]　175

hostile [hɑ́stl]　049

hostility [hɑstíləti]　049

household [háushòuld]　272

huge [hju:dʒ]　387

humane [hju:méin]　008

humanitarian [hju:mænitéəriən]　008

humid [hjú:mid]　408

humidifier [hju:mídəfàiər]　408

humidity [hju:mídəti]　408

humiliate [hju:mílièit]　113

humiliation [hju:mìliéiʃən]　113

hut [hʌt]　185

hydrogen [háidrədʒən]　209

hypocrisy [hipɑ́krəsi]　131

hypocrite [hípəkrit]　131

hypothesis [haipɑ́θəsis]　235

I

ideal [aidí:əl]　454

identical [aidéntikəl]　149

identification [aidèntifəkéiʃən]　149

identify [aidéntəfài]　149

identity [aidéntəti]　130, 149

ideology [àidiɑ́lədʒi]　454

ignorant [ígnərənt]　001

ignore [ignɔ́:r]　001, 246

illegal [ilí:gəl]　179

illegible [ilédʒəbl]　096

illiteracy [ilítərəsi]　359

illiterate [ilítərət]　359

illogical [ilɑ́dʒikəl]　235

illuminate [ilú:mənèit]　459

illumination [ilù:mənéiʃən]　459

illusion [ilú:ʒən]　454

illustrate [íləstrèit]　359

illustrated [íləstrèitid]　466

illustration [ìləstréiʃən]　466

imaginary [imǽdʒənèri]　502

imaginative [imǽdʒənətiv]　502

imitate [ímətèit]　027

imitation [ìmətéiʃən]　027

immature [ìmətʃúər]　269

immediately [imí:diətli]　456

immense [iméns]　217

immigrant [ímigrənt]　070

immigrate [íməgrèit]　070

immune [imjú:n]　308

immuno [ímjunou]　308

immunodeficiency [ímjunoudifíʃʃənsi]　308

impact [ímpækt]　293

impartial [impɑ́:rʃəl]　291

impatient [impéiʃənt]　118

impersonal [impə́:rsənl]　131

implant [implǽnt]　316

implement [ímpləmənt]　481

implication [ìmplikéiʃən]　338

imply [implái]　338

impolite [ìmpəláit]　347

import [impɔ́:rt]　067, 124

impose [impóuz]　012

impractical [imprǽktikəl]　259

impress [imprés]　196

impression [impréʃən]　196

imprison [imprízn]　275

improper [imprɑ́pər]　253

improve [imprú:v]　194

improvement [imprú:vmənt]　194

imprudent [imprú:dnt]　093

impulse [ímpʌls]　167

impulsive [impʌ́lsiv]　167

impure [impjúər]　022

in a row　134

in advance　106

in terms of　224

in the end　028

in this regard　035

in those days　086

in vain　004

inaccessible [ìnəksésəbl]　069

inappropriate [ìnəpróupriət]　251

inborn [ínbɔ́:rn]　045

incentive [inséntiv]　383

incessant [insésnt]　274

incessantly [insésntli]　274

incident [ínsədənt]　401

inclination [ìnklənéiʃən]　110

include [inklú:d]　032

income [ínkʌm]　012

incomplete [ìnkəmplí:t]　173

inconsistent [ìnkənsístənt]　375

inconvenient [ìnkənví:njənt]　171

incorporate [inkɔ́:rpərèit]　256

increase [inkrí:s]　151

incredible [inkrédəbl]　350

incurable [inkjúərəbl]　225

indebted [indétid]　041

independence [ìndipéndəns]　251

indicate [índikèit]　293

indication [ìndikéiʃən]　293

indifferent [indífərənt]　201

merely [míərli] 502

mess [mes] 331

messy [mési] 331

method [méθəd] 031

microscope [máikrəskòup] 040

mighty [máiti] 122

migraine [máigrein] 317

migrate [máigreit] 070

military [mílitèri] 406

minded [máindid] 403

mimic [mímik] 336

minister [mínəstər] 107

ministry [mínəstri] 107

minor [máinər] 097

minority [minɔ́:rəti] 097, 125

minute [mainjú:t, mínit] 357

mischievous [místʃəvəs] 177

miser [máizər] 240

miserable [mízərəbl] 373

misery [mízəri] 373

miss [mis] 149

missing [mísiŋ] 149

mist [mist] 149

mitigate [mítəgèit] 317

mix [miks] 500

mob [mab] 411

moderate [mádərət] 317

modern [mádərn] 017

modesty [mádəsti] 440

modification [mὰdəfikéiʃən] 234

modify [mádəfài] 234

moist [mɔist] 232

moisture [mɔ́istʃər] 232

mold [mould] 053

molecule [máləkjù:l] 209

monarch [mánərk] 387

monetary [mánətèri] 383

monopoly [mənápəli] 389

monotonous [mənátənəs] 436

monthly [mʌ́nθli] 170

monument [mánjumənt] 159

moral [mɔ́:rəl] 416

morale [mərǽl] 416, 481

moreover [mɔ:róuvər] 483

motivate [móutəvèit] 383

motivation [mòutəvéiʃən] 383

motive [móutiv] 383

mound [maund] 478

mount [maunt] 478

mounting [máuntiŋ] 478

mourn [mɔ:rn] 482

mow [mou] 499

mower [móuər] 499

multiplication [mὰltəplikéiʃən] 362

multiply [mʌ́ltəplài] 362

multitude [mʌ́ltətjù:d] 418

mummy [mʌ́mi] 385

murder [mə́:rdər] 076

murderer [mə́:rdərər] 076

murmur [mə́:rmər] 435

mustache [mʌ́stæʃ] 494

mutual [mjú:tʃuəl] 112

myth [miθ] 466

N

nag [næg] 458

nagging [nǽgiŋ] 458

naive [na:í:v] 343

naked [néikid] 203

narcotic [na:rkátik] 252

narrow [nǽrou] 447

nation [néiʃən] 366

nationwide [néiʃənwàid] 292

native [néitiv] 071

naughty [nɔ́:ti] 079

navy [néivi] 320

nearly [níərli] 257

neat [ni:t] 331

necessarily [nèsəsérəli] 367

negative [négətiv] 231

negatively [négətivli] 231

neglect [niglékt] 077

negotiate [nigóuʃièit] 188

negotiation [nigòuʃiéiʃən] 188

nerve [nə:rv] 300

nervous [nə́:rvəs] 300

neutral [njú:trəl] 093

nevertheless [nèvərðəlés] 461

noble [nóubl] 273

nobleman [nóublmən] 273

nod [nad] 220

nod off 220

nonetheless [nʌ̀nðəlés] 461

normal [nɔ́:rməl] 271

not necessarily 367

noted [nóutid] 026

notice [nóutis] 158

notify [nóutəfài] 026

notion [nóuʃən] 396

notorious [noutɔ́:riəs] 026

nourish [nə́:riʃ] 428

novel [návəl] 241

novelist [návəlist] 241

novice [návis] 059

nuclear [njú:kliər] 114

nuisance [njú:sns] 504

numb [nʌm] 494

nun [nʌn] 143

nurture [nə́:rtʃər] 297

nutrition [nju:tríʃən] 296

nutritious [nju:tríʃəs] 296

O

obedient [oubí:diənt] 306

obese [oubí:s] 340

obesity [oubí:səti] 340

obey [oubéi] 306

object [ábdʒikt] 028

objection [əbdʒékʃən] 028

objective [əbdʒéktiv] 028, 052

objectively [əbdʒéktivli] 052

obligation [ὰbləgéiʃən] 297

obscure [əbskjúər] 330

observatory [əbzá:rvətò:ri] 040

observe [əbzá:rv] 040

obsess [əbsés] 042

obsession [əbséʃən] 042

obsessive [əbsésiv] 042

obsolete [ὰbsəlí:t] 098

obstacle [ábstəkl] 111

obstinate [ábstənət] 326

obstruct [əbstrʌ́kt] 008

obstruction [əbstrʌ́kʃən] 008

obtain [əbtéin] 424

obvious [ábviəs] 372

obviously [ábviəsli] 372

occasion [əkéiʒən] 444

occasionally [əkéiʒənəli] 276

occupation [ὰkjupéiʃən] 273

occupy [ákjupài] 273

occur [əká:r] 104

occurrence [əká:rəns] 104

odd [ad] 403

odds [adz] 403

odor [óudər] 025

offend [əfénd] 093

offensive [əfénsiv] 093

offer [ɔ́:fər] 294

officer [ɔ́:fisər] 116, 258

official [əfíʃəl] 077

offspring [ɔ́fspriŋ] 060

ointment [ɔ́intmənt] 468

omission [oumíʃən] 501

omit [oumít] 501

on account of 097

on behalf of 247

one another 432

operation [ὰpəréiʃən] 250

opponent [əpóunənt] 035

opportunity [ὰpərtjú:nəti] 298

oppose [əpóuz] 035, 128

site [sait] 300
skeptical [sképtikəl] 009
skull [skʌl] 470
slave [sleiv] 334
slavery [sléivəri] 334
sled [sled] 036
sledge [sledʒ] 036
sleigh [slei] 036
slice [slais] 407
slicer [sláisər] 407
slight [slait] 193
slip [slip] 400
slippery [slípəri] 400
slope [sloup] 036
sly [slai] 372
smooth [smu:ð] 441
smuggle [smʌ́gl] 469
smuggling [smʌ́gliŋ] 469
snatch [snætʃ] 343
sniff [snif] 154
soak [souk] 023
soar [sɔːr] 255
sob [sab] 204
sociable [sóuʃəbl] 161
social [sóuʃəl] 197
socialization [sòuʃəlizéiʃən] 197
society [səsáiəti] 197
soil [sɔil] 119
solar [sóulər] 280
solemn [sáləm] 485
solemnly [sáləmli] 485
solid [sálid] 256
solidity [səlídəti] 256
solitary [sálətèri] 172
solitude [sálətjùːd] 172
solve [salv] 328
somewhat [sʌ́mwʌt] 173
soothe [su:ð] 263
sophisticated [səfístəkèitid] 352
sore [sɔːr] 263
sorrow [sárou] 204
sorrowful [sárəfəl] 204
sort [sɔːrt] 386
sort of 386
sound [saund] 403
sour [sauər] 072
source [sɔːrs] 124
sow [sou] 164, 410, 487
space [speis] 503
spacious [spéiʃəs] 503
span [spæn] 272
spank [spæŋk] 144
spare [spɛər] 210, 325
spear [spiər] 060
specialist [spéʃəlist] 479
specialize [spéʃəlàiz] 479

species [spíːʃiːz] 030
specific [spisífik] 300
specimen [spésəmən] 199
spectacle [spéktəkl] 404
spectacular [spektǽkjulər] 404
spectator [spékteitər] 117
speculate [spékjulèit] 476
speculative [spékjulèitiv] 476
spell [spel] 411
spellbound [spélbaund] 411
sphere [sfiər] 427
spill [spil] 493
spine [spain] 319
spirit [spírit] 344
spiritual [spíritʃuəl] 344
splash [splæʃ] 465
splendid [spléndid] 202
split [split] 410
spoil [spɔil] 325
sponsor [spánsər] 395
sponsorship [spánsərʃip] 395
spontaneous [spantéiniəs] 350
spontaneously [spantéiniəsli] 350
spot [spat] 349
spouse [spaus] 429
sprain [sprein] 400
square [skwɛər] 264
squid [skwid] 215
stable [stéibl] 370
stack [stæk] 239
staff [stæf] 247
stain [stein] 349
stance [stæns] 093
stand [stænd] 025, 308
stand for 308
standard [stǽndərd] 416
stare [stɛər] 432
starvation [sta:rvéiʃən] 227
starve [sta:rv] 227
state [steit] 375
statement [stéitmənt] 375
statesman [stéitsmən] 038
statistics [stətístiks] 293
statue [stǽtʃuː] 313
status [stéitəs] 113
steadily [stédili] 359
steady [stédi] 359
steel [stiːl] 441
steep [stiːp] 497
steeply [stiːpli] 497
steer [stiər] 226
stem [stem] 499
stepfather [stepfàðər] 055
stick [stik] 354
stiff [stif] 499
stimulate [stímjulèit] 104

stimulation [stìmjuléiʃən] 104
stingy [stíndʒi] 240
stink [stiŋk] 121
stinking [stíŋkiŋ] 121
stir [stəːr] 465
stitch [stitʃ] 382
stock [stak] 239, 476
stomach [stʌ́mək] 025
storage [stɔ́:ridʒ] 300
store [stɔːr] 300
straight [streit] 319
straighten [stréitn] 319
strategic [strətíːdʒik] 254
strategy [strǽtədʒi] 254
straw [strɔː] 450
stray [strei] 260
stream [striːm] 435
strength [streŋkθ] 052
strengthen [stréŋkθən] 052
strict [strikt] 421
strike [straik] 420
striking [stráikiŋ] 420
strip [strip] 264
stripe [straip] 314
striped [straipt] 314
strive to 111
stroll [stroul] 447
struggle [strʌ́gl] 041, 229
stubborn [stʌ́bərn] 326
stuck [stʌk] 354
stuff [stʌf] 046, 430
stumble [stʌ́mbl] 470
stun [stʌn] 333
stunning [stʌ́niŋ] 333
subconscious [səbkánʃəs] 044
submit [səbmít] 081
subscribe [səbskráib] 170
subscriber [səbskráibər] 170
subscription [səbskrípʃən] 170
substance [sʌ́bstəns] 209
substitute [sʌ́bstətjùːt] 393
subtle [sʌtl] 154
subtract [səbtrǽkt] 362
subtraction [səbtrǽkʃən] 362
suburb [sʌ́bəːrb] 322
suburban [səbə́:rbən] 322
succeed [səksíːd] 133, 498
successful [səksésfəl] 133
successor [səksésər] 498
such [sʌtʃ] 048
suck [sʌk] 023
suffer [sʌ́fər] 055
sufficient [səfíʃənt] 232
suggest [səgdʒést] 141
suggestion [səgdʒéstʃən] 141
suicide [sjúːəsàid] 303

Y

통암기 수능 영단어 문장편 특별부록

통암기 문장편
HAND
BOOK

DARAKWON

DAY 01

001	Don't despise ignorant people. You should respect their dignity.
002	The owner requested the renovation of the entire building and the vacant parking lot.
003	The senator displayed desirable behavior as a politician.
004	Rescue workers searched remote areas, but in vain. They just found the debris of the ferry.
005	The witness maintained that Jane was innocent.
006	Use this program, and you can combine both vertical and horizontal layouts.
007	The gap between the rich and the poor is constantly widening. The poor reproach the upper class for their extravagance.
008	The guerrillas ceased their obstruction of the humanitarian aid.
009	The melancholy poet retains a very skeptical attitude toward life.
010	The wrecked vessel drifted far away and sank to the bottom of the sea.
011	A publicity man distributed leaflets and brochures to the attendees.
012	The governor imposed a heavy income tax on the greedy heir.

DAY 02

013	Applicants should have a master's degree and excellent communication skills.
014	The provision defines the powers of the Supreme Court.
015	We should protect the rights of vulnerable foreign workers.
016	My predecessor launched his own business with a positive perspective.
017	Modern technology promoted mass production.
018	After the aircraft plunged into the water, the rescuers saved the crash survivors.
019	A: Are you already exhausted?
020	B: Yeah, I'm completely worn out. Besides, I'm thirsty.

001	무지한 사람들을 멸시하지 마라. 너는 그들의 품위를 존중해야 한다.
002	주인은 그 빌딩 전체와 빈 주차장의 개조를 요구했다.
003	그 상원의원은 정치가로서 바람직한 행동을 보여주었다.
004	구조대원들은 외딴 지역을 수색했지만 허사였다. 그들은 단지 여객선의 잔해만 발견했다.
005	목격자는 제인이 결백하다고 주장했다.
006	이 프로그램을 쓰면 세로와 가로 도면을 둘 다 합칠 수 있습니다.
007	빈부의 격차가 지속적으로 벌어지고 있다. 가난한 사람들은 사치에 대해 상류층을 비난하고 있다.
008	게릴라들은 인도주의적인 원조의 방해를 중단했다.
009	그 우울한 시인은 삶에 아주 회의적인 태도를 지니고 있다.
010	그 난파된 선박은 멀리 떠내려갔고 바다 밑바닥으로 가라앉았다.
011	한 홍보원이 참가자들에게 전단지와 책자를 나누어주었다.
012	그 주지사는 탐욕스러운 상속자에게 무거운 소득세를 부과했다.

013	지원자들은 석사 학위와 뛰어난 의사소통 기술을 가지고 있어야 한다.
014	그 조항은 대법원의 권한을 규정한다.
015	우리는 취약한 외국인 노동자들의 권리를 보호해야만 한다.
016	나의 전임자는 긍정적인 전망을 가지고 자신의 사업을 시작했다.
017	현대의 과학기술은 대량생산을 촉진했다.
018	비행기가 물속으로 추락한 후, 구조대원들이 추락 사고 생존자들을 구조했다.
019	A: 벌써 지쳤니?
020	B: 응, 나 완전히 지쳤어. 게다가 목말라.

021 Recently, Congress did away with the restrictions on the sales of alcoholic beverages.

022 I stayed in a fragrant chamber and breathed the refreshing air from the air purifier.

023 Water soaked into the waterproof fabric.

024 One of my colleagues reminded me about the upcoming meeting.

025 I couldn't stand the disgusting odors. My stomach cramped, and I vomited.

026 I recognized the suspect in the video taken by the surveillance camera and notified the police.

027 The comedian entertains people. He imitates former presidents' gestures exactly.

028 At first, they objected to the scheme but cooperated in the end.

029 Familiarity breeds contempt.

030 This ape is a rare species of mammal. Its habitat is a tropical rainforest.

031 Through this method, we can help endangered animals reproduce.

032 His three-dimensional works include several unveiled masterpieces. Some of them are very prominent.

033 Before you file a suit, select a trustworthy attorney.

034 Sunlight reflected brilliantly off the surface of the pond.

035 I don't regard him as my opponent. He's a clumsy fighter. I can easily dispatch him.

036 Mike hauled his sled up the slope. He was panting hard.

037 The outlook for the summit talks is very gloomy.

038 The statesman fulfilled his ambition and earned honor.

039 This voice-perception system is an elaborate input device.

040 The promising scientist observed an amazing creature through the microscope.

021	최근에, 의회는 알코올 음료 판매에 대한 제한을 없앴다.
022	나는 향기로운 방에 묵으면서 공기청정기에서 나오는 상쾌한 공기를 들이쉬었다.
023	물이 방수 천에 스며들었다.
024	동료 중 한 명이 다가오는 회의에 대해 나를 상기시켰다.
025	나는 그 역겨운 냄새를 참을 수가 없었다. 위가 경련을 일으켰고 나는 토했다.
026	나는 감시카메라에 찍힌 영상 속 용의자를 알아보고서 경찰에 알렸다.
027	그 코미디언은 사람들을 아주 즐겁게 해준다. 그는 이전 대통령들의 제스처를 정확하게 흉내 낸다.
028	처음에 그들은 그 계획에 반대했지만 결국 협력했다.
029	친숙함은 경멸을 키운다. 《격언》
030	이 유인원은 희귀한 포유류 종이다. 그것의 서식지는 열대우림이다.
031	이 방법을 통해, 우리는 멸종 위기에 처한 동물들이 번식하도록 도울 수 있다.
032	그의 삼차원적인 작품들은 공개된 몇몇 걸작들을 포함하고 있다. 그중 몇 개는 매우 유명하다.
033	소송을 제기하기 전에, 믿을 수 있는 변호사를 골라라.
034	햇빛이 연못의 표면에서 찬란하게 반사되었다.
035	나는 그를 내 적수로 여기지 않는다. 그는 서투른 싸움꾼이다. 난 그를 쉽게 처치할 수 있다.
036	마이크는 경사면 위로 썰매를 끌었다. 그는 심하게 숨을 헐떡이고 있었다.
037	정상 회담에 대한 전망은 매우 어둡다.
038	그 정치가는 야망을 이루었고 명예도 얻었다.
039	이 음성 인식 시스템은 정교한 입력 장치이다.
040	그 촉망받는 과학자는 현미경을 통해 한 놀라운 생명체를 관찰했다.

041   **Those indebted nations are struggling to get over the economic crisis.**

042   **Children crave maternal affection. Some are obsessed with it.**

043   **The fierce controversy went on without pause.**

044   **It's simply an ancient superstition. However, it will linger in the subconscious realm perpetually.**

045   **A person's appearance reveals his or her inborn character.**

046   **This embroidered blanket goes with this down-stuffed pillow. They match perfectly.**

047   **The landlord's rude manner annoyed his tenant.**

048   **Only a generous man can tolerate such an insult.**

DAY 05

049   **Criticism should not be an expression of hostility or hatred.**

050   **A damp cave is not fit for human habitation.**

051   **Certain chemicals cause mental disorders.**

052   **We objectively analyzed our counterpart's weaknesses and strengths.**

053   **Blend flour with the other ingredients. Then, mold the dough into a round loaf shape.**

054   **Above all, buyers want durability and reasonable prices.**

055   **Her stepfather suffered from terminal cancer. He gasped for breath because he had a malignant lump in his lungs.**

056   **Do you have acute back pain? Then avoid long-distance driving.**

057   **I'm not an atheist. Religious activity is one of my primary concerns.**

058   **Music certainly influences people's emotions.**

059   **The novice was full of groundless confidence.**

060   **Primitive men and their offspring hunted with tools. For example, they used bows, arrows, spears, and traps.**

041	그 채무국들은 경제 위기를 극복하기 위해 몸부림치고 있다.
042	아이들은 어머니의 애정을 갈망한다. 일부는 그것에 사로잡혀 있다.
043	격렬한 논쟁이 쉼 없이 계속되었다.
044	그건 단지 옛날 미신이다. 하지만 잠재의식의 영역에 영원히 남아 있을 것이다.
045	사람의 외모는 타고난 성격을 드러낸다.
046	이 수놓은 이불은 솜털로 채워진 이 베개와 어울린다. 그것들은 완벽하게 어울린다.
047	집주인의 무례한 태도가 세입자를 짜증나게 했다.
048	오직 관대한 사람만이 그런 모욕을 참을 수 있다.

049	비판이 적대감이나 증오의 표현이 되어선 안 된다.
050	습한 동굴은 사람의 주거에 적합하지 않다.
051	어떤 화학물질들은 정신 이상을 일으킨다.
052	우리는 상대편의 약점과 강점을 객관적으로 분석했다.
053	밀가루를 다른 재료와 섞어라. 그리고 반죽을 둥근 덩어리 모양으로 만들어라.
054	무엇보다도, 구매자들은 내구성과 합리적인 가격을 원합니다.
055	그녀의 의붓아버지는 말기 암으로 고통받았다. 그는 폐에 악성 혹덩어리를 가지고 있었기 때문에 숨을 쉬기 위해 헐떡거렸다.
056	극심한 허리 통증을 가지고 있습니까? 그렇다면 장거리 운전을 피하세요.
057	난 무신론자가 아니다. 종교 활동은 내 주된 관심사 중 하나이다.
058	음악은 확실히 사람들의 정서에 영향을 미친다.
059	그 초보자는 근거 없는 자신감에 가득 차 있었다.
060	원시인들과 그 후손들은 도구로 사냥했다. 예를 들면, 그들은 활, 화살, 창, 그리고 덫을 사용했다.

DAY 06

061 The craftsman attached precious jewels to the oyster shell to create an ornament.

062 Without any disturbances, the project is proceeding according to the coherent plan.

063 Poverty is a principal cause of robberies and thefts.

064 This herbal therapy prevents and relieves chronic fatigue.

065 As a token of thanks, I prepared food for the orphans in the local community.

066 Martial arts can enhance your willpower and concentration.

067 This country exports enormous quantities of coffee beans.

068 Excessive exercise damages your muscles and accelerates aging.

069 The classified information is accessible only to FBI agents.

070 This organization works for the welfare of immigrants.

071 The settlers lived in concord with the natives.

072 The chef's cuisine has a delicately sour flavor. I'm curious about the recipe.

DAY 07

073 The mayor lowered the subway fares for the elderly.

074 To a certain extent, his argument makes sense.

075 The general willingly admitted his defeat in the battle.

076 Some security guards were patrolling in the district and captured the murderer.

077 The newly appointed official neglected his duties. So he was fired.

078 The majestic palace can accommodate large conventions.

079 The principal rushed into the corridor and scolded the naughty boy.

080 A handful of historians have a tendency to depict her as a heroine.

081 I already submitted my geometry assignment.

082 The boy's parents accepted the kidnapper's proposal unconditionally.

061 그 세공인은 장식품을 만들기 위해 귀한 보석들을 굴 껍데기에 부착했다.

062 어떤 방해도 없이, 그 사업은 일관된 계획에 따라 진행되고 있다.

063 가난은 강도와 절도 사건의 주된 원인이다.

064 이 약초 요법은 만성 피로를 예방하고 경감시킨다.

065 감사의 표시로, 나는 지역 공동체의 고아들을 위해 음식을 준비했다.

066 무술은 당신의 의지력과 집중력을 강화한다.

067 이 나라는 엄청난 양의 커피콩을 수출한다.

068 지나친 운동은 근육을 손상하고 노화를 가속화한다.

069 그 기밀 정보는 FBI 요원들만 접근 가능하다.

070 이 조직은 이민자들의 복지를 위해 일한다.

071 정착민들은 토착민들과 조화 속에 살았다.

072 그 주방장의 요리는 은은하게 신맛을 가지고 있다. 그 조리법에 대해 궁금하다.

073 시장은 노인들을 위해 지하철 요금을 낮추었다.

074 어느 정도는, 그의 주장이 타당하다.

075 그 장군은 전투에서의 그의 패배를 기꺼이 받아들였다.

076 몇몇 보안 요원들이 그 구역에서 순찰하고 있다가 살인자를 붙잡았다.

077 새로 임명된 관리는 그의 의무를 소홀히 했다. 그래서 해고당했다.

078 그 으리으리한 궁전은 큰 대회를 수용할 수 있다.

079 교장 선생님이 복도로 달려 나와 그 못된 소년을 꾸짖었다.

080 소수의 역사학자들이 그녀를 영웅으로 묘사하는 경향을 가지고 있다.

081 난 기하학 숙제를 이미 제출했다.

082 그 소년의 부모들은 유괴범의 제안을 무조건적으로 받아들였다.

083   With a loud roar, a dreadful beast emerged from the bush.

084   A chubby nurse wrapped a bandage around his lame foot. Then, she tied a knot tightly.

DAY 08

085   The police summoned all the suspicious candidates.

086   These days, couples prefer traditional wedding ceremonies.

087   The participants contended to be the winner. They all longed for the gold medal.

088   The detective located an anonymous letter.

089   Sally showed extraordinary musical talent. Later, she became a renowned composer.

090   Dozens of scholars advocated ratifying an amendment to the Constitution.

091   The colonel insists that I joined the conspiracy to overthrow the government.

092   After their reconciliation, the couple embraced passionately.

093   Unlike other debates, his comments were offensive and imprudent. He didn't take a neutral stance.

094   Insects live in complicated ecological systems.

095   His business of renting vending machines flourished from the beginning.

096   Quite a few documents were illegible without a magnifying glass.

DAY 09

097   The airline delayed the flight bound for Seoul on account of a minor breakdown.

098   During the session, Parliament abolished the obsolete law.

099   This regulation will replace all previous rules. As of today, you all have to comply with it.

100   I came across a dusty antique and an old costume in the attic.

101   A talkative janitor accompanied the guests to the gate.

083 큰 포효 소리와 함께, 무시무시한 짐승이 덤불에서 나타났다.

084 통통한 간호사가 그의 절뚝이는 발 둘레에 붕대를 맸다. 그리고는 매듭을 꽉 묶었다.

085 경찰은 의심스러운 모든 후보자들을 소환했다.

086 요즘에, 연인들은 전통적인 결혼 예식을 선호한다.

087 참가자들은 승자가 되기 위해 겨루었다. 그들은 모두 금메달을 갈망했다.

088 그 탐정은 익명의 편지 한 통을 찾아냈다.

089 샐리는 비범한 음악적 재능을 보였다. 나중에 그녀는 유명한 작곡가가 되었다.

090 수십 명의 학자들은 헌법 개정을 승인하는 것을 지지했다.

091 그 대령은 내가 정부를 전복시키려는 음모에 가담했다고 주장한다.

092 화해 후에, 그 연인들은 열정적으로 포옹했다.

093 다른 토론들과는 달리, 그의 논평은 모욕적이었으며 신중하지 못했다. 그는 중립적인 입장을 취하지 않았다.

094 곤충들은 복잡한 생태적 체계 속에 산다.

095 자판기를 임대하는 그의 사업은 처음부터 번창했다.

096 꽤 많은 서류들이 돋보기 없이는 읽기 어려웠다.

097 그 항공사는 사소한 고장을 이유로 서울행 비행을 지연시켰다.

098 국회 회기 동안 의회는 낡은 법률을 폐지했다.

099 이 규정은 이전의 모든 규칙을 대신할 것입니다. 오늘부로, 여러분 모두 그것에 따라야만 합니다.

100 나는 다락에서 먼지투성이의 골동품과 낡은 의상을 우연히 발견했다.

101 한 수다스런 문지기가 손님들과 정문까지 동행했다.

102	My classmate couldn't accustom herself to her surroundings. So she transferred to another school.
103	The inventor acquired a fabulous reputation for his significant invention.
104	Without stimulation, the activation of the gene will not occur.
105	The ex-convict adapted himself to his new environment.
106	Clinical research showed remarkable advances.
107	The Minister of Health Department banned cigarette commercials.
108	A number of graduates applied for a position at an advertising agency.

DAY 10

109	Within range, the hunter aimed cautiously and pulled the trigger.
110	The girl who is going through puberty is inclined to sentiment and plagues herself with unnecessary anxieties.
111	The disabled man strived to overcome the obstacles.
112	When it comes to transnational crimes, mutual assistance is indispensable.
113	I felt humiliation and shame because of the difference in status with him.
114	Nuclear weapons are a serious threat to mankind.
115	Consequently, a lack of research funds ruined his experiment.
116	The retired officer recalled the glory of his past.
117	The applause of the spectators encouraged him. He was flattered.
118	Her vague reply irritated the impatient bachelor.
119	Fertile and well-drained soil maximizes the growth of cultivated plants. So fertilizer is essential to agriculture.
120	The emigrants gradually adjusted themselves to their new circumstances.

102	내 반 친구는 스스로를 환경에 적응시키지 못했다. 그래서 다른 학교로 옮겼다.
103	그 발명가는 그의 중대한 발명품으로 인해 엄청난 명성을 얻었다.
104	자극 없이, 유전자 활성화는 일어나지 않을 것이다.
105	그 전과자는 새로운 환경에 자신을 적응시켰다.
106	임상 연구는 상당한 진전을 보였다.
107	보건부 장관은 담배 광고를 금지했다.
108	많은 졸업생들이 광고 대행사 자리에 지원했다.

109	사정거리 안에서 사냥꾼은 조심스럽게 조준하고는 방아쇠를 당겼다.
110	사춘기를 겪고 있는 그 소녀는 감성에 치우치며 불필요한 걱정들로 스스로를 괴롭힌다.
111	그 장애인은 장애물들을 극복하기 위해 노력했다.
112	국제 범죄에 관한 한 상호간의 도움이 필수적이다.
113	나는 그와의 지위 차이 때문에 굴욕과 수치심을 느꼈다.
114	핵무기는 인류에게 심각한 위협이다.
115	결국, 연구 자금의 부족이 그의 실험을 망쳤다.
116	그 은퇴한 장교는 과거의 영광을 상기했다.
117	관객들의 박수 갈채가 그를 격려해주었다. 그는 우쭐해졌다.
118	그녀의 모호한 대답이 그 참을성 없는 미혼남을 짜증나게 했다.
119	비옥하고 물이 잘 빠지는 토양은 경작된 작물의 성장을 극대화한다. 따라서 비료는 농업에 필수적이다.
120	그 이주민들은 점차적으로 스스로를 새로운 환경에 적응시켰다.

DAY 11

121	The homeless man was wearing a stinking leather jacket and shivering from the cold. He looked pale.
122	The brutal king abused his privileges and acted as if he was an almighty god.
123	The fluorescent lights along the lane fascinated him.
124	Korea imports various raw materials from abroad. So it is looking for alternative energy resources.
125	An overwhelming majority assented to the bill on sexual harassment.
126	My supervisor attributed the financial loss to my carelessness.
127	His perilous performance astonished the spectators.
128	The opposition party introduced an aggressive trade policy.
129	The two organs adhered firmly, and we couldn't separate them.
130	The secret agent disguised his identity and left no traces behind.
131	I'm upset with her dual personality and hypocrisy. She appears to be courteous but is, in fact, selfish.
132	Trade friction might arise if we don't lift the sanctions.

DAY 12

133	Successful people undergo adversity, but do not give up.
134	The employees attained their profit goal for three years in a row.
135	After the unlicensed cosmetic surgery, they weren't compensated for the severe side effects.
136	The news correspondent reported the emergency exclusively.
137	I canceled the appointment intentionally.
138	The committee extended the exhibition hours.
139	To my dismay, they postponed the publication of my new novel.
140	The author wove a fancy tale from three plots.
141	I flatly refused his ridiculous suggestion.
142	Grownups often recall memories of their adolescence and cherish them.

121 그 노숙자는 냄새가 고약한 가죽 재킷을 입고 추위에 떨고 있었다. 그는 창백해 보였다.

122 그 포악한 왕은 특권을 남용하며 마치 자기가 전지전능한 신인 것처럼 행동했다.

123 길을 따라 있는 형광 불빛들이 그를 매료시켰다.

124 한국은 해외로부터 다양한 원료를 수입한다. 그래서 대체 에너지 자원을 찾고 있다.

125 압도적인 다수가 성희롱에 대한 그 법안에 동의했다.

126 감독관은 재정적인 손실을 나의 부주의 탓으로 돌렸다.

127 그의 아슬아슬한 공연이 관객들을 놀라게 했다.

128 야당은 공격적인 무역 정책을 도입했다.

129 두 장기가 단단히 붙어 있어서 우리는 분리할 수 없었다.

130 그 비밀요원은 자신의 정체를 위장했고 뒤에 아무런 흔적도 남기지 않았다.

131 나는 그녀의 이중인격과 위선에 화가 난다. 그녀는 예의 바르게 보이지만, 사실은
     이기적이다.

132 우리가 제재를 철회하지 않으면 무역 마찰이 일어날 것이다.

133 성공하는 사람들은 시련을 겪지만 포기하지 않는다.

134 그 직원들은 3년 동안 연속으로 이윤 목표를 달성했다.

135 무면허 성형수술 후에, 그들은 심각한 부작용에 대해 보상받지 못했다.

136 그 뉴스 특파원은 비상사태를 단독으로 보도했다.

137 나는 일부러 그 약속을 취소했다.

138 위원회는 전시 시간을 연장했다.

139 실망스럽게도, 그들은 내 새 소설의 출판을 미뤘다.

140 그 작가는 세 가지 줄거리로 하나의 공상적인 이야기를 엮었다.

141 난 그의 우스꽝스러운 제안을 단호하게 거절했다.

142 어른들은 종종 청소년기의 추억을 떠올리고 그것을 소중히 간직한다.

143   The nun devoted her whole life to the education of the handicapped.

144   When your kids keep whining or teasing others, do not yell at them or spank them.

DAY 13

145   The volunteers were worried about the shortage of commodities.

146   The criminal repented of his sin sincerely. The judge felt compassion toward him.

147   Tom explained the fundamental principle of gravity to his pupils.

148   The cheater confessed his guilt to a priest.

149   In the mist, the police found the missing lady's identification card and the fur coat.

150   My wife concealed the pearl bracelet in the safe.

151   The population density in the rural area decreased drastically.

152   The U.S must thoroughly eliminate its trade barriers.

153   I put off my departure because of a high fever.

154   Her husband sniffed and detected the subtle scent of her perfume.

155   The exotic landscape attracts a lot of tourists.

156   The results of the overall assessment were quite disappointing.

DAY 14

157   The bureau chief was in charge of the reforms. He got rid of some irrational and outdated customs.

158   I noticed a dim shape in the shade. It was a decayed corpse.

159   People erected a monument for the eminent physicist.

160   This gadget consists of five main parts, so it is easy to disassemble.

161   The mediator is sociable and copes with awkward situations well.

162   The auction company estimated the value of his property by its own criterion.

163   During the epoch of the Industrial Revolution, he accumulated a tremendous amount of wealth.

143	그 수녀는 전 생애를 장애인들의 교육에 바쳤다.
144	아이들이 계속 칭얼대거나 다른 사람을 괴롭힐 때 그들에게 소리 지르거나 엉덩이 때리지 마세요.

145	자원봉사자들은 생필품의 부족을 걱정했다.
146	그 범죄자는 자신의 죄를 진심으로 뉘우쳤다. 판사는 그에게 동정심을 느꼈다.
147	탐은 중력의 기본적인 원리를 학생들에게 설명했다.
148	그 사기꾼은 신부에게 자신의 죄를 고백했다.
149	안개 속에서 경찰은 실종된 여인의 신분증과 모피 코트를 발견했다.
150	내 아내는 진주 팔찌를 금고에 숨겼다.
151	농촌 지역의 인구 밀도가 급격히 감소했다.
152	미국은 무역 장벽을 완전히 제거해야만 한다.
153	나는 고열 때문에 출발을 연기했다.
154	그녀의 남편은 킁킁거리고는 그녀의 향수의 희미한 향기를 감지했다.
155	이국적인 풍경이 많은 관광객들을 끌어들인다.
156	전반적인 평가 결과는 아주 실망스러웠다.

157	국장이 그 개혁을 책임지고 있었다. 그는 몇몇 불합리하고 낡은 관습들을 제거했다.
158	나는 그늘 속의 희미한 형체를 알아보았다. 그것은 부패한 시체였다.
159	사람들은 그 저명한 물리학자를 위해 기념비를 세웠다.
160	그 기기는 다섯 개의 주요 부품들로 구성되어 있어서 분해하기 쉽다.
161	그 중재인은 사교적이어서 어색한 상황에 잘 대처한다.
162	경매 회사는 그의 재산 가치를 자체 기준에 의해 평가했다.
163	산업혁명 시대 동안 그는 막대한 양의 부를 축적했다.

164	Our teacher quoted a sentence from the book of proverbs. "You'll reap as you sow."
165	Despite the innovation, the output of the factory declined.
166	The tamed tiger frightened the timid boy. When it growled, he shuddered with horror.
167	We should abstain from impulse purchases.
168	Counselors deal with internal conflicts. So they must have a profound knowledge of psychology.

DAY 15

169	A billionaire donated a large sum of money to charity.
170	The number of subscribers to the monthly magazine *National Treasure* amounts to 100,000 people.
171	A canal is a convenient system of transportation.
172	I like the temple for its solitary and contemplative atmosphere.
173	The vehicle was somewhat incomplete in every respect.
174	Regular exposure to ultraviolet rays can be harmful, especially to women.
175	The hostess decorated the reception room with luxurious items.
176	The board unanimously adopted the resolution.
177	The mischievous boy committed an irreversible error. He let down his foster parents.
178	John acknowledged his fault but apologized reluctantly.
179	Software piracy is illegal. But it still prevails even after the crackdown.
180	The allies eventually repelled the invader.

DAY 16

181	Check the warranty expiration date and arrange the repairs directly with the manufacturer.
182	A cholera epidemic infected approximately 100 people.

164	우리 선생님은 속담 책에서 한 문장을 인용했다. "뿌린 대로 거두리라."
165	혁신에도 불구하고 그 공장의 생산량은 감소했다.
166	길들인 호랑이가 소심한 소년을 겁나게 했다. 호랑이가 으르렁거리자 소년은 공포에 떨었다.
167	우리는 충동 구매를 삼가야 한다.
168	상담자들은 내적인 갈등을 다룬다. 그래서 그들은 깊이 있는 심리학 지식을 가지고 있어야 한다.

169	한 억만장자가 자선 단체에 큰 금액을 기부했다.
170	월간 잡지 '내셔널 트레져(국보)'의 구독자 수가 10만 명에 이른다.
171	운하는 편리한 운송 체계이다.
172	나는 고독하고 명상적인 분위기 때문에 절을 좋아한다.
173	그 차량은 모든 측면에서 다소 불완전했다.
174	자외선에의 규칙적인 노출은 특히 여성들에게 해로울 수 있다.
175	그 여주인은 응접실을 사치스런 물품들로 장식했다.
176	이사회는 그 결의안을 만장일치로 채택했다.
177	그 말썽 많은 소년은 돌이킬 수 없는 실수를 저질렀다. 그는 양부모를 실망시켰다.
178	존은 그의 잘못을 인정했으나 마지못해 사과했다.
179	소프트웨어 도용은 불법이다. 그러나 단속 후에도 그것은 여전히 널리 퍼져 있다.
180	동맹국들은 결국 침략자를 물리쳤다.

| 181 | 품질보증 만료 날짜를 확인하고 제조사에 직접 수리를 접수하세요. |
| 182 | 콜레라 전염병이 약 100명을 감염시켰다. |

183 **The rebels couldn't put up with the corruption and tyranny of the ruler.**

184 **NASA launched an artificial satellite into orbit.**

185 **The drenched wanderer became weary and found shelter in a deserted hut.**

186 **TV viewers felt antipathy about a panelist's arrogant remarks.**

187 **The branch office manager assigned the task to a staff member who speaks fluent English.**

188 **The negotiations were deadlocked. So the representative resigned.**

189 **The genius has the ability to do complex arithmetic without a calculator.**

190 **As a coordinator, he anticipated an affirmative outcome and ruled out the possibility of failure.**

191 **An astronomer managed to calculate the diameters of the comet and some planets.**

192 **The barrister presented undeniable, convincing evidence.**

DAY 17

193 **A slight mistake could lead to a fatal disaster.**

194 **We improved the structure of the fuel injection system. Hence our compact car surpasses its competitors in driving capability.**

195 **The collapse of the dictatorship is inevitable.**

196 **His eloquence impressed the whole audience.**

197 **Chaos is an initial symptom of social unrest.**

198 **This breed of sheep yields unique wool.**

199 **His assistant preserved the specimen in the laboratory.**

200 **The total expenses exceeded the company's annual revenues.**

201 **The wholesaler pretended to be indifferent to the transaction.**

202 **The architect converted a medieval building into a splendid museum.**

183   반란자들은 그 통치자의 부패와 폭정을 참을 수 없었다.

184   나사(미 항공 우주국)는 인공위성을 궤도에 쏘아 올렸다.

185   흠뻑 젖은 그 떠돌이는 지쳤고 버려진 오두막에서 은신처를 발견했다.

186   TV 시청자들은 한 토론자의 오만한 발언에 반감을 느꼈다.

187   지점장은 그 업무를 유창한 영어를 구사하는 직원에게 할당했다.

188   협상이 교착 상태가 되어 대표가 사임했다.

189   그 천재는 계산기 없이도 복잡한 셈을 하는 능력을 가지고 있다.

190   책임자로서, 그는 긍정적인 결과를 기대했고 실패의 가능성을 배제했다.

191   한 천문학자가 그 혜성과 몇몇 행성들의 직경을 어렵사리 계산해냈다.

192   그 변호사는 부인할 수 없는, 설득력 있는 증거를 제시했다.

193   가벼운 실수가 치명적인 재앙으로 이어질 수도 있다.

194   우리는 연료 주입 시스템 구조를 개선했다. 따라서 우리 소형차는 운전 성능에서 경쟁 상대들을 능가한다.

195   독재 정치의 붕괴는 피할 수 없다.

196   그의 웅변이 모든 청중을 감동시켰다.

197   혼란은 사회 불안의 첫 번째 징후이다.

198   이 품종의 양은 독특한 양모를 생산해낸다.

199   그의 조수가 그 표본을 실험실에 보존했다.

200   총 지출이 그 회사의 연간 수입을 초과했다.

201   그 도매업자는 거래에 무관심한 척했다.

202   그 건축가는 중세의 건물을 멋진 박물관으로 바꿨다.

203	These deadly germs are invisible to the naked eye.
204	At the funeral, the sorrowful widow was sobbing. Her distant relatives comforted her.

DAY 18

205	The interpreter couldn't comprehend the peculiar dialect.
206	The outfits of that era were extremely commonplace.
207	The expedition crew encountered innumerable hardships.
208	The trade deficit swelled from 5 to 10% in the last quarter.
209	The molecule of this substance is a compound of hydrogen and carbon.
210	A: Sorry to bother you, but can you spare a few minutes for me?
211	B: I have no time to discuss such trifling matters.
212	The knight swore revenge on the wicked witch.
213	A philosophical quest for truth involves the ultimate purpose of life.
214	Journalists exaggerate trivial gossip.
215	The shrewd fisherman lured the sharks with squid as bait.
216	Experts urged restraint on the use of antibiotics.

DAY 19

217	His firm invested immense amounts of money.
218	Some countries are exploiting the Arctic by drilling oil wells.
219	The Korean alphabet is comprised of 14 consonants and 10 vowels.
220	His sermons are concise, precise, and sometimes witty. Nobody nods off or yawns while he is preaching.
221	The administration laid off a large number of public servants.
222	Tolerance is crucial for members of ethnic groups.
223	A herd of cattle is grazing in the pasture.
224	In terms of ethics, we should prohibit human cloning.

203 이 치명적인 세균들은 맨눈에 보이지 않는다.

204 장례식에서, 슬픔에 잠긴 미망인은 흐느껴 울고 있었다. 먼 친척들이 그녀를 위로했다.

---

205 그 통역사는 그들의 독특한 사투리를 이해하지 못했다.

206 그 시대의 의상은 지극히 평범했다.

207 그 탐험 대원들은 셀 수 없이 많은 고난을 만났다.

208 무역 적자가 지난 분기에 5에서 10퍼센트로 불어났다.

209 이 물질의 분자는 수소와 탄소의 화합물이다.

210 A: 귀찮게 해서 죄송합니다만, 저를 위해 몇 분만 할애해주시겠어요?

211 B: 저는 그런 사소한 문제를 논의할 시간이 없습니다.

212 그 기사는 사악한 마녀에 대한 복수를 맹세했다.

213 진리를 위한 철학적 탐구는 삶의 궁극적인 목적을 포함한다.

214 기자들은 사소한 소문을 과장한다.

215 그 영리한 낚시꾼은 미끼인 오징어로 상어를 유인했다.

216 전문가들은 항생제 사용에 대한 제한을 촉구했다.

---

217 그의 회사는 막대한 양의 돈을 투자했다.

218 몇몇 나라들이 유정(油井)을 뚫어서 북극을 개발하고 있다.

219 한글은 14개의 자음과 10개의 모음으로 구성된다.

220 그의 설교는 간결하고 정확하며 때론 재치 있다. 그가 설교하는 동안 누구도 졸거나 하품하지 않는다.

221 행정부는 많은 수의 공무원들을 해고했다.

222 관용은 인종 집단 내의 구성원들에게 중요하다.

223 한 무리의 소떼가 목장에서 풀을 뜯고 있다.

224 윤리의 관점에서 우리는 인간 복제를 금지해야 한다.

225	Through fermentation, a biologist made a breakthrough while researching the incurable disease.
226	In the turbulent current and whirling wind, I panicked and couldn't steer the boat.
227	The starving refugees yearned for their homeland.
228	At the trial, the court suspended the execution of the prisoner's sentence.

DAY 20

229	Our seniors dedicated their lives to the struggle for democracy.
230	Darwin came up with the theory of evolution. He contended that the fittest organisms survive.
231	Contrary to our expectations, the customers' responses were fairly negative.
232	Sensitive skin needs sufficient moisture.
233	The labor union supported the conservative party.
234	We are aware of the potential risks of genetic modification.
235	Einstein proved his hypothesis through logical inference.
236	Liberals demonstrated against racial prejudice.
237	The ambassador is always punctual for engagements.
238	Air pollution aggravates respiratory diseases, especially in this region.
239	I bound the bundles with cords and stacked the load in the garage.
240	The stingy miser inherited the estate from his ancestor.

DAY 21

241	A famous novelist translated the work of fiction into his mother tongue.
242	We are recruiting experienced personnel at present. We want to hire plumbers with successful careers.
243	I reserved a portion of my salary for my wedding anniversary.
244	His attempt to persuade her turned out to be useless.

225	한 생물학자가 불치병을 연구하면서 발효를 통해 돌파구를 마련했다.
226	거친 해류와 회오리 바람 속에서, 나는 공황 상태에 빠져 보트를 조종할 수가 없었다.
227	굶주리는 난민들은 그들의 고국을 그리워했다.
228	재판에서, 법정은 그 죄수의 선고 집행을 유예했다.

229	우리 선배들은 민주주의를 위한 투쟁에 삶을 바쳤다.
230	다윈은 진화 이론을 생각해냈다. 그는 가장 적합한 생물체가 살아남는다고 주장했다.
231	우리의 예상과는 반대로, 고객들의 반응은 상당히 부정적이었다.
232	민감한 피부는 충분한 수분을 필요로 한다.
233	노동조합은 보수당을 지지했다.
234	우리는 유전자 변형의 잠재적 위험에 대해 의식하고 있다.
235	아인슈타인은 논리적 추론을 통해 그의 가설을 증명했다.
236	자유주의자들은 인종 편견에 맞서 시위를 했다.
237	그 대사는 약속에 대해 항상 제시간을 지킨다.
238	대기 오염은 특히 이 지역에서 호흡기 질환을 심화시킨다.
239	나는 꾸러미들을 줄로 묶고 짐을 차고에 쌓아두었다.
240	그 인색한 구두쇠는 조상으로부터 토지를 상속받았다.

241	한 유명한 소설가가 그 소설 작품을 그의 모국어로 번역했다.
242	우리는 현재 경험이 있는 직원을 모집하고 있습니다. 우리는 성공적인 경력을 가진 배관기사를 고용하길 원합니다.
243	나는 결혼기념일을 위해서 내 월급의 일부를 떼어두었다.
244	그녀를 설득하려는 그의 시도가 소용없었던 것으로 판명되었다.

245	**The eruption of the volcano would be an unprecedented catastrophe.**
246	**The pedestrian ignored the driver's repeated warnings.**
247	**On behalf of the staff, I appreciate your genuine effort.**
248	**The antonym of pessimistic is optimistic.**
249	**The dishes were not delicious. They tasted awful.**
250	**After the operation, he recovered from the ligament injury.**
251	**His speech on patriotism was appropriate for the Independence Day celebration.**
252	**The medicine the veterinarian prescribed contained a toxic narcotic.**

DAY 22

253	**The doctor is seeking proper treatment for diabetes and arthritis.**
254	**The army was bewildered by the enemy's assault and considered a strategic retreat.**
255	**The cost of enrollment soared last semester.**
256	**Some officials maintained solid ties with gigantic corporations.**
257	**The legend persisted for nearly 100 years.**
258	**CEO is an acronym for chief executive officer.**
259	**The boss deemed my approach unsuitable and impractical.**
260	**The soldier sustained a penetrating wound in his chest by a stray bullet.**
261	**If you compare the two civilizations, you'll find similar aspects.**
262	**I installed a temporary platform in the conference room.**
263	**The medicine soothed my sore throat.**
264	**Strip a piece of bark from the trunk and trim the edges. Cut it into a square or a rectangle.**

245	그 화산의 폭발은 유례없는 재앙이 될 것이다.
246	그 행인은 운전자의 반복된 경고를 무시했다.
247	직원들을 대신해서 당신의 진정한 노력에 감사 드립니다.
248	'비관적인'의 반대말은 '낙관적인'이다.
249	그 요리들은 맛이 없었다. 그것들은 끔찍한 맛이 났다.
250	수술 후 그는 인대 부상에서 회복했다.
251	애국심에 관한 그의 연설은 독립기념일 행사에 적절했다.
252	그 수의사가 처방한 약은 독성 마취제를 포함했다.

253	그 의사는 당뇨병과 관절염에 대한 적절한 치료법을 찾고 있다.
254	그 군대는 적의 공격에 당황해서 전략상 후퇴를 고려했다.
255	지난 학기에 등록 비용이 치솟았다.
256	몇몇 관리들은 거대 기업들과 굳건한 연줄을 유지하고 있었다.
257	그 전설은 거의 100년 동안 지속되었다.
258	CEO는 chief(최고) executive(경영) officer(임원)의 머리글자어이다.
259	사장은 내 접근법이 부적절하고 비실용적이라고 여겼다.
260	그 병사는 빗나간 총알에 의해 가슴에 관통상을 입었다.
261	두 문명을 비교하면 너는 유사한 측면을 발견할 것이다.
262	나는 임시 연단을 회의실에 설치했다.
263	그 약은 나의 아픈 목을 가라앉혀 주었다.
264	나무 몸통에서 껍질 한 조각을 벗겨내서 끄트머리를 다듬으세요. 그걸 정사각형이나 직사각형으로 자르세요.

DAY 23

265　The trainee doesn't complain about his daily routine. He is diligent and never grumbles.

266　The economic depression has lasted for quite a long time.

267　Exercising after a meal can interfere with digestion.

268　The newly elected president announced a long-term job creation plan.

269　Self-esteem contributes to the development of a mature personality.

270　Heredity is the most distinctive feature in the field of botany.

271　An abnormal phenomenon like desertification can take place.

272　Rust can shorten the lifespan of household appliances.

273　The commander occupied the nobleman's territory.

274　The vivid memory of that embarrassing moment haunted me incessantly.

275　The imprisoned rogues barely escaped at dawn.

276　We occasionally resort to violent measures. But the end cannot justify the means.

DAY 24

277　The president abode by his commitment to halt the economic recession.

278　The engineer accurately measured the width, height, and volume.

279　The terrorists released the detained hostages.

280　Solar and tidal power generation can supplement fossil fuels.

281　The war devastated a vast area on the continent.

282　Thanks to favorable weather and good irrigation, the farmers harvested an abundant amount of crops.

283　A: How was your journey?

284　B: It was terrific. The Great Plains was picturesque.

285　They forbade everyone from crossing the border without permission.

286　The continuing drought expanded the barren desert.

265 그 훈련생은 매일의 일과에 대해 불평하지 않는다. 그는 부지런하며 투덜대는 법이 없다.

266 경기침체가 꽤 오랫동안 지속되고 있다.

267 식사 후의 운동은 소화를 방해할 수 있다.

268 새로 선출된 대통령은 장기적인 일자리 창출 계획을 발표했다.

269 자존감은 성숙한 인격의 발달에 기여한다.

270 유전은 식물학 분야에서 가장 두드러진 특징이다.

271 사막화와 같은 비정상적인 현상이 일어날 수 있다.

272 녹은 가전제품의 수명을 단축할 수 있다.

273 사령관은 그 귀족의 영토를 차지했다.

274 그 당황스런 순간의 생생한 기억이 끊임없이 나를 따라다녔다.

275 갇혀 있던 깡패들이 가까스로 새벽에 탈출했다.

276 우리는 종종 폭력적인 수단에 의지한다. 하지만 목적이 수단을 정당화할 수는 없다.

277 대통령은 경기 후퇴를 막겠다는 공약을 지켰다.

278 기술자가 너비, 높이, 그리고 부피를 정확하게 쟀다.

279 테러범들이 억류된 인질들을 풀어주었다.

280 태양열과 조력 발전이 화석 연료를 보완화할 수 있다.

281 전쟁은 그 대륙의 광활한 지역을 황폐화했다.

282 양호한 날씨와 좋은 관개수로 덕분에, 농부들은 풍부한 양의 작물을 수확했다.

283 A: 여행은 어땠어?

284 B: 아주 끝내줬지. 대평원은 그림 같더라.

285 그들은 모든 사람이 허가 없이 국경을 넘어가는 것을 금지했다.

286 계속된 가뭄이 황폐한 사막을 확장시켰다.

287 **The pursuit of happiness is an eternal and universal value.**

288 **Her lie reinforced his determination to get a divorce.**

DAY 25

289 **The leader hanged the betrayer in front of a resentful crowd.**

290 **People marveled at the gorgeous blooms.**

291 **This material partially interrupts an electric current.**

292 **The newspaper conducted a nationwide survey on child abuse.**

293 **Statistics indicate that the drugs have an impact on productivity.**

294 **His detailed description offered concrete clues to the investigators.**

295 **In the ritual, goat's blood symbolized a sacred sacrifice.**

296 **Doctors recommend that infants have a balanced diet and sufficient nutrition.**

297 **Although nurturing kids is hard, child-rearing still remains a parental obligation.**

298 **Don't abandon hope. Turn frustration into an opportunity.**

299 **Qualified instructors conduct the exploration program.**

300 **Nerve cells store and transmit information via specific contact sites.**

DAY 26

301 **Comedians possess a keen sense of humor and enthusiasm.**

302 **Gambling addicts can't resist temptation.**

303 **There were roughly 100 casualties from the suicide bomb blast. It was a savage crime.**

304 **The existence of the radical feminist movement means that gender discrimination has not yet lessened.**

305 **The outraged people expelled the vicious oppressor.**

306 **Armed police arrested the disobedient civilians and suppressed the riot.**

307 **The kidney and the liver adequately carry out waste-disposal functions.**

287 행복 추구는 영원하고 보편적인 가치이다.

288 그녀의 거짓말이 이혼하려는 그의 결심을 더욱 강하게 만들었다.

289 그 지도자는 분개한 군중 앞에서 배반자를 목매달았다.

290 사람들은 멋진 꽃들에 경탄했다.

291 이 물질은 부분적으로 전기 흐름을 방해한다.

292 그 신문사는 아동 학대에 대한 전국적인 조사를 실시했다.

293 통계는 그 약이 생산성에 영향을 미친다는 것을 나타낸다.

294 그의 상세한 묘사가 수사관들에게 구체적인 단서들을 제공했다.

295 그 의식에서 염소의 피는 신성한 희생을 상징했다.

296 의사들은 유아들이 균형 잡힌 식사를 하고 충분한 영양을 섭취해야 한다고 권장한다.

297 아이들을 키우는 것이 어려운데도 불구하고 자녀 양육은 여전히 부모의 의무로 남아 있다.

298 희망을 버리지 마라. 좌절을 기회로 바꿔라.

299 자격을 갖춘 강사들이 그 탐사 프로그램을 이끕니다.

300 신경 세포는 특정한 접촉 지점을 거쳐서 정보를 저장하고 전송한다.

301 코미디언들은 날카로운 유머 감각과 열정을 소유하고 있다.

302 도박 중독자들은 유혹에 저항하지 못한다.

303 자살 폭탄 폭발의 사상자 수가 대략 100명에 이르렀다. 그것은 야만적인 범죄행위였다.

304 급진적인 여성 운동의 존재는 성차별이 아직 줄지 않았다는 것을 의미한다.

305 성난 사람들은 그 사악한 압제자를 추방했다.

306 무장한 경찰이 복종하지 않는 민간인들을 체포하고 폭동을 진압했다.

307 신장과 간은 노폐물 처리 기능을 적절하게 수행한다.

308 **HIV stands for human immunodeficiency virus.**

309 **The explosion destroyed the production capacity of the facility.**

310 **The private tutoring I received was not satisfactory, so I demanded a refund.**

311 **Global warming is melting glaciers at an alarming pace.**

312 **The account validity period has been prolonged for a month.**

DAY 27

313 **The sculptor carved the marble into a smaller version of the Statue of Liberty.**

314 **The model's striped suit reflects the current vogue.**

315 **The association frequently alters the terms of admission.**

316 **God implanted instinctive intuition in us. It's a divine blessing.**

317 **Moderate exercise diminishes stress and mitigates migraines.**

318 **The ABC Language Institute boasts an intensive curriculum in English composition.**

319 **Meditation will ease your tension. Rest your hands on your thighs and straighten your spine. Then, inhale deeply.**

320 **The Japanese navy surrendered to the invincible fleet.**

321 **Lobbyists maintain intimate relationships with some celebrities.**

322 **Plenty of city dwellers commute to the suburbs.**

323 **The editor revised the article. He corrected a few phrases.**

324 **The torch was flickering. Her vision was too blurry to discern any objects.**

DAY 28

325 **Keep in mind the maxim "Spare the rod and spoil the child."**

326 **Both sides were stubborn and obstinate. So they didn't reach a conclusion.**

327 **The fragile porcelain shattered into tiny fragments.**

308	HIV는 인간 면역 결핍 바이러스를 의미한다.
309	폭발 사고가 그 시설의 생산 능력을 파괴했다.
310	내가 받은 개인 교습이 만족스럽지 않아서 환불을 요구했다.
311	지구 온난화가 놀라운 속도로 빙하를 녹이고 있다.
312	계좌 유효 기간이 한 달 동안 연장되었습니다.

313	그 조각가는 대리석을 자유의 여신상의 작은 형태로 깎았다.
314	그 모델의 줄무늬 정장은 현재의 유행을 반영한다.
315	그 협회는 가입 조건을 자주 변경한다.
316	신은 우리 안에 본능적인 직감을 심어주었다. 그것은 신의 은총이다.
317	적당한 운동은 스트레스를 감소시키고 편두통을 완화한다.
318	ABC 어학원은 영작문에서의 강도 높은 교육과정을 자랑한다.
319	명상은 긴장을 덜어줄 것입니다. 손을 넓적다리에 두고 척추를 펴세요. 그리고나서 깊게 숨을 들이쉬세요.
320	일본 해군은 그 무적함대에 항복했다.
321	로비스트들은 유명 인사들과 친밀한 관계를 유지하고 있다.
322	많은 도시 거주자들이 교외 지역으로 통근한다.
323	편집자는 그 기사를 교정했다. 그는 몇 개의 어구를 고쳤다.
324	횃불은 흔들리고 있었다. 그녀의 시야는 사물들을 알아보기에는 너무 흐릿했다.

325	'몽둥이를 아끼면 자식을 망친다'는 격언을 명심해라.
326	양측 모두 고집스럽고 완고했다. 그래서 그들은 결론에 이르지 못했다.
327	그 깨지기 쉬운 도자기는 아주 작은 조각들로 산산이 부서졌다.

328 The delegate resolved the dispute swiftly through formal diplomatic channels.

329 The troops leaped over the shallow ditch.

330 The theme of her thesis was obscure. She used ambiguous terms.

331 The dormitory inspector praised my friend for her neat and tidy closet. In contrast, mine was messy.

332 Passengers are supposed to confirm their reservations.

333 The physician's diagnosis was stunning. It was permanent paralysis in the lower limbs.

334 The word slave originally derived from Slav.

335 Approval of the budget was a top priority.

336 The parrot mimicked his accent and pronunciation.

DAY 29

337 We can extract absorbable protein from vegetable fiber tissues and fluids.

338 These diverse signals imply different levels of hazard.

339 The platoon undertook a decisive role in combat. It blocked the enemy's supply routes.

340 Generally, obesity is a dominant factor in early death.

341 The flood swept away the village, and the isolated residents perished.

342 To induce sleep, the insomnia patient swallowed a bitter pill. Then, he frowned.

343 Edison was so naive. He snatched an egg from the basket and tried to hatch it in the hay.

344 The members of the tribe worshiped the rock for its spiritual energy.

345 An abrupt noise distracted him, so he could not pay attention.

346 Ultimately, the city council agreed with him and boycotted the project.

347 Gratitude and politeness are vital virtues in life.

348 The members of the post-war generation were deprived of hope. They were desperate.

328	그 대표자는 공식적인 외교 채널을 통해 분쟁을 신속하게 해결했다.
329	그 부대는 얕은 수로를 건너뛰었다.
330	그녀의 논문은 주제가 모호했다. 그녀는 애매한 용어들을 사용했다.
331	기숙사 사감은 깔끔하고 정돈된 옷장에 대해 내 친구를 칭찬했다. 대조적으로 내 것은 지저분했다.
332	승객들은 예약을 확인해야 한다.
333	의사의 진단은 충격적이었다. 그것은 하지의 영구적인 마비라는 진단이었다.
334	'노예'라는 단어는 원래 '슬라브인'으로부터 유래했다.
335	예산의 승인이 최우선사항이었다.
336	앵무새가 그의 말투와 발음을 흉내 냈다.

337	우리는 흡수가 잘되는 단백질을 야채의 섬유 조직과 수분에서 추출할 수 있다.
338	이 다양한 신호들은 다른 수준의 위험을 암시한다.
339	그 소대는 전투에서 결정적인 역할을 떠맡았다. 그들은 적의 보급로를 차단했다.
340	일반적으로, 비만은 조기 사망의 주요한 요소이다.
341	홍수가 그 마을을 휩쓸어버렸고 고립된 주민들은 죽음을 맞이했다.
342	잠을 유도하기 위해, 그 불면증 환자는 쓴 알약을 삼켰다. 그러더니 얼굴을 찡그렸다.
343	에디슨은 매우 순진했다. 그는 바구니에서 계란을 잡아채서는 건초 속에서 그것을 부화시키려고 했다.
344	그 부족의 구성원들은 영적인 에너지 때문에 바위를 숭배했다.
345	갑작스런 소음이 그를 산만하게 해서 집중을 할 수가 없었다.
346	결국 시의회는 그에게 동의하고 사업에 불참했다.
347	감사와 예의 바름은 인생에서 필수적인 덕목이다.
348	전후 세대의 구성원들은 희망을 빼앗겼다. 그들은 절망적이었다.

DAY 30

349   I wiped the windshield with liquid detergent and removed the stains and the spots.

350   My children did errands and a heap of chores spontaneously. It was incredible!

351   The shepherd was hastily gathering the scattered flock.

352   Hydrogen cars utilize sophisticated exhaust gas treatment systems. They just give off water vapor.

353   Only authorized filters reduce gas emissions efficiently.

354   Drivers were honking their horns, and I realized that I was stuck in a traffic jam.

355   The ozone layer forms when oxygen is subjected to electrical discharges. Meanwhile, acidic gases will probably worsen its depletion.

356   I photographed the women bargaining amid the chanting of the street singers.

357   Minute particles were floating in the air.

358   Who is the most charming figure in Korean contemporary literature?

359   This chart illustrates a steady increase in the illiteracy rate.

360   Basically, you have to figure out the process of a nuclear fusion reaction.

DAY 31

361   The plant's automated procedure refines crude oil and generates high-quality gasoline.

362   My kid can't do addition and subtraction, let alone multiplication.

363   The colony declared its independence and established a united republic.

364   The bride pledged loyalty without hesitation. The groom vowed to do the same.

365   Regret is just time consuming. Don't dwell on the past.

366   The nation was eagerly awaiting a prompt compromise.

367   Prophets foresee people's destiny. However, their predictions do not necessarily come true.

349 나는 액상 세제로 앞유리창을 닦고 때와 얼룩을 제거했다.

350 우리 아이들이 심부름과 산더미 같은 집안일을 자발적으로 했다. 그것은 믿어지지가 않았다!

351 양치기는 흩어진 양떼를 서둘러 모으고 있었다.

352 수소차는 정교한 배기가스 처리 시스템을 이용한다. 그것은 수증기만을 배출한다.

353 오직 허가받은 필터만이 가스 배출을 효율적으로 줄인다.

354 운전자들은 경적을 울리고 있었고 나는 내가 교통체증 속에 꼼짝도 못하고 있다는 것을 깨달았다.

355 산소가 전기 방전에 영향 받을 때 오존층이 형성된다. 한편 산성 가스들은 아마도 오존층 소실을 악화시킬 것이다.

356 나는 길거리 가수들의 노랫소리 한복판에서 흥청하고 있는 여자들을 사진 찍었다.

357 미세한 입자들이 공기 중에 떠다니고 있었다.

358 한국의 현대 문학에서 가장 매력적인 인물은 누구인가?

359 이 도표는 문맹률의 꾸준한 증가를 보여준다.

360 기본적으로 너는 핵융합 반응의 과정을 이해해야 한다.

---

361 그 공장의 자동화된 공정이 원유를 정제하고 고품질의 휘발유를 만들어낸다.

362 우리 애는 곱셈은 고사하고 덧셈이나 뺄셈도 못해요.

363 그 식민지는 독립을 선언하고 연합 공화국을 세웠다.

364 신부는 주저 없이 충성을 서약했다. 신랑도 그렇겠다고 맹세했다.

365 후회는 시간 낭비이다. 과거일에 대해 생각하지 마라.

366 국민들은 즉각적인 타협을 절실히 기다리고 있었다.

367 예언가들은 사람의 운명을 예견한다. 그러나 그들의 예언이 꼭 실현되지는 않는다.

368	**Our considerate boss complimented his secretary on her integrity.**
369	**You ought to be a bit bolder and more daring. Don't be passive.**
370	**When interest rates are unstable, don't deposit money. Withdraw it at once.**
371	**To restore consciousness to the patient, the healer counted on this conventional remedy.**
372	**That sly player doesn't deserve a prize. He obviously used deceitful tactics.**

DAY 32

373	**The merciless merchant didn't feel any sympathy for the miserable beggars.**
374	**The haughty champion treated the challenger like a coward.**
375	**His statement was contradictory and inconsistent.**
376	**Actually, the proportion of bankrupt companies rose to 20%.**
377	**A: I owe you a lot. I'm grateful to you.**
378	**B: Don't mention it.**
379	**A terrible famine within the province triggered the revolt.**
380	**This job requires earnest endeavor, untiring energy, and the utmost exertion.**
381	**Social inequality hinders progress.**
382	**Fold the cloth in half and stitch it with fine thread.**
383	**A monetary incentive motivated the workers. They resumed construction.**
384	**As he wrote in the preface of his autobiography, his wretched life was a series of afflictions and perseverance.**

DAY 33

385	**The archaeologist blocked the entrance of the tomb out of fear of the mummy's curse.**
386	**The maid sorted the dyed clothing from the laundry bag.**
387	**The silly monarch shifted the huge tax burden to individuals.**

368	사려 깊은 우리 사장님이 성실함에 대해 비서를 칭찬했다.
369	너는 조금 더 대담하고 과감해야 한다. 수동적으로 되지 말아라.
370	이자율이 불안정할 때는 돈을 예금하지 마라. 즉시 돈을 빼내라.
371	환자의 의식을 회복시키기 위해 치료사는 이 재래식 치료법에 의존했다.
372	그 약삭빠른 선수는 상 받을 자격이 없다. 그는 명백히 기만적인 전술을 사용했다.
373	그 자비심 없는 상인은 비참한 걸인들에게 어떤 동정심도 느끼지 못했다.
374	그 오만한 챔피언은 도전자를 겁쟁이처럼 취급했다.
375	그의 진술은 모순되었고 일관성이 없었다.
376	실제로, 도산한 회사들의 비율이 20퍼센트까지 상승했다.
377	A: 당신에게 많이 신세 졌습니다. 감사합니다.
378	B: 그런 말씀 하지 마세요.
379	그 지역 내 끔찍한 기근이 반란을 촉발했다.
380	이 일은 진지한 노력, 지치지 않는 에너지, 그리고 최대한의 노력을 요구한다.
381	사회적 불평등은 진보를 방해한다.
382	천을 반으로 접고 가느다란 실로 그것을 꿰매라.
383	금전적인 보상이 일꾼들에게 동기를 부여했다. 그들은 공사를 재개했다.
384	그가 자서전 머리말에 썼듯이, 그의 비참한 삶은 고통과 인내의 연속이었다.
385	그 고고학자는 미라의 저주에 대한 두려움으로 무덤 입구를 막아버렸다.
386	그 가정부는 세탁물 주머니에서 염색된 옷가지를 골라냈다.
387	그 어리석은 군주는 엄청난 세금 부담을 개인들에게 전가했다.

388	I found a check enclosed in the envelope. It was a reward for my labor.
389	Some enterprises have monopolies in the domestic market.
390	We have to assure transparency in our accounting systems. It's a critical issue.
391	Further inquiries will disclose their apparent fraud.
392	Private health insurance should be affordable to the underprivileged.
393	Frankly speaking, the substitute players have a sense of inferiority.
394	When an uncontrollable contamination breaks out, an alert is issued.
395	The entrepreneur founded a library and also vigorously sponsored book fairs.
396	Communists have a distorted notion of capitalism.

DAY 34

397	The director won an award for his outstanding documentary.
398	The insane painter drew a weird and grotesque portrait.
399	His assertion is based on relevant facts.
400	I slipped on the polished floor. Unfortunately, I sprained my ankle and wrist.
401	A year later, we met accidentally. Was it a mere coincidence or destiny?
402	With a grin, the marine bid a fond, touching farewell to his sweetheart.
403	My nephew appears odd, but he is a sound-minded fellow.
404	The sunset was magnificent and spectacular. It was literally awesome.
405	Rotate your knees clockwise. In sequence, bend your elbows 45 degrees.
406	The actor rejected claims about his exemption from military service.
407	Slicers, chopping boards, and grinders are very useful cooking utensils.
408	The athletes were not used to the humid climate.

388 나는 봉투 안에 동봉된 수표를 발견했다. 그것은 내 노고에 대한 보상이었다.

389 몇몇 기업들은 국내 시장에서 독점권을 가지고 있다.

390 우리는 회계 시스템에서 투명성을 확실히 해야 한다. 그것은 중대한 문제다.

391 추가적인 조사가 그들의 명백한 사기행위를 드러낼 것이다.

392 개인 건강 보험은 소외계층에게 감당할 만한 것이어야 한다.

393 솔직히 말해, 대체 선수들은 열등감을 가지고 있다.

394 통제 불가능한 오염이 발생하면 경계경보가 발령된다.

395 그 기업가는 도서관을 건립했고 또한 도서 박람회를 열심히 후원했다.

396 공산주의자들은 자본주의에 대한 왜곡된 관념을 가지고 있다.

397 그 감독은 뛰어난 다큐멘터리로 상을 받았다.

398 그 미친 화가는 이상하고 괴이한 초상화를 그렸다.

399 그의 주장은 관련된 사실들에 기초하고 있다.

400 나는 광낸 마루 위에서 미끄러졌다. 불행히도, 난 발목과 손목을 삐었다.

401 일 년 후에 우리는 우연히 만났다. 그것은 단순한 우연이었을까 아니면 운명이었을까?

402 싱긋 웃음과 함께 그 해병대원은 애인에게 다정하고 감동적인 작별인사를 고했다.

403 내 조카는 이상해 보이지만 건전한 정신을 가진 친구이다.

404 일몰이 웅장하고 환상적이었다. 그것은 말 그대로 경이로웠다.

405 무릎을 시계 방향으로 돌리세요. 그리고 연속해서 팔꿈치를 45도로 굽히세요.

406 그 배우는 자신의 군복무 면제에 대한 주장들을 일축했다.

407 슬라이서, 도마 그리고 분쇄기는 매우 유용한 요리 기구이다.

408 그 운동선수들은 습한 기후에 익숙하지 않았다.

DAY 35

409	His counterfeit signature was flawless.
410	The lumberman sawed the hollow tree trunk and boughs. Then, he split logs with an axe.
411	The wizard agitated the frantic mob with a spell.
412	Military discipline is too rigid for ordinary people.
413	Without explicit consent, they didn't allow interviews with the inmates.
414	Drinking during pregnancy is likely to affect the baby's intelligence.
415	Due to his conspicuous physical defect, he has anthropophobia.
416	Only conscientious leaders can raise our moral standards.
417	Reckless hunting brought about the virtual extinction of the reptile.
418	The retailer delivered a multitude of goods.
419	My hobby is discovering and collecting rare items only available at flea markets.
420	As for blood vessels, a striking trait of arteries is their thick walls. The walls of veins are relatively thin.

DAY 36

421	The furious victims called for the strict enforcement of the law.
422	The predator chased its prey along the trail and seized it.
423	The chimneysweeper buried the dumped garbage in the pit.
424	The intruders conquered the Vulcan peninsula and obtained an advantageous position in the war.
425	They transformed the desolate wilderness into a thriving amusement park.
426	My niece seldom uttered a single word. She was reserved, that is, she was an introverted girl.
427	The equator divides the Earth into two hemispheres.
428	Classics truly nourish your mind and inspire you.
429	Do not choose your company or spouse randomly. Think deliberately.

409 그의 가짜 서명은 흠잡을 데 없었다.

410 그 벌목꾼은 속 빈 나무 몸통과 가지들을 톱질했다. 그 다음에 통나무를 도끼로 쪼갰다.

411 마법사는 주문을 걸어 광분한 폭도들을 선동했다.

412 군대의 규율은 보통 사람들에겐 너무 엄격하다.

413 명백한 허가 없이는, 그들은 수감자들과의 면담을 허락하지 않았다.

414 임신 기간 중의 음주는 아기의 지능에 영향을 줄 가능성이 있다.

415 눈에 띄는 신체적 결함 때문에 그는 대인공포증을 가지고 있다.

416 오직 양심적인 지도자들만이 우리의 도덕적 수준을 높일 수 있다.

417 무분별한 사냥이 그 파충류의 사실상의 멸종을 초래했다.

418 그 소매상은 수많은 상품들을 배달했다.

419 내 취미는 오직 벼룩시장에서만 구할 수 있는 희귀한 물건들을 발견하고 수집하는 것이다.

420 혈관에 대해 말하자면, 동맥의 두드러진 특징은 그것의 두꺼운 벽이다. 정맥의 벽은 상대적으로 얇다.

421 분노한 피해자들은 엄격한 법 집행을 요구했다.

422 그 포식동물은 자취를 따라 먹잇감을 쫓았고 그것을 붙잡았다.

423 굴뚝 청소부는 버려진 쓰레기를 구덩이에 묻었다.

424 침략자들은 발칸 반도를 정복하고 전쟁에서 유리한 위치를 획득했다.

425 그들은 황량한 황무지를 번창하는 놀이공원으로 탈바꿈시켰다.

426 내 조카딸은 좀처럼 한 단어도 말하지 않았다. 그녀는 많이 수줍어하는, 즉 내성적인 소녀였다.

427 적도는 지구를 두 개의 반구로 나눈다.

428 고전은 확실히 너의 정신을 길러주고 너에게 영감을 준다.

429 너의 벗이나 배우자를 무작정 고르지 마라. 신중히 생각해라.

430 The rotten stuff in the freezer is poisonous. Throw it away in a trash can.

431 The bright kid grasped the interactive connection between temperature and pressure.

432 The captives stared blankly at one another. They were all exhausted from toiling during the day.

433 His coworkers blamed him. Thus, the boss dismissed him without pity.

434 Everybody cast doubtful glances regarding his faithfulness.

435 The lad gazed at the murmuring stream and recollected memories of his childhood.

436 Owing to the monotonous tune, he became drowsy and dozed off briefly.

437 Speeding often results in tragic collisions. Fasten your seatbelt.

438 His appealing address grabbed the voters' attention.

439 His assumption was plausible and gained widespread consensus.

440 A characteristic of a thrifty homemaker is modesty in expenditures.

441 This lubricant enables the smooth insertion of the steel shaft.

442 Don't provoke ferocious or bad-tempered pets.

443 At feeding time, the zookeepers confine the roaming tigers in a cage.

444 Stanley doesn't meddle in others' affairs on any occasions. It's his creed.

445 The descendants of the pioneers readily conformed to the natives' practices.

446 During the past decade, Korea achieved a trade surplus on a large scale.

447 We strolled down a narrow alley and passed our destination.

448 The cosmos is infinite. We cannot fix its boundary and the velocity of its expansion.

430	냉동고 안의 부패한 재료는 독성이 있다. 쓰레기통에 버려라.
431	그 영리한 아이는 온도와 압력 사이의 상호작용 관계를 이해했다.
432	포로들은 서로 멍하니 쳐다보았다. 그들은 하루 종일의 노역으로 모두 지쳐 있었다.
433	그의 동료들이 그를 비난했다. 그래서 사장은 유감없이 그를 해고했다.
434	그의 충실함에 대해 모두들 의심스러운 시선을 던졌다.
435	그 젊은이는 졸졸 흐르는 시냇물을 바라보며 어린 시절의 기억을 떠올렸다.
436	단조로운 곡조 때문에 그는 졸려서 잠깐 졸았다.
437	과속은 종종 비극적인 추돌사고로 이어집니다. 안전벨트를 착용하세요.
438	그의 호소력 있는 연설이 유권자들의 주의를 사로잡았다.
439	그의 추측은 그럴듯했고 폭넓은 공감대를 얻었다.
440	검소한 주부의 특징은 씀씀이에서의 소박함이다.
441	이 윤활제는 강철봉의 부드러운 삽입을 가능하게 해줍니다.
442	사납거나 성질이 나쁜 애완동물들을 자극하지 마라.
443	먹이 주는 시간에, 동물원 사육사들은 돌아다니는 호랑이들을 우리에 가둔다.
444	스탠리는 어떤 경우에도 남의 일에 간섭하지 않는다. 그것이 그의 신조이다.
445	개척자들의 자손들은 원주민들의 관습에 기꺼이 순응했다.
446	지난 10년 동안 한국은 대규모로 무역 흑자를 달성했다.
447	우리는 좁은 샛길을 따라 거닐다가 목적지를 지나쳤다.
448	우주는 무한하다. 우리는 그 경계와 팽창 속도를 정할 수가 없다.

449　The peak rises to an altitude of 6,000m. At that height, respiration is hard because oxygen is scarce.

450　A drowning man will clutch at a straw.

451　I usually exchange informal greetings with my acquaintances.

452　Dissolve one dose in lukewarm water. Do not take this medication on an empty stomach.

453　A feminist condemned the beauty pageant. She said, "Bodily beauty is just superficial."

454　We all aspire to build an ideal world, but it's a sheer illusion.

455　The traitor knelt and pleaded for forgiveness. So the emperor granted him a pardon.

456　The synonym of immediately is instantly.

DAY 39

457　When you handle inflammable materials in this warehouse, refer to this manual.

458　His nagging wife scratched his forehead and left a scar.

459　The illumination dazzled my eyes and made me feel dizzy.

460　His grocery business prospered rapidly. He used to be a burglar, but now he's better off.

461　The torture was unbearable. Nevertheless, he endured the torment.

462　The saplings are withering in the scorching heat.

463　The fairy vanished into the tranquil forest.

464　When you learn French, dictation is perhaps the most puzzling part. Practice with core vocabulary.

465　Stir gently. The broth is splashing out. Add some seasoning. There is crushed pepper in the small bowl.

466　During the lecture, the professor cited an example from an illustrated edition of Greek myths.

467　A: I'm distressed about my wrinkles.

468　B: I bet you that anti-aging ointment will work.

449	산꼭대기는 6000미터의 고도로 솟아 있다. 그 높이에서는 산소가 희박하기 때문에 호흡이 힘들다.
450	물에 빠진 사람은 지푸라기라도 붙잡는다.
451	나는 알고 지내는 사람들과 보통 격식을 차리지 않은 인사를 주고받는다.
452	1회 복용량을 미지근한 물에 녹이세요. 빈속에 이 약을 복용하지 마세요.
453	한 페미니스트가 미인대회를 비난했다. 그녀는 말했다. "육체적인 아름다움은 피상적일 뿐입니다."
454	우리 모두는 이상적인 세계를 만들고자 열망한다. 그러나 그것은 완전한 환상이다.
455	그 반역자는 무릎을 꿇고 용서를 빌었다. 그래서 황제는 그에게 사면을 내렸다.
456	'즉시'의 유의어는 '곧'이다.

457	이 창고의 인화성 물질을 다룰 때에는 이 설명서를 참고해라.
458	그의 잔소리 심한 부인이 이마를 할퀴어 상처를 남겼다.
459	조명이 내 눈을 눈부시게 해서 어지러움을 느꼈다.
460	그의 식료품 사업이 빠르게 번창했다. 그는 한때 도둑이었지만 지금은 잘 산다.
461	그 고문은 견디기 힘들었다. 그럼에도 불구하고, 그는 고통을 견뎌냈다.
462	타오르는 더위 속에 묘목들이 말라가고 있다.
463	그 요정은 고요한 숲 속으로 사라졌다.
464	프랑스어를 배울 때 아마도 받아쓰기가 가장 헷갈리는 부분일 것이다. 핵심 어휘로 연습하라.
465	부드럽게 저어야지. 국물이 튀잖아. 양념 좀 더 넣고. 작은 사발 안에 으깬 후추가 있어.
466	강의하는 동안, 그 교수는 그리스 신화들의 삽화가 들어간 판본에서 한 예를 인용했다.
467	A: 주름 때문에 걱정이야.
468	B: 노화 방지 크림이 효과가 있을 거라고 장담해.

469 The prosecutors extensively probed the smuggling organization.

470 The drunkard stumbled back and fractured his skull.

471 I rubbed out the scribbles in the margin of my notebook.

472 Recycle discarded garments. They are not rubbish.

473 I'd rather send this parcel by express registered mail.

474 Beware the scary, fierce watchdog. It bites.

475 I happened to catch a glimpse of a faded photograph.

476 Speculative venture capital is undermining the growth of the stock market.

477 The conceptions in the verse are too abstract.

478 The new pension legislation faced mounting protests by taxpayers.

479 Specialists commenced to clear the radioactive waste from the designated area.

480 The pirate captain ordered a raid on the fortress.

481 Our company implemented a system of flexible working hours. It boosted the workers' morale.

482 The visitors mourned for the deceased. Some fainted while lamenting.

483 I accused him of taking bribes. Moreover, one of his peers testified unfavorably.

484 Admiral Lee said, "Everybody is doomed to die. I'm willing to die for the sake of peace."

485 His friends laid flowers before the coffin and prayed solemnly.

486 The counting of the ballots was broadcast simultaneously throughout the country.

487 The peasant plowed the meadow and sowed barley seeds.

488 We provide all the components of the equipment for our clients overseas.

489 The result of the exit poll was manifest. It was a landslide victory.

469	검찰은 그 밀수 조직을 광범위하게 조사했다.
470	그 술꾼은 뒤로 넘어져서 두개골이 골절되었다.
471	나는 공책 여백에 있는 낙서들을 지웠다.
472	버려진 옷가지들은 재활용해라. 그것들은 쓰레기가 아니다.
473	이 소포를 빠른 등기 우편으로 보내고 싶습니다.
474	무시무시하고 사나운 경비견을 조심해라. 그 개는 문다.
475	나는 우연히 빛바랜 사진 한 장을 힐끗 보았다.
476	투기성 벤처 자본이 주식시장의 성장을 저해하고 있다.
477	그 시 속의 개념들은 너무 추상적이다.
478	새 연금 입법이 납세자들의 커져가는 저항에 직면했다.
479	전문가들이 지정된 구역에서 방사능 폐기물을 치우기 시작했다.
480	해적 선장은 요새에 대한 습격을 명령했다.

481	우리 회사는 유연한 근무시간 제도를 실시했다. 그것은 직원들의 사기를 올려주었다.
482	방문객들은 고인을 위해 애도했다. 몇몇 사람들은 애도를 하는 중에 실신했다.
483	나는 뇌물을 받은 것에 대해 그를 고발했다. 게다가 그의 동료 중 한 명이 불리하게 증언했다.
484	리 장군이 말했다. "모든 사람들은 죽도록 운명 지어져 있다. 나는 평화를 위해 기꺼이 죽을 것이다."
485	그의 친구들이 관 앞에 꽃을 놓고 경건하게 기도했다.
486	개표 상황이 전국에 걸쳐 동시에 방송되었다.
487	그 농부는 목초지를 갈고 보리 씨를 뿌렸다.
488	우리는 해외의 고객들을 위해 그 장비의 모든 부품들을 공급합니다.
489	출구 여론 조사 결과는 명백했다. 결과는 압도적인 승리였다.

DAY 42

490　A puppy wagged its tail and licked my palm.

491　A: Originality belongs only to gifted people.

492　B: That's a false belief. Don't cling to such an absurd bias.

493　The lady took out a bottle of wine from the cellar. Then, she poured it gracefully into a glittering glass without spilling any of it.

494　His beard and mustache were covered with snow. To make matters worse, his fingers were numb from frostbite.

495　A: Water is dripping. The ceiling is leaking.

496　B: Oh, I see some cracks. I'd better seal them with paste.

497　Consumer prices escalated steeply.

498　Happiness consists in contentment with one's lot. To be happy, you don't have to succeed to the throne.

499　The stem of these weeds is stiff and coarse. A lawnmower is of no use. Pluck them.

500　Everybody shed tears except for me. I had mixed feelings of delight and grief.

501　The eccentric writer omitted all the periods in his manuscript. He also deleted the exclamation marks in his prose.

502　Aliens are merely imaginary beings. They don't exist.

503　The room was spacious and well furnished. An air conditioner was optional.

504　Swarms of locusts are nuisances here. They devour ripe grain during the harvest season.

490 강아지 한 마리가 꼬리를 흔들며 내 손바닥을 핥았다.

491 A: 독창성은 재능 있는 사람들에게만 속해.

492 B: 그건 잘못된 믿음이야. 그런 터무니없는 편견에 매달리지 마.

493 그녀는 지하 저장실에서 와인 한 병을 꺼내왔다. 그 다음 그것을 흘리지 않고 반짝이는 잔에 우아하게 따랐다.

494 그의 턱수염과 콧수염은 눈으로 덮여 있었다. 설상가상으로 그의 손가락은 동상으로 무감각했다.

495 A: 물이 떨어지고 있는데. 천장이 새고 있군.

496 B: 앗, 금 간 부분이 보이네. 풀로 메워 버리는 게 낫겠다.

497 소비자 물가가 가파르게 상승했다.

498 행복은 자신의 운명에 만족하는 것에 있다. 행복하기 위해, 당신이 왕위를 계승해야 할 필요는 없다.

499 그 잡초의 줄기는 뻣뻣하고 거칠다. 잔디 깎는 기계는 소용이 없다. 뽑아버려라.

500 나를 제외한 모두가 눈물을 흘렸다. 나는 기쁨과 슬픔의 뒤섞인 감정을 느꼈다.

501 그 별난 작가는 그의 원고에서 모든 마침표를 생략했다. 그는 또한 산문에서 느낌표를 없앴다.

502 외계인은 단지 상상의 존재이다. 그들은 존재하지 않는다.

503 그 방은 넓고 가구가 잘 갖춰져 있었다. 에어컨은 선택이었다.

504 메뚜기 떼는 이곳에서 골칫거리이다. 그것들은 추수 절기 동안 잘 익은 곡물을 먹어치운다.